……我們要繼續全面準確貫徹「一國兩制」、
人治港」、「澳人治澳」、高度自治的方針，
依照憲法和基本法辦事，確保「一國兩制」
港、澳門實踐不動搖、不走樣、不變形。……
動內地與港澳深化合作，研究制定粵港澳大灣
市群發展規劃，發揮港澳獨特優勢，提升在國
濟發展和對外開放中的地位與功能。我們對香
澳門保持長期繁榮穩定始終充滿信心。

摘自2017年3月5日，第十二屆全國人民代表大
五次會議國務院總理李克強政府工作報告。

粵港澳共融——實現創新區域發展

粵港澳共融

實現創新區域發展

編著

劉瀾昌、何亦文

CITY UNIVERSITY OF
HONG KONG PRESS
香港城市大學出版社

統　　籌	陳小歡
實習編輯	郭　怡（香港城市大學媒體與傳播系四年級）
	吳穎琛（香港城市大學翻譯及語言學系四年級）
書籍設計	蕭慧敏
排　　版	劉偉進
插　　圖	鄭宇鈺（香港城市大學創意媒體學院三年級）

Création
城大創意製作

國際統一書號：978-962-937-313-9

出版

香港城市大學出版社
香港九龍達之路
香港城市大學
網址：www.cityu.edu.hk/upress
電郵：upress@cityu.edu.hk

Striving for Synergy —— Guangdong, Hong Kong and Macao
(in traditional Chinese characters)

ISBN: 978-962-937-313-9

Published by

City University of Hong Kong Press
Tat Chee Avenue
Kowloon, Hong Kong
Website: www.cityu.edu.hk/upress
E-mail: upress@cityu.edu.hk

Printed in Hong Kong

目錄

詳細目錄

粵港澳合作——政策分析與解讀

第一章

粵港融合
不能迴避的「政治任務」

何亦文

香港時事評論員

自上世紀 70 年代末、80 年代初開始，香港與廣東通過「三來一補」（來料加工、來樣加工、來件裝配和補償貿易），建立了「前店後廠」的合作模式。作為經濟率先起飛的亞洲「四小龍」之一，香港依然與國際市場密切結合，其先進管理水平、雄厚資本的優勢，與擁有廉價土地和勞動力的珠三角洲互補長短，共同完成各自的經濟轉型。這種經濟上的成功合作，也為 1997 年香港回歸創造了兩地融合互補的氣氛。

　　經過 30 年的發展，廣東由加工貿易轉向獨立的現代工業體系方向發展。特別在中國成為 WTO 組織的成員後，香港「國際貿易之橋」的角色式微，兩地之間的經濟「勢差」逐漸減弱，香港的經濟強勢明顯褪色。更令中央感到憂慮的是，2003 年因「二十三條」立法而引發香港部分民眾對內地的抵觸情緒，14 年來非但沒有消失，反而呈升高之勢，原本同飲一江水的粵港兩地民眾疏遠感不斷加重。香港社會對「一國兩制」心存懷疑，內地與香港彼此的戒心不斷加深，顯而易見，經濟上粵港之間相互依賴程度在下降，政治上「井水不犯河水」成為彼此的心理「邊界」。

　　在這種背景下討論粵港合作，面對的最大問題是香港與廣東兩地制度的差異，以及中央政府對全國發展的統盤考慮和香港社會民主訴求之間的矛盾。在這種政治僵局短期內難以破解的背景下，中央將香港的「繁榮、穩定」寄望於粵港兩地間的合作，用經濟「一體化」、世界級都市圈等方式，給香港「輸送」經濟「紅利」，用經濟融合縮小兩地政治差異，這點由習近平擔任中央港澳工作協調領導小組組長期間，中央 2009 年批准的《珠江三角洲改革發展規劃綱要（2008-2020）》即可看出。《綱要》提出將「與港澳緊密合作的相關內容納入規劃」，這是把珠三角地區與港澳合作第一次提升為國家發展戰略。之後，廣東分別與香港、澳門簽署《粵港合作框架協議》和《粵澳合作框架協議》，提出建立世界級大珠三角都市群的目標。

　　然而，全國港澳研究會副會長、香港中文大學榮休社會學講座教授劉兆佳曾經指出，在構思「一國兩制」時，（粵港）兩地融合根本不在議程之列。這表明融和是中央在 1997 年香港回歸之後，根據形勢變化對港政策所作出的調整。在提出融合後，香港社會出現明顯的反彈，反對「被規劃」、2010 年的港珠澳大橋

工程司法覆核、廣深港高鐵「一地兩檢」的爭議與之都有着密切聯繫。

廣東未來的五年

討論「十三五」背景下的粵港關係，首先要説明廣東在「十三五」期間要做甚麼。

按照國家「十三五」規劃，廣東根據中央提出的「創新、協調、綠色、開放、共享」要求作出自己的設計。首要目標是完成習近平 2012 年出任中央總書記後，視察廣東時提出的「廣東要成為發展中國特色社會主義的排頭兵、深化改革開放的先行地、探索科學發展的試驗區」；「率先全面建成小康社會、率先基本實現社會主義現代化」。為此，廣東提出在未來五年 GDP 年均增長 7%（「十二五」為 8%），在 2018 年率先全面實現小康社會，較全國提前兩年。

小康社會的具體內容是，2018 年廣東實現地區生產總值和城鄉居民人均收入比 2010 年翻一番（11 萬億人民幣）、人均地區生產總值約 10 萬元、全省小康指數（權重分配比例：政治類別佔15%，經濟佔 30%，科教文化衛生佔 25%，社會和諧佔 30%。）達到 97% 以上，經濟發展、民主法治、文化建設、人民生活、資源環境等五項分指數達到 95% 以上，2020 年市市通高鐵。

廣東「十三五」規劃中有一個「構建新型經濟體系和創新發展模式」的提法，具體目標是「創新立省、創新興省」──在科技創新上 R&D（研究與發展經費支出佔 GDP 的比重）支出高於 2.8%（香港 2013 年為 0.78%），科技進步貢獻率超過 60%，技術自給率超過 75%。上述三項指標在上一個五年計劃中分別為 2.5%、57%、71%。

廣東的創新規劃中，既有深圳國家基因庫等「國家大科學中心」，也要求「大中型工業企業普遍建立省級以上重點實驗室」，培育科技型中小微企業；在佈局上提出「整合深港創新圈」[1]。規劃提出，到 2020 年，高新技術產品產值佔廣東工業總產值比重超過 43%，戰略性新興產業增加值佔 GDP 比重達到 16%。在未來

發展中，廣東要求電子信息、裝備製造、汽車製造等十大產業產值超過萬億元人民幣。

順帶一提的是，與香港市民生活環境密切相關的是未來五年廣東計劃 PM2.5 年均濃度達到 35 微克/立方米的國家標準，不過廣東早在 2015 年即達到 34 微克/立方米的水平，2016 年更降至 32 微克/立方米，看來廣東在環保方面留有相當的餘地。

創新是粵港的最佳「融合點」

關於香港經濟未來發展，北京清華大學國情研究院院長胡鞍鋼博士有一個分析：「一、所有低端產業都不可行。只能集中於對人力成本和土地成本不敏感的第三產業。二、必須是不易遷移的行業。如今內地市場比香港更遼闊、更活躍。如果香港沒更好的軟環境和營商環境，企業不會常駐。三、目標產業必須能夠吸納可觀的勞動力數量。香港是一個擁有七百多萬人口的城市，經濟的增長和社會發展必須同步，否則就容易出現政局的不穩定因素。」他承認，上述三方面是矛盾的，比如，一個產業如果在香港吸納大量的勞動力，那它必然背負沉重的人力成本，導致競爭力下降。所以，香港必須首先解決自身的發展定位，才能決定怎樣融入或者借助內地的發展機遇。依據目前香港與內地各自的特點，較為實際和存在可能性的是科技創新領域的合作。這也可能是在中央的督促下，廣東方面作出讓壤，於 2017 年在深港接壤的河套興建科技園的一個重要原因。廣東「十三五」規劃在「加強粵港科技創新合作」中表示，「深入推進粵港科技創新走廊、深港創新圈建設，制定粵港科技融合發展計劃，鼓勵引進港澳創新人才和創新資源，推動企業創新券或經費跨三地使用」。所謂「深港創新圈」，是深港兩地政府 2008 年制定《深港創新圈三年行動計劃（2009-2011 年）》，2012 年深港兩地政府宣佈這項計劃成果斐然，成果包括深圳比亞迪汽車在香港科技園設立電動車研發中心、華大基因研究院與香港中文大學設立創新研究院，香港多間大學在深圳的產學研基地建設初具規模等。2017 年 1 月 3 日簽約的河套「港深創新科技園」已被列為深港創新圈的一部分。

關於香港科技創新的特點，有分析以 2017 年初香港獲得 11 項國家科技研發獎（自然科學獎二等獎 6 項；科技進步獎中一等獎 1 項、二等獎 4 項）為例證說，這些收獲在香港未如理想的科

研大環境中難能可貴：香港科研總投入佔 GDP 比例與內地及國際比較均偏低，政策支持不足，社會對科研態度冷漠，及科研文化缺失等，均是不利因素，這佳績堪稱「綠洲效應」。

香港的科研優勢是能夠吸引一些香港或其他地區人才（包括內地的海歸人士）來港工作，並由其所長形成了一批科研核心。香港吸引力在於自由開放、國際化社會、較好的薪金回報及工作、居住條件等，鄰近中國內地對外國同業來說也是優點，因此已開始有權威性機構在香港設點，如瑞典的卡羅琳醫學院及麻省理工的創新中心等都在港設立分支機構，前者在港分支更是該院的全球首例。這個趨勢顯示香港大有潛力作為中國與海外的科研合作中介，即通過香港吸引更多外國機構參與內地科研，和為內地科研走出去建立聯繫。在加工業及服務業上，香港曾經扮演重要的中介角色，希望此種經驗能在科研領域重現。

香港科研的主要問題是整體而言比較單薄，未成大器，雖然有一些「綠洲」，卻還未成行成市連成「綠野」。表現之一是科研體系結構單薄，如這次獲獎的 11 個項目所屬單位全是大學。在一般所說的「產學研」三位一體機制中香港基本只有「學」，專門的研究所雖非空白卻仍在初步建設階段，企業搞科研更絕無僅有或依靠外判。「產學研」中的三位各有特色及角色，如有缺失，自然影響全局。例如大學學習科技的學生就業出路及實習機會均受到限制，大學科研成果的商業化渠道不暢。

結構單薄的另一個表現是科研領域的群聚性及規劃性不足。許多大學的科研表現多基於偶然因素：能吸引到某方面的專才並發揮所長，便在相關方面做出成績。例如此次獲獎項目不少屬於醫療方面，但這並不是說本港醫療科研有規劃及協調。海外創科基地的優勢之一，是群聚了類同學科甚至不同學科的機構及專才，可起到互相啟發及配合互補之利。另一種單薄就是科研產業鏈的斷裂，特別是欠缺上游的專門性資金、人才供給體系，及下游的商業化中介及渠道等。

就與廣東在科研領域的合作來看，通過「港深創新科技園」，利用廣東龐大的製造業和市場、香港多個大學科研實力，實現兩地「產學研」優勢互補不妨是一條值得探索的新路。

至於外界對河套區發展是否影響保育的擔心，香港薈志動力協會常務副會長陳津認為大可不必，只要規劃得宜，反而可藉

此機會作環保科技之試點，共謀實現發展與保育平衡，例如推動電動環保車輛、全面節能操作、環保物料應用等使之成為「環保城」，保育元素及科技創新兩者俱全，令河套區發展與生態保育共存。

粵港兩地間在科技創新領域的合作，從目前各方面的條件看，可能是胡鞍鋼博士的人力成本、土地成本、不易遷移行業和吸收可觀勞動力諸項矛盾的破解之道，也可能是是粵港合作最可能實現的「融合點」。

自貿區及 CEPA

廣東省將廣州南沙、深圳前海和珠海橫琴三個自貿區統稱為廣東自貿區。

三個自貿區在廣東「十三五」規劃的表述是，建設自貿試驗區在「增創廣東對外開放優勢中佔重要位置」，前海的方向是金融、現代物流、信息服務和科技服務；南沙重點發展航運物流、特色金融、國際商貿；橫琴的功能是「促進澳門經濟適度多元發展」。關於這三個自貿區的功能，一方面是廣東自身改革的需要，即將一些政策在這裏先行、先試；另一個目的是借此加強與香港的合作。廣州暨南大學經濟學院教授封小雲將這三個自貿區稱為建立具有全球競爭力的世界級城市群和新經濟區域戰略的「新合作平台」。

前海與香港關係最為密切，廣東對其寄予的希望也最大：「重點發展金融、現代物流、信息服務、科技服務等戰略性新興服務業，建設我國金融業對外開放試驗示範窗口、世界服務貿易重要基地和國際性樞紐港。」

幾年前曾誇下海口 —— 2020 年前海港資服務業規模超過1,000 億元人民幣、孵化培養港資創新創業型領軍型企業超過100 家海口的深圳前海自貿區，到 2015 年港資企業所佔比例不到4%，而且匯豐、恆生等銀行佔有相當比例。如此現狀引來香港方面的憂慮。按照國家「十三五」規劃，中央支持香港鞏固國際金融、航運、貿易中心的地位，前海吸引香港金融業將部分功能「北移」，可能令香港經濟進一步空洞化；另外，前海自貿區內興建大型免稅購物中心，會令香港下滑中的零售業雪上加霜。

在去年 9 月召開的粵港合作聯席會議第十九次會議結束後，時任廣東省長朱小丹向媒體表示，將在南沙最優質的地塊中劃出一個專門區域，打造成粵港澳深度合作示範區，這個地方只引進香港企業，並爭取在今年內實質性啟動示範區的建設。在廣東作出這種強調容易帶來外界的猜想，是招商遇到困難還是無視香港引來中央的批評？

廣東「十三五」規劃中促進粵港「深度融合發展」的另一項內容是貿易自由化。其具體做法是，對港澳服務提供者實施「准入前國民待遇加負面清單」管理模式，取消對港澳投資者的資質要求、股權比例、經營範圍等准入限制等。

封小雲教授指出：「CEPA（按：The Mainland and Hong Kong Closer Economic Partnership Arrangement）的本質是拆除內地邊界，也即對港澳的服務市場開放的協定。而 CEPA 作為一個動態性協定，幾乎年年更新，意味着邊界年年拆除。2014 年粵港之間更在 CEPA 框架下，簽署了服務貿易自由化協定，標誌着廣東對港澳的服務市場基本沒有外部邊界。這是對港澳利益最大化的回應。」

然後，CEPA 實施超過十年，粵港澳卻沒有如上世紀八九十年代第一次「前店後廠」的產業整合，達成利益最大化的共識且推進這個融合深度發展，反而在這個過程中產生合作逆向的傾向，封小雲將這種逆向歸結為三個原因：一、粵港兩地經濟實力發生變化引發不同的認識；二、兩地文化、行政和制度的差距，引發服務市場實質性的內部壁壘；三、內地的制度改革與負面清單的推進將是一個長期的進程，而非一蹴而就。

粵港澳大灣區

國務院總理李克強向 2017 全國人大會議提交的政府工作報告中提出「研究制定粵港澳大灣區城市發展規劃」，引發外界頗多議論，是說說而已還是確有初步構想？這個大灣區是以國家規劃方式提出，還是粵港澳三地以聯席會議方式進行？政府和商界在其中各扮演甚麼角色？

廣東省發改委主任何寧卡在北京「兩會」期間表示：「粵港澳大灣區規劃建設已擺上重要日程，建議中央賦予更大改革權限。」事實上他在一個月前的廣東人代會上就說：「正在啟動編製粵港澳

大灣區發展規劃。」八年前提出，計劃於 2020 年完成的粵港澳大灣區發展規劃剛剛「啟動編製」？說明這項規劃遇到阻力和困難，最為明顯是，這個城市群中的粵、港、澳三地均以邊界作分隔，三地處於一個沒有「龍首」的多中心狀態。就經濟、人口、地域規模而言，自然是廣東居大，但從發展階段、法制、市場化程度講，香港又處於領先位置，廣東與香港的關係最難協調。群龍無首造成各方利益分化和碎片化，三地之間的合作更是無從談起。

何寧卡提出「建議中央賦予更大改革權限」這句話有些意味深長，這應當和他隨後例舉的問題相聯繫：「大灣區內存在三個相互獨立的關稅區，內部未能實現要素自由流動；城市間在交通規劃一體化、新興產業錯位發展、土地和資源集約利用等方面面臨協調難題；區域內整體創新合作程度不深，創新資源未能完全實現共建共享；區域對外通道、灣區東西岸之間的交通連接依然薄弱，跨界交通基礎設施銜接不夠通暢等。」

他所要求中央賦予的改革權限，應當是代表廣東方面的要求，其中的土地集約利用涉及填海，如深圳有在前海、深圳灣都有填海計劃，這其中既涉及香港，也與中央的態度有直接關係。

何寧卡提出的三項建議值得留意：一、共同建設世界級國際航運物流中心，海空航線網、快速公交網、多向通道網。二、中央支持在粵港澳大灣區建立全球科技產業創新中心以及對接國家科技重大專項的大灣區實驗室。三、培育發展新一代信息技術、生物技術、高端裝備、新材料、節能環保、新能源汽車等產利益共享的產業價值鏈。此外，他還提出共建「以香港為龍頭，以廣州、深圳、澳門、珠海為依托，以南沙、前海和橫琴為節點的大灣區金融核心圈。」

這些令人眼花繚亂的建議當中意味着甚麼？眾所周知，香港的集裝箱吞吐量已經讓位於深圳，按照國家民航總局「十三五」規劃，廣州將建設第二個機場，成為「全球重要的航空綜合樞紐之一」，到 2025 年旅客吞吐量超過 9,000 萬人；深圳機場也將興建第三條跑道，這都對香港機場的地位產生直接的影響。

何寧卡列舉的多項產業項目與廣東「十三五」規劃重合，是否借「大灣區」放入廣東的「私貨」，將地方的發展計劃升級為國家規劃？以「香港為龍頭……南沙、前海和橫琴為節點的大灣

區金融核心圈」，會引起香港方面的憂慮，提出會不會攤薄香港的國際金融中心地位？

關於大灣區的架構，粵港兩地以誰為「龍頭」？何寧卡的說法是：「建設粵港澳大灣區是一個系統工程，建立一個協調有力、靈敏高效的合作機制至關重要。建議在國家層面研究建立粵港澳大灣區建設協調機制，統籌研究解決粵港澳大灣區合作發展重大問題，協調落實重大合作事項。」所謂「國家層面的建設協調機制」很可能是國務院或者國家發改委出面，但是即使如此，香港跟內地在大型基建項目的審核程序明顯不同，香港需要進行諮詢和環境評估，之後還要通過立法會審批，兩地之間的程序和時間差距顯而易見，更何況近年圍繞大型基建的政治爭拗不斷增加，「拉布」已經成為反對者利用程序制造障礙的常用手段。國家以「協調者」身份出面可以調停粵港兩地誰為「老大」的位置之爭，但卻無法改變香港的政治構架，這是未來粵港澳大灣區最為棘手的問題。

粵港澳大灣區的規劃者還必須正視的是，香港「反水客行動」的背後是香港社會內部對兩地融合的抗拒心理，經過兩年的喧囂，「融合」與「隔離」剛剛產生平衡點，大灣區設想在公眾沒有獲得共識，特別是短期見不到直接利益的背景下，反而可能誘發另一場社會風波。

因此，何寧卡的上述言論中，究竟哪些屬於中央層面的構想？哪些是廣東的初步構思？目前還不得而知。不過粵港澳大灣區進入政府工作報告，說明中央已將這項規劃列入對港政策，成為兩地融合方式的一部分。如果說「一國兩制」尚處於實踐階段，那麼粵港合作就是這項實踐的探索路徑之一，雖然艱難又必須前行的「政治任務」。

注釋

1　2007 年 5 月 21 日，深圳市人民政府與香港特別行政區政府在香港會展中心正式簽署《香港特別行政區政府、深圳市人民政府關於「深港創新圈」合作協定》，全面推進和加強科技合作，包括人才交流和資源分享，使兩地形成創新資源集中、創新活躍的區域。

第二章

也談「十三五」規劃下的廣東和香港

方舟

一國兩制研究中心研究總監

粵港經濟關係過去 40 年的變遷

40 年前，內地改革開放還未正式啟動，香港和廣東地區之間存在巨大的差距與隔閡。見證過兩地發展歷程的人在回顧這段歷史時，總有很多回憶片段湧現。當年，從香港去廣州都需要花費不少時間，而且過內地羅湖口岸需要辦理介紹信，手續頗為繁雜，如果清早從香港出發，直到傍晚才能到達廣州。但 2018 年廣深港高鐵通車以後，來往香港至深圳福田的車程僅 14 分鐘，來往香港至廣州南僅 48 分鐘。兩地之間發生的巨大變化令人感嘆萬千。

1979 年，深圳經濟特區成立伊始，邀請了包括梁振英先生在內的香港規劃、測量界專業人士，協助深圳做城市發展規劃，規劃一條東西向的城市主幹道。當香港專業人士詢問要按多少人口規模來作城市規劃時，深圳市的官員心中無數，但也給出了 30 萬人的設想。當時，香港的專業人士都覺得這個設想太進取了，因為當年深圳經濟特區所在的城鎮人口僅 3 萬。然而，如今深圳常住人口已超過 1,000 萬，實際管理人口估計更達到 2,000 萬左右，發展成為中國一線大城市。

廣東地區之所以能夠成為改革開放的前行者，並在短短幾十年間發展如此迅速，與毗鄰港澳有直接的關係，而且香港在廣東改革開放的早期發展，起到了關鍵性、引領性的作用。當年，大量港資企業把握廣東改革開放試驗田的發展機遇，以及推出的稅務優惠、土地安排、簡化外商投資審批程式等措施，將香港製造業紛紛轉移向廣東。香港和珠三角更在此過程中形成了「前店後廠」的經濟合作發展模式，香港由於有資金、市場等優勢，發展成為珠三角加工貿易對外聯絡的「前店」，而珠三角則因豐富的土地資源、較低廉的勞動力成本成為了製造產品的「後廠」。之後，大批台資和其他外資隨之而來，珠三角的出口產品銷往國際市場，成就了珠三角地區外向型的出口加工貿易，使其一躍成為世界工廠。

90 年代末，廣東產業結構出現轉變，由原先出口加工的輕工業主導，慢慢開始佈局沿海型的重、化工業，與日本和南韓在 70、80 年代的經濟發展模式更為接近。其中最具標誌性的項目是當時中國最大的中外合資項目 —— 大亞灣中海油蜆殼石化項目。這個項目後來也成為蜆殼集團在全球最賺錢的化工項目。由此開

始，廣東和香港之間經濟發展的關聯度開始降低，廣東逐步走出了一條自己的發展道路。

這一發展趨勢到了 2007 年汪洋主政廣東後更為明顯。汪洋提出「騰籠換鳥」的發展策略，通過產業轉型升級推動內銷市場，同時逐步淘汰低附加值、勞動密集型的「三來一補」加工貿易。部分港資企業由於過去在技術的提升和自有品牌建立等方面做得不足，在這轉型升級的過程中表現得不能適應，經歷了艱辛的過程。

近十年，珠三角地區的高科技產業快速崛起，在深圳表現得尤為突出。通訊設備、互聯網和生物基因產業等技術在各行業的推廣應用，為廣東經濟及產業發展帶來新動能。廣東逐漸建立了自己的創新體系，而這個體系與香港的關聯度不是很高。

而香港社會經濟結構趨於固化，過於集中在金融和地產，面臨着土地供應緊拙、貧富差距拉大、青少年向上流動機會少等方面的困難。香港受制於自身發展空間的不足，在尋求產業多元化的努力中，借助廣東的產業基礎來發展變得十分重要。粵港之間的經濟關係，也由過去廣東接受香港輻射為主，變為粵港在不同產業上各有優勢、協同發展，甚至在某些產業上廣東反向輻射香港的合作模式。

珠三角發展的另一個大趨勢是「一小時生活圈城市群」的形成。在一百多公里的距離內，同時聚集了三個 GDP 超過 3,000 億美金的大型都市（香港、深圳、廣州），這在世界上也是極為罕有的。而且大珠三角的大中小市鎮也通過高鐵、城際鐵路、高速公路的連接，逐步形成了密集的交通網絡。逐漸提升「一小時生活圈城市群」內資本、人員、貨品和資訊流動的方便性，並提升區內居民生活質素和生活環境，是區域發展下一步的關注焦點。

「十三五」規劃下的廣東和香港

「十三五」規劃的政策訊息

2016 年 3 月，第十二屆全國人大第四次會議通過《中華人民共和國國民經濟和社會發展第十三個五年規劃綱要》（「十三五」規劃）。這是中國發展進入「新常態」後編制的第一個五年規劃。

在「十三五」的時代背景下，國家傳達出的兩大重要政策訊息值得留意和深入解讀。一是國家推動「供給側改革」，反映出中央對當前及今後一個時期經濟發展做出的策略判斷。在適度擴大總需求的同時，通過去產能、去庫存、去槓桿、降成本、補短板，來實現經濟增長方式的轉變，包括經濟發展的速度從高速轉為中高速、經濟結構優化升級、以及經濟發展動力由以往的投資和要素驅動轉為創新驅動。

二是國家進一步加大「以城市群模式推動城鎮化」的發展步伐，通過兩條縱軸（沿海高鐵和京廣鐵路）、兩條橫軸（長江水道和隴海鐵路）連接起全國十多個城市群。以往我們提到中國的經濟增長極只有珠三角、長三角，最多把今年經濟發展較快的京津冀地區都算進來。但如今國家所頒佈的未來這十多個區域發展規劃，每個區域將形成有幾千萬人口的城市群或城市帶，預計在十至十五年之後，每個區域的經濟規模將來都可以相當於一個南韓或台灣。同時，「十三五」規劃特別提出，以區域發展總體戰略為基礎，形成京津冀協同發展、長江經濟帶、「一帶一路」的三大地理空間佈局。

廣東和香港的危機感

從經濟角度來看，順應國家推動的「供給側改革」，加上受全球經濟增長放緩、貿易萎縮等因素影響，中國對外貿易量下降，這使得廣東地區出口加工貿易的分額和重要性進一步下降，且趨勢愈來愈明顯。與廣東唇齒相依的香港，亦面臨在廣東和全中國經濟的相對比重也呈現持續下降的趨勢。根據統計數字[1]，2003 年以前，香港一個 700 萬人口城市的 GDP 超過了廣東這一個人口 1 億的大省份，但是之後下降得很快，2009 年香港的 GDP 只有廣東省的 38%，2016 年更跌至 27%。香港在中國經濟中的比重，從 90 年代中最高時的將近 25%，下降到 2015 年的 2.7%。2008 年香港仍是中國經濟總量最大的城市，但到 2020 年前後有可能在經濟總量上落後於內地多個城市，包括上海、北京、廣州、深圳，甚至天津、重慶。

而從國家的發展總體戰略來看，已經從珠三角、長三角兩大發展引擎、發展到多個城市群百花齊放的模式，而且在「十三五」的三大戰略中，大珠三角地區並不佔據主角地位，預示着在全國

經濟地位下降的危險。這一點，廣東省已經敏銳地意識到了，省委書記胡春華曾談及，對於廣東省來說，過去長期作為中國經濟的「龍頭」之一，在政治上以及全國性的資源和市場分配上享受了超越一般省份的優勢（比如全國性兩大證券交易所和三大航空樞紐，都有廣東一分）。但相較於京滬長期以來在國家政治、經濟、文化中不可撼動的影響力，廣東的地位是 80 年代後依靠率先改革開放和經濟影響力在全國漸漸上升才逐步取得的。如今在國家全面開放的形勢下，廣東作為改革開放先鋒的優勢已不再突出，如果經濟規模再被其他省市所超越，廣東有可能逐漸變為中國一個一般的較富裕省份而已。

在「十三五」規劃的時代背景下，對廣東和香港的合作模式，既帶來新的挑戰，也帶來新的機遇。同時，隨着廣東地區宏觀經濟環境的變化，以及粵港經濟發展水平、經濟結構和比較優勢的相對變化，粵港之間的經濟關係，也由過去廣東接受香港輻射為主，變為粵港在不同產業上各有優勢、協同發展的「水平分工」的合作模式。

廣東和香港合作的新機遇

「十三五」規劃的背景下，在廣東整體經濟戰略中有三個特別值得留意的地方，包括強力推動產業升級、打造超級城市群，以及推動包括前海、橫琴、南沙三個「新特區」的廣東自貿區戰略。廣東期望以此在日趨激烈的區域競爭中鞏固自己的地位。而香港也可充分把握廣東的新一輪發展機會，確立自身獨特而重要的角色。

強力推動產業升級

1. 廣東產業升級發展

廣東產業結構過去給人的印象，大多集中在以輕工業為主的勞動密集型出口加工業。但早在「十一五」規劃期間，廣東在產業結構調整上已經做了很多的努力，把發展重點轉向重工業，並取得顯著成果。以工業總產值計，廣東規模以上工業中，輕重工業比例由 1995 年的 1.39:1，下跌至 2015 年的 0.62:1，以面向內銷市場為主的汽車、石化、機械等重工業的比重顯著超越了輕工業。

在產業結構調整和升級過程中，廣東尤其強調了兩個方面：一方面是推進和發展世界級規模的大型產業集群；另一方面是把握世界新技術革命的機會，培育具有世界前沿水平的新興產業。在發展大型產業集群方面，廣東重點選取了資金技術密集、產業關聯度高、帶動性強的機械裝備、石化、汽車、造船等行業，但這些不是香港所擅長的領域，因此合作參與機會較少。另一方面，廣東未來全力推進的新興產業，重點選擇了新一代資訊、高端軟件、新能源汽車、半導體照明（LED）、生物產業、新材料產業、衛星及應用工程等作為發展重點工程。

2. 粵港產業合作的新機遇

這為正在積極探尋產業多元化的香港提供了一個全新的機會和平台。香港現時大力推進創新科技產業發展，但本身市場狹小、土地和人工成本昂貴，想靠一己之力來發展，受到很多的局限。而廣東對新興科技產業在資金、政策上的扶持力度，令人嘆為觀止，再加上作為大陸市場的一部分，具有市場規模大和人才匯聚的優勢。香港想要在新興產業上取得一席之地，可發揮香港人善於把握市場機會的特點，與廣東新政策相配合，取得兩地協同效應。

香港、深圳兩地政府於 2017 年初，簽署了《關於港深推進落馬洲河套地區共同發展的合作備忘錄》，共同發展面積 87 公頃落馬洲河套地區。香港的基礎科研優勢、及在稅收、法律、生活條件配套上的吸引力，聯合深圳高新龍頭科技企業，如華為、中興、騰訊等雄厚基礎及內地市場的優勢，可進一步吸引國際著名研究機構和科技公司進駐，建立大型研發基地，開拓內地的龐大市場。園區附近應提供適切的配套，如將深圳福田保稅區發展成為科技產業的後勤和孵化基地，而新界北區發展計劃可適當考慮配套性的科技人才生活園區，並進一步加強兩地間的交通聯繫和便利通關手續。河套區西北方向有深圳科技園，東南有規劃中的古洞北科研發展區和香港科技園，具有極強的聯動中心地位，構建一條深圳南山科技園——福田保稅區——落馬洲河套港深創新及科技園－古洞北科研發展區的港深跨境創新走廊。該地區未來發展潛力巨大，可打造媲美「矽谷」的中國最國際化的科技產業區，將有利推動產業多元化，成為未來經濟發展的新增長點。

此外，香港可充分把握發展機遇，加強與整個廣東地區創科產業鏈的協作關係。以深圳大疆創新科技有限公司為例，該公司的創辦人是於香港科技大學畢業生汪滔，其最初的員工主要為 25 歲左右、於香港高等院校畢業的學生。其營運模式是於深圳作研發，在東莞進行零件生產，並於香港處理法律、財務、會計等事宜。該公司目前產品已廣泛應用於電影、廣告、建築、消防、農業及許多其他行業。大疆是得益於粵港創新科技產業鏈的成功案例。如果粵港兩地用好這樣的科技產業鏈，未來科技產業合作的潛力仍然很大。

打造超級城市群

在超級城市群的發展過程中，首先最為基礎的是交通同城化，即公共交通一體化。廣東省通過全國性的高速鐵路網、城際快速鐵路、各城市地鐵網絡的三個層次鐵路系統，讓「一小時生活圈」的概念逐步走向現實。與此同時，共同構成一個組織緊湊、高度一體化的城市集合，實現城市群內各城市的分工協作、要素集聚和優勢互補，增強城市群的整體競爭力和輻射力。

這種「城市群」模式，對香港而言有很多可以發揮優勢的地方。在與廣東公路、鐵路接駁方面，香港未來向西通過港珠澳大橋連接珠江西岸城市，向北通過屯門至赤鱲角連接路、深圳灣大橋、廣深沿江高速連接東岸多個城市，並通過廣深港高鐵接入廣東以及全國的高鐵網絡。港珠澳大橋預計 2018 年通車，屆時珠三角西岸至香港大嶼山的交通時間將縮短至 20 至 30 分鐘，大大縮短了兩地間的距離。另外，香港與深圳東部連接的蓮塘/香園圍口岸，預計最快可於 2018 年開通，將會是首個採用人車直達措施的口岸，也是香港、深圳之間第七個陸路口岸。

香港在人口密集的都市管理中有豐富的經驗，其中交通主導的發展模式（transport-oriented development）可謂是全球翹楚。香港可將當中規劃及管理經驗輸出至廣東「超級城市群」的建設規劃過程中，提升整個珠三角的城市規劃與管理水平。當軌道交通產生的高密度、高頻率通勤功能充分發揮，廣東一小時生活圈形成，人才、物流、資本等將加速流動，使廣東每個城市都面臨提升功能和增強競爭力的重大機遇。

此外，通過城市群模式推動城鎮化，是推動國家新型城鎮化策略和管理制度的創新。香港過往在新界地區發展了9個新市鎮，這裏面也積累了不少經驗教訓，可通過創新型的合作模式，向內地輸出城市管理，突顯香港在這方面的優勢。如沙田是其中一個較成功發展的新市鎮。因當初設計時，政府估算該地從事工業的人口，從而計算出沙田應需要多少工業用地，為當地居民提供就業機會。後來工廠北遷後，沙田區又成功地發展了不少商業和辦公設施，令該區成為中產和基層都樂於居住的區域。而其他一些新市鎮，如天水圍，沒有善用毗鄰深圳灣口岸的特殊地理優勢，未能提供足夠的就業機會和配套服務設施，造成功能上的缺陷和各種社會問題。

但在推動發展超級城市群的過程中，城市之間的協調溝通也非常關鍵，避免陷入此消彼長的零和博弈。以廣東地區機場協調的問題為例，香港、深圳、澳門這三個距離比較近的機場，因上世紀90年代建成時規劃和協調並不理想，深圳機場和澳門機場的跑道都是南北垂直向的，而香港機場的跑道是東西橫向的，所以在航路和空域銜接上會比較復雜，造成航路上的衝突和空域上的擁堵。近年，深圳機場和香港機場都有第三條跑道的擴建計劃，勢必加劇空域上的緊張狀況。

成立廣東三個「新特區」

大珠三角地區已經成為全球最大和最具經濟活力的城市群之一，近年廣東在粵港澳合作方面更做了大量的工作。其中，前海、南沙和橫琴是廣東省確立粵港合作新載體中，最重要的三個國家級平台。在過去的幾年間，這三個平台在承接港澳產業、體制創新、園區規劃和基礎設施建設上都取得了明顯的進展。

前海的戰略定位為粵港現代服務業創新合作示範區。在與香港合作方面，前海也做了不少努力，包括積極推動香港專業人士到前海執業；策劃建設深港青年創新創業基地，搭建深港青年成長台階；擴大面向香港本土企業出讓土地的規模和比例，實行「港人港資港服務」；與香港多個政府及社會組織建立了常態化的溝通機制；並開始試點在港的離岸人民幣以銀行貸款的形式進入前海用於建設發展。

橫琴新區的定位是「一國兩制」下探索粵港澳合作新模式的示範區、深化改革開放和科技創新的先行區、促進珠江口西岸地區產業升級的新平台。橫琴島預計將於今年進行封關管理，實現「一線基本放開，二線管住」（即島內對生產資料屬性的貨物免稅）的模式。橫琴新區以「共建共用」模式推動粵港澳合作，在高等教育、中醫藥科技產業、文化創意、商貿等方面開展了全面合作。目前已經投入使用或進入實施階段的成果有澳門大學橫琴校區、澳門政府與橫琴新區合資建立的 0.5 平方公里的粵澳合作中醫藥產業園等，港澳多家具有代表性的娛樂和文化創意企業的項目已經確定落地橫琴。整體上看，有了橫琴這個平台以後，珠海與澳門合作的層次和效果都比過去有了很大進步。同時，預計港珠澳大橋於 2018 年通車後，香港在橫琴的發展上能注入更多動力。

　　南沙新區位於廣州最南端，總面積約 803 平方公里，面積上遠遠大於前海和橫琴，是國家批覆的第六個國家級新區。在推進粵港澳全面合作示範區方面，南沙提出積極推動在商貿服務、金融、能源、文化及影視等領域與港澳合作；引入香港的商事仲裁機制；並積極爭取各項通關便利化政策。但相對而言，南沙由於面積較大、規劃的產業門類也較多，目前階段在有針對性地承接港澳產業方面的特點不如前海、橫琴突出。但也正由於南沙地域廣闊、可塑性高，未來與港澳的合作上有很大發展空間。港澳特區政府和港澳投資者也對與南沙的合作表示出強烈的興趣。

　　由於內地和港澳兩個特區在管理體制、政府職能上存在比較大的差異。前海、橫琴、南沙三個平台在自身定位、發展，尤其是和港澳的合作模式上，也面臨着不少問題和困難。主要表現在兩個方面：

　　第一，這三個區域在自身定位時，對於中央希望這三個平台充分發揮大珠三角地區「一國兩制」的優勢，為國家深化改革、推進國家治理體系和治理能力現代化擔當試驗田角色，同時幫助維持港澳長期繁榮穩定的戰略定位的高度認識得還不夠。三個區域雖然制定了一些對港澳的優惠和開放政策，但一定程度上還延續傳統「開發區招商引資」和「政府賣地」的模式，也還存在一些急功近利的想法，追求中短期 GDP 目標和賣地收入。目前三個

地區在招商引資的成果上，都出現內地企業（尤其是國企）的比重大於港澳企業的情況。

三個平台在產業定位上，都有追求「大而全」的傾向。在產業規劃上，三個區不約而同都提出要把金融、資訊產業、科技產業、現代專業服務業等作為支柱行業，而在產業具體門類上如何細化，做出各自的產業特色方面，論證和研究得還不夠。同時，在空間規劃上，三個區域也都把建設中央商務區（central business district）作為各自規劃的重點，過於偏重房地產的發展。

在制度創新和提升政府治理能力方面，三個地區都做了很多嘗試，值得肯定。但在如何系統性地學習借鑒港澳、尤其是香港在行政審批、市場監管、城市管理方面的經驗，還有很多工作可以做。比如前海管理局學習了香港法定機構的形式，但在實際運作上還與香港的法定機構有一定距離。

第二，在與港澳地區的具體合作上，三個平台都不同程度出現與港澳在合作模式、企業准入門檻方面的期望存在較大差異。港澳兩個地區目前都面臨着深層次的經濟和社會矛盾，中央在廣東設立這三個粵港合作新平台的目的之一，就是希望這三個平台能夠協助港澳紓緩經濟和社會結構中的深層次矛盾。但在具體合作的層面上，三個平台都沿用傳統招商引資模式，重點吸引大型企業，例如世界 500 強和香港幾大地產商等等。而三個平台對如何與港澳現有優勢產業進行合理分工與互補、如何為港澳創造新的經濟增長點、如何支持港澳中小企、如何為港澳居民尤其是年輕人提供新型就業和創業機會研究得不夠，也缺乏有針對性的政策措施。

這三個平台與港澳合作之間出現的困難，不僅僅是廣東一方的問題，也與港澳本身體制和經濟結構的局限有很大關係。就香港而言，過去長期實行「小政府」的體制，沒有政府或政府控制的機構直接對外直接投資和輸出管理的經驗。因此到目前為止，三個平台與香港之間仍然沒有一個政府之間的合作模式，都是香港的企業和個人自己到三個平台尋找投資機會。除了少數香港大企業以外，佔香港企業數量 90% 以上的中小企業普遍感覺靠自己單打獨鬥，很難在這三個平台上有立足之地。

廣東自由貿易試驗區於 2014 年在國務院常務會議正式獲批設立，並於 2015 年 4 月 21 日正式掛牌。自掛牌啟動以來，在基礎設施建設、落實國家優惠政策、引進部分港澳資金等方面都取得了一定的進展，但總體上開發潛力仍待發掘。在國家自貿區愈來愈多的情況下，如何用好港澳優勢，是廣東自貿區的獨特優勢，也是廣東需要思考的問題。

注釋

1　中國國家統計局歷年統計公報及香港統計處歷年公佈數據。

第三章

從經濟結構發展
看粵港關係的前景

劉佩瓊

港區全國人大代表

政府在香港市場經濟下的作用

香港從上世紀 60 年代到 80 年代中都是依靠輕工業生產及出口而取得迅速的經濟及社會發展。而作為亞洲四小龍之一,香港的貿易總額位居世界第十位左右。

在港英管治之下,香港向來標榜開放自由市場經濟下政府奉行「不干預」政策。在回歸前,香港的財政司、包括彭勵治、翟克誠、麥高樂,以至華人財政司曾蔭權都一直奉行夏鼎基主張的「積極不干預政策」,重點內容是開放公司投資,實行低公司稅率、零關稅。然而,政府不直接介入經濟活動、不主導產業發展的同時,卻不是毫無作為的。在上世紀 60 年代,香港就修訂了銀行法例,建立有利於工商業融資的貨幣供應及信用制度、自由市場利率及開放的外匯管理制度,以適應國際貨幣制度變化下外匯市場及國際信貸業務的發展,打造香港成為國際金融中心。為了促進工業發展及出口的效率,設立了貨櫃碼頭及貿易發展局,通過會展及海外辦事處協助工商業走向國際市場。在 70 年代初,香港建立銀行三級制。在社會發展方面,麥理浩提出十年房屋規劃及社會福利計劃,以穩定民心。到了 80 年代,中國「改革開放」及「九七問題」出現,尤德提出「玫瑰園計劃」,主要是交通運輸系統,新機場及青馬大橋的建設,創立香港科技大學等,這些建設都使香港在內地改革開放的首三十年能夠分享中國崛起的溢出效應。

總之,在英治時期,治港的班子並不是沒有作為的,只是到了彭定康才忙於政治搞局,而忽略了經濟及社會建設。

回歸之後,香港過去有效率的模式隨着政府架構及機制的改變,對抗香港回歸的情緒通過立法會與政府行政決策之間的磨擦,把長期以來的有序有效率的決策程序都破壞了,更遑論長遠發展規劃。

香港回歸後至今有三位特首上任了。其中董建華費了不少心思,既找了國際級顧問,提出過數碼港、中藥港等概念。不幸回歸日立即遇到亞洲金融風暴,隨後數年又有科網股爆破,加上禽流感、「沙士」,導致港幣及股市被狙擊,房地產大崩市,政策未能推行或走了樣。到了曾蔭權就「休養生息」,即使有意發展也被社會的雜音干預到「四不像」。而梁振英一方面要補曾蔭權的短板,例如建房停頓了;港珠澳大橋、高鐵超了預算,而且滯

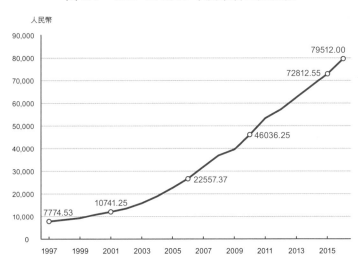

圖 3.1　1997 至 2016 年廣東省生產總值

人民幣

後了。然而，因為政制改革的諮詢，把大家的注意力都聚焦在一個議題上，很多政府經常性工作都被擱置或延誤。香港為了要提升競爭力而設立創新科技局的建議也被拖了兩年多。更宏觀的計劃，例如積極參與「一帶一路」建設、珠三角經濟圈等更是阻力重重。至於有人提出發展本土經濟更是不知輕重，意圖把香港割離內地，把香港這個海島型小經濟體系必需開放面向國際市場的生存之道都否定了。香港在內地改革開放後形成四大支柱產業，除了金融業仍依靠內地的合作維持優勢外，其他包括貿易物流，旅遊及工商及專業服務的競爭優勢正在消失。香港要尋找經濟發展的新方向已經刻不容緩。

中國改革開放政策下粵港關係的變化

從中國推行「改革開放」政策，到 20 世紀末，香港進入與內地經濟發展新階段。

在 20 年間，香港經濟通過與內地，特別是珠江三角洲的產業協作，維持了香港的國際貿易地位，也促進了珠三角地區的工業化及城鎮化，成為中國對外貿易的生產基地。

在香港回歸之前，內地，特別是廣東省珠三角地區都積極地與香港建立協作關係，以在海陸空交通運輸網絡為依託，建立了粵港產業鏈，共同走向國際市場。然而，香港方面的政府運作並沒有作出相應的策略調整，以適應珠三角經濟轉型，維持產業功能互補的關係。

表 3.1　2014 年廣東、珠三角、深圳及香港產業結構（%）

	第一產業	第二產業	第三產業
廣東	4.7	46.3	49.0
珠三角	1.9	45.0	53.1
深圳	0	42.6	57.4
香港	0.1	7.2	92.7

表 3.2　2016 年地區生產總值

地區	人民幣（億）
廣東	79,512
珠三角	62,267
香港	22,063
深圳	19,493

　　進入 21 世紀，乘着中國加入「世貿」使中國躍升為全球最大出口國，香港在面對各種不利的環境因素下，內部經濟面對着房地產市場大幅下跌及萎縮，禽流感造成旅遊飲食等商業蕭條。香港乘着 CEPA 定位為人民幣離岸業務中心及自由行等政策，經濟迅速復蘇。很明顯，內地經濟已經超越了很多國家及地區，遑論小小的香港！記得多年前，就有內地學者說香港就等於歐洲的瑞士。這麼小的經濟體談不上完整的經濟架構，三大產業平衡發展，只能夠集中發展優勢產業，或產業鏈的某些環節。

　　香港工業家在過去主要靠開拓國際市場發展業務，隨着香港及珠三角的生產優勢已經難以與其他周邊國家地區競爭，他們有兩種主要出路。一種是把生產線遷到其他發展中國家，包括越南、緬甸、孟加拉等勞動成本低的地區；另一種則轉型到生產高科技及優質中間產品，例如電子配件等。兩種模式均難以形成完整的產業規模。

　　今天，香港與廣東省及其發達地區的經濟規模已經倒轉過來。隨着廣東經濟體的增長，加上地域、人口的儲備，產業結構的完整，已經成為整個區域的經濟領頭羊。

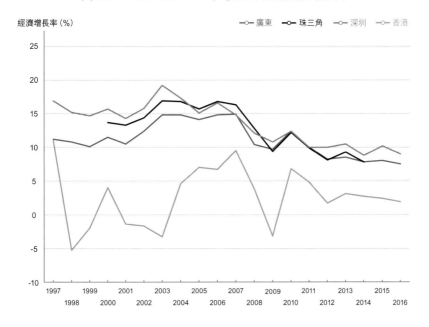

圖 3.2　1997 至 2016 年粵港地區的經濟增長率

圖 3.3　廣東省進出口貿易（單位：億美元）

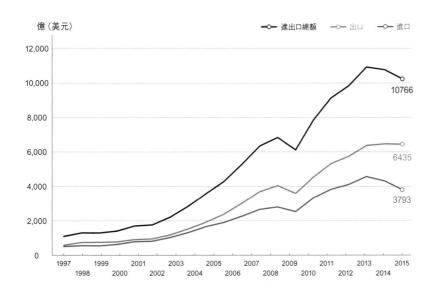

資料來源：廣東省統計局：《廣東統計年鑑》（1998–2016）。

　　現在世界政經格局正面臨大變，美國正在走向保護主義，必
將影響世界貿易，中美貿易的變化將直接影響香港，香港不能掉
以輕心。由貿易帶動的貿易及專業服務，物流業等也會受衝擊。

　　香港必須重新尋找新機遇、新增長點。政府要迅速行動，作
好準備，回應新時代的發展。

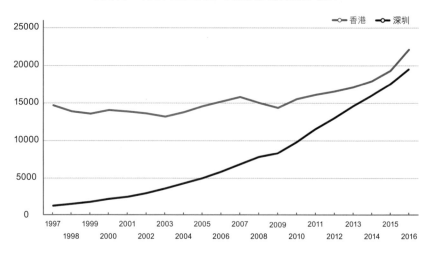

圖 3.4　1997 至 2016 年深圳與香港的 GDP

表 3.3　2016 年深圳與香港主要指標

指標	香港	深圳
面積（平方公里）	1,106.30	1,991.64
人口（人）	7,346,700	113,789,000
本地生產總值（元）	$24,891 億 （¥22,063 億）	¥19,493 億
進出口貿易總額（元）	$75,966 億 （¥67,362 億）	¥27,516.6 億

深圳與香港的經濟發展

深圳自建立經濟特區，經過三十多年已經建成一個大都會。經濟規模已與香港相若。更重要的是深圳幅員及人口都比香港規模大得多。

香港及深圳的產業結構

香港經濟主要集中在第三產業，四大支柱產業包括貿易及物流、金融服務、旅遊和商業及專業服務。其中貿易、運輸及物流商業服務就佔了本地生產總值的 35%，金融保險佔 17%，建築房地產業佔 15%，社區及社會服務佔 17%，合共佔三分之二。在就業方面，依次為 40%、6.6%、12% 及 37%。

深圳的產業結構則較為全面。2015 年第二產業佔 42.6%。深圳有四大支柱產業、六大戰略產業及六大未來產業[1]。

四大支柱產業包括高新技術產業、金融業、現代物流業及文化創意產業（表 3.4）。

表 3.4　深圳四大支柱產業

四大支柱產業	產業增加值 （億人民幣）	概況
高新技術產業	5,847.91	• 國家級高新技術企業數量達 5,524 家，約佔廣東全省的一半。 • 高新技術產業已具備相當規模，形成了以電子資訊產業為主導的高新技術產業集群，成為全國高新技術成果產業化的重要基地 • 主要產業園區：深圳市高新技術產業園、深圳軟體產業基地、深圳天安雲谷產業園等。 • 代表性本土企業：華為、中興等。
金融業	2,542.82	• 佔 GDP 比重 14.5%，是中國大陸金融業佔 GDP 比重最高的城市之一。 • 金融總資產、本外幣存款餘額、貸款餘額均居全國第三位。 • VC/PE 機構 4.6 萬家，註冊資本超 2.7 萬億元。 • 金融業集聚區：福田、羅湖、前海深港現代服務業合作區等，其中前海將打造我國金融業對外開放試驗示範視窗。 • 代表性本土企業：中國平安、招商銀行等。
現代物流業	1,782.70	• 深圳現有物流企業逾 1.7 萬家，營收超百億元的物流企業近十家，湧現了六家物流上市公司。 • 全國 80% 以上的供應鏈管理公司總部聚集在深圳，美國 UPS、德國漢莎、丹麥馬士基、菜鳥網絡等六十多家知名國際物流企業落戶深圳。 • 主要產業園區：前海灣保稅物流園區、鹽田物流園區、大空港航空物流園、平湖物流基地、華南物流園等。 • 代表性本土企業：順豐、怡亞通等。
文化創意產業	1,757.14	• 深圳是全國第一個獲得聯合國教科文組織「設計之都」稱號的城市。 • 工業設計、平面設計等設計產業全國領先，獲國際性的 IF 設計獎，連續 4 年居全國首位。 • 主要產業園區：深圳國家動漫畫產業基地、田面設計之都創意產業園、中芬設計園等。 • 代表性本土企業：華強文化科技、嘉蘭圖設計等。

戰略新興產業有節能環保產業，生物產業，新能源產業，互聯網產業，文化創意產業，新材料產業及新一代資訊技術產業等（表 3.5）。

表 3.5　深圳戰略新興產業

戰略產業	產業增加值 （億人民幣）	概況
節能環保產業	327.42	・建成重要的節能環保產業基地和創新中心為目標。 ・在多個資源迴圈利用領域居全國領先水平。 ・高效電機風機、節能控制等高效節能領域。 ・環境監測、廢水處理等先進環保領域。 ・垃圾焚燒發電、電子廢棄物回收再利用等。 ・代表性園區：國際低碳城、光明新區 LED 產業園。 ・代表性本土企業：達實智慧、鐵漢生態、東江環保等。
新能源產業	405.87	・形成從設備製造到能源服務的完整新能源產業鏈。 ・核能、太陽能、生物質能及純電動汽車等重點領域發展迅速 ・主要產業園區：坪山新區新能源汽車產業基地、龍崗區新能源產業基地等。 ・代表性本地企業：比亞迪、深圳能源等。
互聯網產業	756.06	・已成為中國重要的互聯網聚集基地，培育了以騰訊為代表的一系列領軍企業。 ・「互聯網 +」應用於深圳經濟各個領域，滲透到政務、社區服務、金融、生產和商務等方面。 ・深圳是首批獲准創建國家電子商務示範市的城市之一。 ・主要產業園區：蛇口網谷、福田國際電子商務產業園、深圳市寶安互聯網產業基地等。 ・代表性本土企業包括騰訊、迅雷等。
新材料產業	329.24	・產業鏈完整，電子資訊材料、新能源材料、生物材料、建築節能材料、石墨烯納米材料、超材料等重點領域發展態勢良好。 ・主要產業園區：光明新區電子資訊材料集聚區、坪山新區動力電池材料產業集聚區。 ・代表性本土企業：南玻、光啟研究院、貝特瑞等。
新一代 資訊技術 產業	3,173.07	・推動深圳經濟增長、產業轉型的主力軍。 ・中國電子資訊產業前十強總部或區域總部均落戶深圳。 ・深圳已成為中國重要的 IT 產業製造基地、研發基地、出口基地和物流中心。 ・主要產業園區包括深圳軟體產業基地、深圳灣技術生態園、阪雪崗科技城等。 ・代表性本土企業：華為、中興、海能達等。

至於六大未來產業，則包括生命健康產業、海洋產業、機械人產業、航空航天產業、智慧裝備製造業和可穿戴設備研發生產業。此外深圳未來將發展生命健康產業（表 3.6）。

表 3.6　深圳戰略新興產業

戰略產業	概況
生命健康產業	・其產業產值已突破 300 億人民幣。 ・新一代測序能力位居世界第一。 ・部分領域處於國際領先地位，其中幹細胞和腫瘤免疫細胞治療、基因治療等生物醫療產業發展基礎較好。 ・主要產業園區：深圳市國際生物穀、深圳國際低碳城等。 ・代表性本土企業：華大基因、北科生物等。
海洋產業體系	・形成了三大優勢產業：海洋交通運輸業、海洋油氣業及濱海旅遊業。 ・代表性海洋新興產業：海洋電子資訊、海洋生物和海洋高端裝備。 ・深圳正在建設全國海洋經濟科學發展示範市。 ・代表性本土企業：招商局國際、中集集團等。
機械人產業	・憑藉傳統硬體優勢、日益上游研發能力以及成熟的下游應用市場，打造機械人產業。 ・多項技術處於國內領先：機器人系統集成、控制器、伺服器、多傳感融合、信號處理、人機交互等。 ・技術應用例子：富士康的本體、雷柏的系統集成、匯川的伺服器、固高的控制器等。
航空航天產業	・初步形成覆蓋適航取證研發、航空電子元器件、機載模組、無人機、機場地面設施製造等領域的產業鏈。 ・航天產業初具雛形，已發展成為微小衛星、衛星導航基礎構件及終端設備等研發製造的重要基地。 ・要產業園區：深圳市南山航空電子產業園、西北工業大學航空生產基地等。 ・代表性本土企業：大疆創新科技、中航實業、零度無人機等。
智慧裝備製造業	・深圳已是全國智慧裝備製造業的領跑者，年產值 5000 億元左右。 ・在智慧裝備領域，鐳射自動焊接設備、線路板三維檢測設備國內名列前茅。 ・生命資訊檢測儀器研製取得重大突破。 ・華大基因兩款第二代基因測序儀在全國首次獲批。 ・理邦公司國內首款自主研發的血氣生化分析儀成功上市。
可穿戴設備研發生產業	・深圳已成為中國最大的可穿戴設備研發生產業基地。 ・有從感測器、柔性原件到交互解決方案的完整產業鏈條。 ・一批企業在國內率先推出智慧手錶、健康終端等可穿戴設備，新產品和新業態不斷湧現。 ・深圳是可穿戴設備企業的最大聚集地。 ・企業數量已逾千家。 ・產業配套率和成熟度在全球業界都領先。 ・代表性企業：華為、酷派等企業—其產品已經在中國乃至世界領跑。

粵港關係及香港的發展方向

三十多年前，香港帶動了深圳特區的發展，今天，香港需重新尋找定位及優勢，以配合周邊的經濟發展。

根據廣東制定《泛珠三角綜合交通運輸體系合作專項規劃綱要》戰略目標：按照泛珠江三角洲區域經濟地理特點和經濟合作需要，建立適合的綜合交通運輸發展體系；形成以大珠三角和面向東盟開放的前沿地區為核心，區域內重要城市為中心，溝通沿海、沿邊和內地，連接各省區的鐵路、公路、水運、民航、管道等各種運輸方式合理分工、協調發展、銜接配套、在較高層次上適合泛珠江三角洲經濟發展和合作的綜合運輸基礎設施網絡系統。

在香港周邊的珠三角區域是中國最發達的經濟區域，也是廣東省地區的經濟中心，佔廣東省生產總值的 78.3%。到目前為止，珠三角仍是港商的工業生產基地。隨着整個廣東省的交通運輸網絡建設不斷完善，珠三角將是香港通過 CEPA 把香港的服務業帶到內地發展的主要通道。

注釋

1　參見深圳市投資推廣署網站：www.szinvest.gov.cn/。

表 3.7　廣東交通運輸郵電主要指標

指標	2000	2010	2014	2015
鐵路營業里程（公里）	1,942	2,297	3,818	5,141
公路通車里程（公里）	102,606	190,144	212,094	216,023
內河通航里程（公里）	13,696	13,596	12,150	12,150
民航航線里程（萬公里）	50.03	180.74	228.58	237.29
管道輸油（氣）里程（公里）	1,535.57	6,033.62	5,404.26	6,500.90
港口碼頭泊位（個）	3,191	3,082	3,111	3,093
＃ 萬噸級泊位	126	245	281	291
碼頭泊位長度（米）	180,238	252,762	265,783	266,828
公路橋樑（座）	19,668	42,330	45,196	45,589
＃ 永久式	19,656	42,233	45,110	45,501
民用汽車（萬輛）	172.91	783.50	1,332.94	1,472.33
機動船艘數（艘）	21,733	8,793	8,709	8,716
＃ 噸位數（萬淨載重噸）	526.88	1,140.71	2,728.05	2,703.55
民用運輸飛機（架）	106	441	581	625
本地電話使用者（萬戶）	1,414.94	3,169.14	2,949.46	2,807.11
行動電話用戶（萬戶）	1,357.26	9,710.09	14,943.369	15,009.75

資料來源：廣東省統計局，《廣東統計年鑑》。

第四章

粵港合作第三次浪潮及利益再分配

劉瀾昌

香港資深傳媒人

2017 年 3 月全國人大會議上，國務院總理李克強在政府工作報告中首次提及研究制定粵港澳大灣區城市群發展規劃。這表明在經過多年的醞釀後，粵港澳大灣區發展規劃已提升到了國家戰略層面，放到國家發展中一個非常重要的位置。粵港澳大灣區城市群發展正蓄勢待發。香港如何認識自身在大灣區經濟體的位置，變得更為急切。

　　也許，身為一個香港人，可以平靜地問一問：「廣東改革開放之初，如果缺乏香港的支持和參與，粵省可以一躍為中國發展的排頭兵嗎？」答案當然是否定的。然而到了今天，如果香港缺乏參與大灣區經濟體的積極性又會如何？相信多數香港市民會沉思一會，不知道如何回答。然而，熟知粵港兩地經濟發展的學者會明白，若香港缺席、消極或拖後腿，對大灣區一定是有影響的，至少是少了重要的一條腿，但是阻擋不住內地前進的步伐。香港「開慢車」，並不會影響人家「開快車」。相反，如果香港也提速「開快車」呢？就一定會產生你追我趕的競爭效應和「一加一大於二」的協同效應。

　　試想，深圳 GDP 要超越香港，如果香港也努力不讓深圳超越，或者深圳超越之後香港再反超深圳，那麼，粵港澳大灣區是何等生氣勃勃的氣象！要不做世界最有活力的地區也難。

　　筆者相信，未來粵港澳大灣區合作，最大的問題和難點就是香港。香港面臨一個被內地拖着走的尷尬局面。也就是說，不管香港未來如何發展，大灣區的城市群一定更加融合、更加協同發展。而香港已經喪失了過往「前店後廠」的優勢，更失去珠三角「龍頭」地位，香港在大灣區的位置到底在哪裏？恐怕香港需要認真想一想。香港需要有強烈的危機意識，全方位作出檢討。

　　坦率說，一說到和內地合作，香港第一時間會想到的是自身的利益。這其實沒錯。大灣區裏的內地各核心城市和中小城市，何嘗不是也首先考慮本地的利益。粵港澳大灣區各個城市追逐自身利益，當然是大灣區發展的源源不斷的動力源泉。但是，大灣區的本質是協同發展，是經濟的高層次融合，人流物流順暢流通的基礎，強大的金融支撐，創新科技的領頭羊，為經濟發展帶來新競爭力。世界公認的三大灣區：三藩市灣區、紐約灣區和東京灣區就是例證。香港在大灣區裏得到甚麼，預期能夠貢獻甚麼，

兩者必然是息息相關，環環相扣；「取之」與「予之」，必然是成正比的。

　　與三藩市灣區、紐約灣區和東京灣區三大灣區相比，粵港澳大灣區有兩個顯著不同的特點。第一，三大灣區都只有一個中心城市，而粵港澳大灣區則有香港、廣州和深圳三個中心城市；第二、三大灣區都是一國一制，而粵港澳大灣區則存在「一國兩制」，香港和澳門與內地實行不同的社會制度；還有，城市的管轄體制也不同。廣州、深圳等珠三角城市，都統一歸廣東省領導。而香港、澳門的經濟發展屬內部事務，自己管自己。於是，香港要找到自己在大灣區適當的位置，要自強，還應該配合中央的協調。

大灣區建設是粵港合作的第三次浪潮

　　粵港澳大灣區的概念不是香港先提出。早在 2009 年，內地就有人提出粵港澳大灣區的構想。2014 年，深圳市政府工作報告也首次提出「灣區經濟」概念，把粵港澳城市群勾連起的灣區作為一個整體規劃。2015 年 3 月，在國家發改委、外交部、商務部聯合發佈的「一帶一路」相關文件中，則提出要「深化與港澳台合作，打造粵港澳大灣區」，並於 2016 年，打造粵港澳大灣區正式被寫入國家「十三五」規劃中。

　　內地專家說，粵港澳大灣區城市群的建設和發展，目標是促進港澳地區和珠三角地區的經濟融合發展，實現區域經濟一體化；有利於進一步打造粵港澳「一小時生活圈」；有利於發揮三地協同效應，吸引高端人才聚集，加快建構世界級的科技產業創新中心。

　　回顧本地區改革開放近 40 年來，大灣區建設應該是港澳與珠三角地區的第三次合作浪潮。

　　粵港合作的第一個浪潮，是 1978 年改革開放初期。當內地嘗試打開門戶，大批港商即作為頭一批「吃螃蟹」的人進入珠三角設廠生產，當時主要是搞低端的「三來一補」。後來逐步升級為「三資」企業（中外合資、中外合作、獨資企業）。基本是香港

資金、技術和海外市場，利用大陸人工、廠房和原料的低成本優勢，以「前店（香港）後廠（珠三角）」方式，大大擴張了港商的生產和出口能力，令香港的經濟體積以倍數增長。珠三角也率先成為中國的「世界工廠」，為「製造業大國」開了好頭，粵港各得其利。

隨着內地經濟快速發展，產業不斷升級換代，低端的產業逐步被淘汰，汪洋主政粵省年代適時提出珠三角要「騰籠換鳥」，加上內地本地資本的企業包括民營國有或混合式不斷壯大，也可自己尋找海外市場，粵港「前店後廠」的模式逐漸式微。面對廉價勞動力和低生產成本的日子結束，在珠三角發展的港商也兵分多路，一部分年紀大的告老回港，而第二代則不願繼續在內地打拼，一部分轉在內地做房地產，或回香港的房地產和金融業找快錢；還有部分及時轉型搞服務業，唯有經營高科技、高增值產業的才可生存。

在這一期間，粵港合作主要以粵港聯席會議形式領銜。當年粵方是由廣東省常委、副省長王岐山領軍，港方組長是時任政務司司長陳方安生。然而效果不彰，「高層會議」屢屢流於形式，談不到實質問題。問題的責任，應該在於陳方安生，她對內地持有高度戒心，怕粵港合作走得太密會令香港逐漸變成一個中國內地的普通城市，不利香港的國際都會定位。她當時還要強化香港與深圳的邊界線，使新界北部地區發展緩慢。現在回頭檢討，顯然這是反映港英年代培養的公務員對「一國兩制」還是有錯誤理解，尤其誤認為香港與內地融合會削弱香港的價值，耽誤了香港的發展。

當時，雖然粵港聯席會議收效不大，但特首董建華對於推動粵港合作仍然十分積極，粵港融合建立「三小時生活圈」、「大珠三角」等概念陸續提出，到張德江主政廣東時提出「泛珠三角9加2」，即9個內地省份加上香港和澳門，組成一個「超級大經濟圈」，都是建立更密切粵港關係的嘗試。

粵港合作的第二個浪潮，是以 2003 年中央政府推動 CEPA 為主要標誌。根據 CEPA 規定，容許兩地在人財兩方面有更大的「互通」，香港服務業、金融業以及其他更多行業可以進入內地；內地則放寬旅客、資金來港。自由行更為香港零售和旅遊帶來一片榮景。

值得指出的是，第一，CEPA 的推動，是港方主動向中央、向內地要求的。其時，香港經歷了一次經濟低谷，由於亞洲金融風暴和沙士、禽流感等疊加襲擊，樓市泡沫爆破，樓價暴瀉，過百萬戶樓宇「負資產」，GDP 一度負增長，香港方面以救急方式要求中央開放自由行。只不過後來香港政府疏於管理，加上別有用心挑撥，過多的內地遊客也為香港帶來不便，成為激發兩地矛盾的一個火頭。

第二，粵港合作由「市場主導，政府配合」轉為「政府主導，依市場需要規劃」。CEPA 協議，是由兩地政府磋商，以協議形式落實。自此之後，香港與內地經濟融合成無可逆轉趨勢。而香港則學會向國家要政策、要優惠，香港經濟要依賴國家政策協助，才能得到更大的發展空間和機會，這也成了一種趨勢。

第三，受惠於 CEPA 開放市場和自由行刺激本地經濟，香港經歷了另一次繁榮期，但這次基層市民得益不多。數據顯示，這段時期本地就業崗位不斷增加，失業率偏低，但創造的都屬於低薪職位，港人的入息增長在過去十多年並無顯著增幅。而這一期間，由於香港政府土地政策失誤，導致土地供應緊缺，樓價飛升。

第四，CEPA 的推出，也顯示香港與內地經濟的合作，向着制度、規則等更高層次的合作。

第五，這一期間的發展，顯示香港的優勢，尤其是「制度優勢」在減退；而內地的短板在逐步補齊，原來香港有的內地缺的，內地逐步補上，內地的「制度優勢」則不斷發揮作用。

當下，推進粵港澳大灣區城市群建設，之所以成為粵港合作的第三次浪潮，既是「水到渠成」的產物，也是「突破瓶頸」的需要。

所謂「水到渠成」是指目前粵港澳三地的協同發展已有一個良好的基礎。三地已形成良好的產業分工合作關係，區域跨境基礎設施網絡逐步完善和 CEPA 安排為內容的制度合作基礎。在這三個基礎和條件下，進一步推動粵港澳大灣區城市群的發展是一個「水到渠成」的結果。

而所謂「突破瓶頸」呢？無疑，當下深圳、廣州的科技創新企業與世界三大灣區相比，還有很大差距。而香港經濟轉型發展的「瓶頸」更為突出。香港回歸 20 年來，GDP 增速一直在低點徘

徊，甚至被面積和人口都少的新加坡超越，而且至今沒有找到新的增長動力，資金醉心於房地產。因此，推進大灣區建設，既是更好地發揮港澳獨特優勢，提升港澳特區在國家經濟發展和對外開放中的地位與功能，更是助推香港經濟轉型發展。有利於港澳更好地拓展自身經濟功能和營商規則優勢，更好地融入內地改革開放進程中，從而解決內部經濟發展問題，順利進行經濟轉型。

那麼，粵港澳大灣區會否為香港帶來另一次繁榮期？

按中央構想，粵港澳大灣區主要發展創新科技和創業，概念應來自美國矽谷灣區。該區駐紮了多家世界級科網和科技企業。香港能受惠於大灣區應該首先在於市場 —— 大灣區包括粵省的廣州、深圳、珠海、佛山、中山、東莞、惠州、江門、肇慶，再加香港、澳門。以上有兩個經濟特區、兩個特別行政區，佔全國約五分之一的國土面積、三分之一的人口和三分之一以上的經濟總量。這一個龐大市場，可以為香港創業者提供很多機會。而且在涉及香港強項金融業方面，粵港澳銀行業總資產合共 42.7 萬億元人民幣，遠超江浙滬「長三角」。據預測，到 2025 年珠三角加香港的整體銀行盈利將可達到 1.44 萬億元，超過東京、紐約，成全球最高地區。

其次，制定粵港澳大灣區城市群發展規劃能夠促進港澳和珠三角地區的經濟整合，實現一體化發展。也就是，從「前店後廠」的產業層面分工合作，上升到 CEPA 之後的制度合作，再通過粵港澳大灣區城市群規劃的各個層面的深化整合，提升區域一體化水平。

再次，從居民生活角度來看，粵港澳大灣區城市群發展規劃有利於進一步打造三地的「一小時生活圈」。粵港澳三地有着迫切交流的需要，粵港澳大灣區城市群發展規劃能使粵港澳三地居民的交流更為便利，使「一小時生活圈」、「一小時學術圈」成為現實。

此外，粵港澳大灣區城市群發展規劃能有效發揮三地協同效應，創造一個吸引全球高端人才聚集的環境。香港擁有國際化人才網絡資源，珠三角地區有很好的產業化鏈條和國內大市場，粵港澳三地可以協同發展，形成有國際影響力的科技產業創新中心。

香港須正視在大灣區發展中的劣勢

說香港在大灣區發展中有劣勢而不是優勢，大概很傷自己香港人的感情。但是很抱歉，這是現實。很簡單，數字可以說明問題。在中國改革開放初期，香港的 GDP 還佔全國的四分之一，而如今已經滑落到只達二、三個百分比。廣東的省會廣州的經濟規模已經遠超香港，深圳也在短期內超越香港。也許，香港有人說，我們不是以 GDP 論英雄，但是數字硬梆梆的顯示，香港的優勢在減弱，劣勢在擴大。

重要的是，知恥近乎勇。香港要清楚自己的短處，才能在大灣區發展中重新起步。

舉一個事例，是「港深雙城記」的故事。深圳這個以前的邊陲漁村，當年 GDP 幾乎可以忽略不計，但是在 2015 年正式超越香港。雖然人均 GDP 還落後於香港，但是高科技產業帶動服務業、金融業，深圳的內生競爭力優於香港。在未來可見的十年，深圳的 GDP 增速將保持在香港的兩倍多。有人說，深圳還是一個 20 歲的年輕人，香港則是一個 60 歲的老人；甚至有人斷言，深圳的樓價會超越香港。

另一個事例，是「港星雙城記」。新加坡人口少於香港，港星於 90 年代並列於「亞洲四小龍」，經濟總量及人均 GDP 香港一直高於新加坡。然而，2003 年新加坡人均 GDP 超過香港，2010 年新加坡經濟總量首次超過香港。2014 年全球創新指數顯示，新加坡排名第七，是亞洲之首，香港則排第十；另外，香港於知識密集產業相關的就業、產學研合作及擁有的中高科技人員，均落後於新加坡。

具體而言，香港優勢弱化有如下表現：

第一，地理劣勢越來越顯現，使香港航運、物流、客運在大灣區的領先地位不斷下降。

2016 年，香港貨櫃輸送量已被青島港超越，排名跌至全球第六位。在 2004 年之前，香港貨櫃運輸量一直雄踞世界第一，之後連續被上海、新加坡超越。近年更是連年下跌，逐年被深圳港、寧波港、青島港超過。香港業界人士坦言：「香港跌出三甲後，排名已不再重要。」[1] 香港政府並因此否決了建造十號貨櫃碼頭。

事實上，香港被超越，並不是自己保持原先的貨運量而人家增長了，傷心的是自己不斷下降。2015 年世界前五大最繁忙港口當中，唯獨香港連續十年下滑，上海、深圳、新加坡、寧波都大幅成長。據香港統計處資料，2015 年香港港口貨物輸送量下跌13.8%。德意志銀行預測，未來十年香港港口貨物輸送量將下降一半。香港其他行業，也都遇到類似的挑戰。

雖然，目前香港港貨櫃碼頭還有足夠能力處理現今各種類型的貨櫃船，包括超大型貨櫃船，而且香港貨櫃業在各相關配套，包括海港管理、基建、物流、清關安排以至法律、仲裁、保險等依然保持一定的競爭力。然而，如果內地的自由貿易試驗區爭取放寬國家沿海運輸權法規，允許外輪在內地港口開展中轉業務成功，原本掛靠香港的船舶將可能轉移到內地。那麼香港的接貨量還要進一步下降。

在此，香港本來最靠出海口的地理優勢變為了劣勢，因為貨運的「物流就近」原則，香港的貨運必然被深圳港、廣州港、高欄港、中山港、湛江港、汕頭港、海口港等大灣區內的港口不斷分薄。至於空中客運和貨運也是同樣的命運。香港在這方面的努力，只是延緩下降的進程而不能改變這個趨勢。

第二，香港原來的「獨有行業」紛紛被打破，不再「獨有」。

例如，在大灣區內，深圳股市的崛起壯大，打破了香港聯交所的獨有生意。而前海、橫琴和南沙三個自由貿易區的金融業發展，也不斷分薄香港各類金融機構的業務。而且，這三個自由貿易區打正旗號的「港貨」生意，以及無限增長的免稅商品生意，必然不斷蠶食香港的「購物天堂」。香港自由行熱潮的急速消退，與此有着重要的因果關係。

第三，香港生產效能下降，重大工程嚴重延期。

香港過往以效率高著稱於世。但是近幾年來的重大工程都嚴重延誤，不但島內的公路鐵路工程延誤，包括高鐵和港珠澳大橋香港段工程的拖延（數以年計的），使到廣東方面的相關工程也受到影響，更為嚴重的是香港的金字招牌蒙灰了，影響到香港和內地未來的工程及其他方面的合作。

第四，香港在短期內還找不到經濟發展強勁的內生動力。

香港上世紀起飛成為「四小龍」之一，首先是搭上三次全球產業轉移的便車，包括 19 世紀 60 年代，發達國家轉移勞動密集型的產業；19 世紀 70 年代兩次「石油危機」促使美日也轉移資本密集型產業；19 世紀 80 年代，科技革命使發達國家繼續轉移勞動和資本密集型產業。香港在這三次轉移鏈條中都處在靠前的位置。其次，中國的改革開放更是給予香港如特首梁振英所說的「超級聯繫人」的地位，和發展的機會。但是，隨着大灣區各個城市的發展，內地經貿依賴香港的情形甚至產生質的變化，不但眾多的經貿活動都可以繞過香港。而香港自身則由於「地價樓價租金三高」的結構性矛盾，使到產業空洞化、單一化，金融、地產、進出口貿易和旅遊等。這四大板塊的產值佔了香港 GDP 的半壁江山。而在高科技產業，香港則完全空白。原來一度異常繁榮的影視產業亦江河日下，這被視為香港衰敗的象徵。雖然，香港還是屢屢在經濟自由度排列前位，但是競爭力確實乏善可陳。最要命的是，這些經濟上的結構性矛盾，不是短期內可以解決的，致使人們看不到香港的經濟前景。

　　第五，二次分配不暢，社會矛盾激化。

　　香港回歸以來港人生活水平沒有明顯提高。政府資料表明，從 2003 年到 2013 年，香港實際 GDP 增長了 55.6%，而從業者的薪金並沒有明顯提高。香港每月就業收入中位數僅從 1 萬港元增加到 1.3 萬港元，折合年增長率不足 3%。同時，由於經濟發展遲緩，使到社會矛盾積累並且激化，首先是購房難，年輕人安居置業艱難。以 2003 年作為基數，香港私人樓宇單位的售價到 2013 年時上漲了四倍，而同期私人樓宇的租金也相當於 2003 年時候的 2.09 倍。2016 年的政府調查，香港家庭收入中位數有提高，但是樓價的升幅更為凌厲；其次，作為發達經濟體中而唯一沒有全民退休保障制度的地區，長者貧困也正在成為香港的重要問題。據 2012 年的相關統計資料顯示，香港有接近 30 萬的長者生活於低收入家庭，佔整體長者人口的 32.6%，預計貧困長者的數量將上升到 2039 年時候的 71 萬；再次，香港的大學升學率之低，在發達經濟體中也堪稱罕見。適齡青年升學率僅三成左右。還有，醫療供應不足，2003 年到 2013 年，香港醫療機構病床數目從每千人 5.3 張下降到 5.1 張。由於政府二次分配不力，基層生活水平徘徊低位，更與富裕階層的財富效應和累積成鮮明對照，造成貧富懸

殊激化，社會怨氣上升，反過來阻礙政府正常施政，也影響經濟發展，形成惡性循環。

第六，「泛政治化」現象延續不止。香港政治環境惡化，其實不在於某些人提出激烈的本土意識、港獨等回歸以來首次出現的反回歸反「一國兩制」的口號，而是在於愛國愛港處於弱勢的狀態並不是短期內可以改變。而目前較為突出的青年、教育、法律和媒體界的問題，更是一個系統工程，不是三五年就有可觀的改變。由於香港回歸實行「一國兩制港人治港」，沒有實行「去殖民化」，這一結構性的問題的存在，決定了香港大多數人認同國家認同民族，可能是一兩代人的事情。

而經濟問題，也被各種勢力作為反政府的政治工具。對於香港近年來愈演愈烈的「拉布」，稍有理性的市民都深痛惡絕，但是也必須看到這種鬥爭不是短期內可以解決的，有關方面必須認真思索對策，給予有力的反制。近期高鐵撥款通過，雖然並不完美，但是也是一個鼓勵。還有，反水貨的行動傷了內地人的心，既要有力反對這種挑撥兩地矛盾的行為，政府也要有效管理內地遊客來港的秩序，盡力減輕對市民的騷擾。

要特別指出的是，近年來香港「本土主義」抬頭，香港政府也提出「港人優先」的政策。筆者以為，在使用這些概念的時候都要小心翼翼。因為這些概念都容易被有心人向阻礙兩地融合方向發展，成為開創粵港澳大灣區的阻力。本來，所謂「本土」就是一種鄉情，不應有利益取態。香港「本土」，應該是鄉情本土、理性本土，不但不應是激進本土、暴力本土、革命本土、獨立本土等等，而且不應是香港與內地族群的區分，而香港政府過分強調香港人優先，有意無意也對內地人做出族群的區分，對香港與內地融合有害無益。

第七，香港工商界缺乏領導力。香港保留原來的資本主義制度，也就是說香港的資產階級要在政治經濟各個層面發揮領導和主導作用。但是，香港的工商界還是繼承了中國資產階級軟弱，胸懷不寬、眼界低、政治能力弱的特點，很難擔負其歷史使命。其表現，一是代表工商界的自由黨發展每況愈下，立法會議員愈來愈少，其提出的各項政策沒有香港的大局觀，而且左搖右擺。二是，香港的工商界眼窩淺，只看眼前鼻尖下的利益，不懂得通過勞資和諧、社會和諧而營造有利的營商環境去謀取更大利益，

不懂得香港整體好工商界才好的道理，在最低工資、低保、強積金對沖長期服務金方面，與勞方斤斤計較，與西方成熟的工商黨比較完全是小兒科的角色。

再者，香港的工商大佬雖然坐擁巨額資金，但是缺乏對世界經濟潮流的把握，還是沉迷於地產、股市等方面，不能創造香港的新生生產力。這一問題，也不是短期可以解決。倒是一些內地企業將「互聯網+」等概念帶來香港。

第八，政府政治和經濟管理能力弱化，不及殖民政府。特區政府目前面臨反對派惡性杯葛的局面，立法會的制度也不能阻止非理性「拉布」。董建華近期的一個演講指出，由於香港現行的體制，導致三任行政長官都因為「手中無票」，無法落實「行政主導」。相信林鄭月娥當選新一屆行政長官，也將面對施政困難的局面。

還有，政府某些部門陳舊的不干預經濟理念及保守的理財哲學，頑固並繼續以合理的面目存在。回歸之前的過渡期，港英政府對經濟發展基本處於袖手旁觀的角色。香港回歸之初，特區政府受港英遺留的所謂「積極不干預」的理念影響，對兩地的經貿合作及各方面的交流也採取了「無為而治」的做法，只是繼續由商界以民間和自發的方式進行。這在當時的條件下，也許差強人意。但是，在香港回歸已經快 20 年的今天，特別是隨着國家已經成為世界第二大經濟體之後，這種陳舊保守的模式，顯然就不能適應時代的發展需要，更不能幫助香港抓住難得歷史機遇，奠定長期繁榮穩定的堅實基礎。

另外，香港目前還是世界最有錢的政府，但不是最善於用錢來刺激經濟發展的政府。踏入 2016 年，有大商人說是 20 年來最差的年頭，但是香港政府未能積極地運用財政、貨幣等手段，主動用錢刺激經濟發展。

香港有全世界品質最好的奶粉，其秘訣在於香港市場高度開放，香港奶粉的高品質和低價格都是市場開放的產物。本來內地人來港購買奶粉及水貨客帶奶粉，都不會破壞這樣的格局。但是，據悉某些奶粉供應商一時貪心，利用春節期間的購買旺季，囤積抬價，結果影響到香港本地平價名牌奶粉供應緊張。於是在以挑動內地和香港矛盾為己任的政客推波助瀾下，有人建議政府像澳門那樣由政府出面保證本地充足供應，香港政府沒有接受而

採用「限奶令」。痛惜香港自由港政策受到侵蝕的港商説，全世界的海關一般是「管進不管出」，自由港的香港反而要管制奶粉過境，反常了。

至於香港土地短缺的癥結，外人都不明白香港政府為甚麼不能解決。唯一相應的措施是採取辣招壓抑飆升的樓價。目前，香港居住房屋只佔香港總面積的百分之四，香港郊野公園加其他綠化地、棕地還有百分之六十以上。況且，香港四面環海，還可以填海造地。

第九，一言蔽之，「制度優勢」弱化。這裏指的不是資本主義制度與社會主義制度的比較，而是説，從上面各種弱勢現象的呈現，可以歸因到香港制度結構問題上。香港作為一個細小的經濟體，原來的許多優勢是建基於內地的落後之上，當內地跟上來之後，優勢不再；其次，香港一些固有的制度優勢，例如自由港和股市等，很多方面也被內地模仿而不再為獨有的優勢。在此消彼長之下，香港固有的劣勢更為突顯，尤其是細小經濟體的脆弱性，迴旋空間小，政府主導能力差，都歷歷在目。

香港首先要自強

對於粵港澳大灣區發展，可能香港首先搞好自身問題，就是最大貢獻。

面對粵港澳大灣區發展的挑戰，筆者認為，香港的心態會非常複雜。香港人，第一時間想到香港會得到甚麼好處？接着，也會想到自身的弱勢，擔心被邊緣化。再就是，香港會想藉此機會再向中央和鄰居要好處。事實上，如何擺正自身在大灣區的位置，是香港需要再認識的問題。香港已經喪失了過往「前店後廠」的店面位置，更失去了珠三角的龍頭地位。香港已不是珠三角的「龍頭」，但是香港還有強烈的「龍頭」心態；另一方面，回歸20年，香港習慣了問中央要「好處」，在粵港澳大灣區規劃擺上國家戰略層面的時候，再多向中央要優惠政策，再叫內地鄰居城市讓利，自然是難免的。於是，這些不健康的矛盾心態可能會模糊了香港的眼光，更不用説那些「為反對而反對」的聲音。大灣區的規劃到底是如何去制定，還沒有出台，那些人就妄稱「被規劃」。他們不知道，如果香港被邊緣化才是可憐的悲劇。

因此筆者認為，香港最為準確的態度是自強。香港最需要激發不甘落後、重振雄風的「獅子山精神」，而不是尷尬地被內地拖着走。2017 年 3 月，人大委員長張德江在兩會上說，深圳的 GDP 還比香港差一些，可能很快超越香港。那麼，我們香港敢不敢說，我們不能被深圳超越！我們不會被深圳超越！不可否認，深圳是國家改革開放的「奇跡」。從一個邊境小鎮，30 多年便演變成 2,000 萬人口的大都會、世界級的製造業中心，其集裝箱運量已超越香港，現為全球第三大，還是世界公認的創新經濟「硬體的矽谷」。事實上，深圳的本地出口、消費亦已超越香港，只是以美元計算的本地生產總值還稍落後於香港。2016 年深圳經濟增長 9%，香港只有 1.9%，若不是人民幣兌美元貶值，其實就超越了香港。但是，香港的優勢依然是內地城市不可替代的，香港若然有不甘落後的決心，正如林鄭月娥所説的輸給新加坡「不甘心」。那麼，激發起香港的潛能，是否可以從中獲得新的發展動力，獲得新的騰飛期呢？

　　試想如果香港奮發，第一，不被深圳 GDP 超越；第二，追趕廣州，反超廣州。那麼，粵港澳大灣區就會呈現一個你追我趕的生動活潑、龍騰虎躍的局面；原來不是世界三大灣區一個中心的劣勢，反而成為內生競爭的動力。相信，這也是中央將粵港澳大灣區提高到國家戰略層面時最想要的元素。

　　事實上，香港還有巨大的發展空間、發展潛力，GDP 增速可以迅速從百分之二三翻番。香港可以有一個比當年港英政府玫瑰園計劃更加宏大的大計。

　　現任政府提出了一個「2030+」的計劃，其實這是一個謹小慎微的計劃。「2030+」提出「三條發展軸心」概念，包括連接北大嶼山、洪水橋、屯門和元朗南的西部經濟走廊，連接古洞北、落馬洲河套區、蓮塘口岸的東部知識及科技走廊，以及涵蓋六個過境通道的北部經濟帶，同時在交椅洲和喜靈洲將進行大規模填海約 700 公頃。如果，比起香港回歸 20 年所為，其規劃不能說不大，但規劃仍指出，即使按這個規模開發，本港還欠約 1,200 公頃用地。因此不能不問，為甚麼不能增加填海面積，包括在南丫島到鴨脷洲之間。再多填 1,200 公頃，甚或 2,400 公頃又如何？

　　香港又為甚麼不可以大膽設想，在填島後修兩條跨海大橋，一條從愉景灣到坪洲、交椅洲再到青洲，到域多利道；另一條則

是經喜靈洲、南丫島連接大嶼山和鴨脷洲。再就是，在不大動郊野公園的前提下，修一條大嶼山的環島公路。這樣，香港四周的經脈完全打通，那才真是一個「大香港」。

當下，海內外各路資金湧港搶地，不斷推高地價。但是香港缺地，有資金來，無土地供應，不是白白放走了香港再騰飛的資金流？深圳當年一個小漁村，不就是靠用外來資金發展起來？如果香港政府有大量土地在手，香港當下的樓價高企、生意難做等困局即迎刃而解。

中央需要繼續扶持香港

毛澤東說過：「唯物辯證法認為外因是變化的條件，內因是變化的根據，外因通過內因而起作用。」[2] 很清楚，未來香港再起飛受到兩個重要因素的影響，一個是外部的因素，包括國際的經濟大環境、國家的經濟發展環境以及對香港的影響；另一個則是香港的自身因素，包括香港經濟、社會和政治各種因素的影響。從整體和長期而言，決定性的因素是香港自身，是變化的根據；而外部因素則是變化的條件，外部因素是通過香港內部因素而起作用。香港自己不努力，誰也不能強迫香港向上；香港不思變，國家不能代替香港發展。

不過，香港正遇到發展的一個嚴重瓶頸，突破這個瓶頸之困難可能單靠香港自身力有不逮，或者說需要一個漫長的徘徊期。因此，香港急需國家的支持，伸手拉香港一把。這尤其重要，將起到事半功倍的作用，甚至是四兩撥千斤的。香港是一個細小的經濟體，國家略施微力，香港經濟都可能有意想不到的收穫。

在香港目前的現實情況下，單靠香港自身的因素，繼續發展是很困難的事情，也要較長的時間。因此，在時不我待、「一步掉隊步步掉隊」的急迫條件下，急需國家支持，中央扶一把。一直以來，中央支持香港，提出很多「惠港措施」，如 CEPA、自由行、離岸人民幣結算、滬港通等。必須認識到，這些「惠港措施」，是中央和香港雙贏的措施，也是內地和香港雙贏的措施，所以這些措施不怕多只怕少。同時，目前因為香港的政治環境惡化，港獨思潮抬頭，排斥內地行動時有發生，因此內地有人產生讓香港自生自滅的糊塗觀念。事實上，香港的發展也關係到「兩

個一百年」的中國夢的實現。國家好、香港好；香港好，也有助國家發展。因此，筆者認為，在目前一段時間，就香港發展而言，國家支持的外因超過香港自身的內因，成為主要的動力。中央需要毫不吝嗇地提出「惠港措施」，毫不吝嗇地想方設法支持香港，通過中央的支持去刺激香港的內生動力。

中央在粵港利益對撞中宜繼續遷就香港

香港回歸以來，香港與內地在經濟發展以及大型工程項目合作遇到矛盾的時候，北京總是偏向香港，寧可傷害內地的利益，也要遷就香港。最典型的事例是港珠澳大橋，當時的粵省並不同意這個名，說廣東出資佔大頭，主體工程也是廣東做，應該叫粵港澳大橋。中央最後判香港贏，叫港珠澳大橋。原來這條橋，廣東認為應用「雙 Y」模式，即在珠江西岸有珠海和澳門兩個落橋點，在東岸也要有兩個落橋點，即香港之外在深圳也有落橋點。但是，香港堅持「單 Y」，在珠江東岸只有香港一個落橋點，不能有深圳的落橋點，怕珠江西岸的生意被深圳搶了。結果，中央還是撐港，廣東便自行建設中山到深圳的通道，實際也是廢了這條橋的一半功能。

在香港和深圳 20 年來的河套地權之爭，中央始終還是挺香港，將地權百分百給了香港。

在粵港澳大灣區規劃制定中，必然還會遇到利益博弈的難題。為了防止「無序競爭」，以至「豆萁相煎」惡性競爭而分工合作，實行優勢互補，必然要由國家層面出頭再當「魯仲連」。在處理這些矛盾的時候，中央還宜從大局出發，適當向香港傾斜，照顧香港的利益。

繼續在「自由行」方面給予支持

2003 年中央支持香港推行的「自由行」政策，挽救了當時頻臨崩潰的香港經濟。這些年，自由行已經不是香港普遍就業的良方，而且也使到旅遊業對香港的貢獻超過地產而成為香港的重要支柱。然而，由於管理跟不上，也給市民帶來不便，並成為反對派搞事、排斥內地人的藉口，影響到內地人來港的意欲。但是，決不能因噎廢食，保持自由行的適當的規模，是當前香港克服經濟逆境的捷徑，中央還可開放更多內地尚未開放自由行的城市。

在香港基建上繼續給予支持

中央在「十二五」規劃〈港澳專章〉寫上香港的高鐵、港珠澳大橋等基建項目，而在「十三五」規劃則隻字不提。有人說是因為香港的工程嚴重拖延，不管怎麼說，希望中央不要因此影響對香港基建的支持。既然香港落後了，中央更應該扶持。現時，香港正籌劃建設新機場第三條跑道，有不少問題涉及與內地關係，例如空域的使用問題，中央宜對香港給予照顧。此外，香港還有一些口岸、道路建設，國家也宜關照香港。

在金融業方面更多利用香港

香港是國家的一個集資中心，一個對外金融聯繫的中心，一直以來中央積極利用香港，香港也為國家做出重要貢獻。由於金融是香港的頭牌產業，當下需要國家注入更多的強心針，以發揮短期刺激功效。更重要的是，作為「一帶一路」的融資機構亞投行，可否盡快吸收香港加入，同時在香港設立分支機構，最大限度的發揮香港的融資、集資、人民幣離岸中心和其他金融作用。另外，中央也可在香港設立一些「一帶一路」的基金，發行「一帶一路」建設方面的債券等。

在港設立仲裁中心

香港法律制度在國際有一定認可度，因此國家在香港設立一些仲裁機構，為在「一帶一路」建設中出現的商業糾紛、基建糾紛，海上運輸糾紛等問題的仲裁提供方便，是可以嘗試的新事物。

在港發展「一帶一路」沿線國家教育中心

香港的教育有一定的國際地位，行政長官梁振英已提出設立「一帶一路」獎學金，為「一帶一路」沿線國家青年學子接受高等教育提供方便。這是發揮香港人文優勢，促進沿線國家互聯互通的戰略舉措。顯然，如果內地高校也積極參與，使香港成為「一帶一路」的一個教育中心，是發揮香港在「一帶一路」建設作用，並帶動香港教育產業發展成為新的經濟增長點的良好舉措。

在港發展「一帶一路」沿線國家媒體中心、文化中心等軟實力機構

目前，國家級的媒體在香港都有亞太中心，內地一些大的互聯網媒體也進入香港發展。香港《基本法》保障的資訊自由、新聞自由，以及歷史形成的國際媒體中心的條件，使香港可以發展成為「一帶一路」沿線國家的媒體中心，為沿線國家服務。就此，可以採取中央、內地省市，以及民營等各種方式來港投資興辦。原來，中央一套節目曾通過香港亞視在港落地，現在由於亞視沒有了免費電視牌照，中央一套也告別了港人。其實，為何中央台不可在香港落地？在香港積極發展「一帶一路」沿線國家媒體中心，既有利推動「一帶一路」建設，有利在國際社會正面宣傳國家形象，也有利改變香港本身的媒體生態扶正祛邪。

扶持香港科研機構、促進香港科技產業發展

科技產業是香港一個短板，香港的科研也是弱項。但是，香港在急起直追，政府已成立科技局；香港還成立科學院。香港在吸收和轉移利用國際先進科技產品，也有其獨特的優勢。因此，國家在扶持和利用香港科技產業，是大有文章可做。例如，可否大膽改革，把中國科學院、中國工程學院、中國社會科學院等都在香港設立分支機構，內地的與香港的均在港。

對港人進入內地享受國民待遇的「門」還要開大些

長期以來，香港和內地的融合向着愈來愈方便的方向發展，但是，有專家批評說，香港和內地同屬一個國家，但是便捷程度還不如歐盟國與國之間的往來、就業等。自實行 CEPA 之後，香港服務業在進入內地市場，但是港商還常常抱怨「大門開了，小門沒有開」，還有「玻璃門」和「彈簧門」等問題。這些問題均與兩地的體制、法規、服務標準不同有關。在「一國兩制」的背景下，盡量降低制度差異導致的成本，增加制度互補帶來的收益，追求制度多樣性和互補性條件的收益最大化和成本最小化，應是是粵港澳大灣區建設始終要追求的目標。

其次，社會發展方面的合作，包括社區建設、醫療衛生、勞動就業、社會保障、養老、教育、科技、文化、體育、旅遊等方方面面。從總體上看，香港水平還是明顯高於廣東和珠三角地區，廣東可以向港澳學習社會建設和發展方面的經驗，應該進一步開放這一領域的市場。

隨着社會經濟發展，港澳地區的居民到廣東特別是珠三角地區生活、養老的人數會增加，內地應盡可能提供方便。

香港服務大灣區、得益大灣區

粵港澳大灣區建設，本質就是融合，就是協同發展。無疑，相互也有競爭。例如，深圳港就是搶了香港的貨櫃量，而躋身全球三大，而香港則滑落至世界排名第六。對此，香港只能正視發展的現實，不必做無謂的掙扎，那只是延緩香港物流被鄰近港口超越的進程，而不能改變這個趨勢，因為「物流就近」的原則是不可改變。香港只有放長雙眼，才能更清晰找到自身在大灣區的定位。

值得強調的還有一個宏觀層面上的問題。香港在未來大灣區建設發展中，也許能夠對「一國兩制、高度自治」方針，有更加全面正確的認識。所謂「一國兩制、高度自治」，在管理層面就是內地與香港「分治」，從某種意義看，分治其實就是實行「井水不犯河水」的隔離政策。隔離固然可以防止內地分享香港的既有資源和利益，免除了香港民眾的顧慮和擔心，有助於更好地保障香港民眾相關權益。但是，長期的隔離會固化香港與內地之間的差異，容易強化香港居民的自我意識和主體意識，認為香港就是香港人的香港。這種意識一旦遇到對中央的不滿情緒時，就很容易轉化為分離主義意識。近年，香港「港獨」抬頭，這不得不說是一個重要原因。

那麼要如何克服這個消極的因素呢？融合，便是正確之途。粵港澳大灣區的規劃發展，就是更好的融合過程。需要中央和大灣區的持分者，需要摸索和制定一些合理的制度設計和法律框架，去積極推動港澳與內地的融合，此乃事半功倍之事。

筆者相信，香港須認清自身在大灣區的位置，而「服務大灣區，得益大灣區」，應該成為香港與大灣區城市群合作的信條。

注釋

1　見 2016 年 4 月 16 日大公網報導：〈港貨櫃港排名跌至第六〉。

2　見毛澤東《矛盾論》(《毛澤東選集》第一卷 302 頁)。

第五章

從兩個案例
看粵港合作的成功與困局

吳木鑾

香港教育大學亞洲及政策研究學系助理教授
香港城市大學公共及社會行政學系博士

粵港合作源遠流長。作為重要的政府間關係，香港特區政府不僅與中央政府產生縱向關係，也與廣東省政府及地方政府（特別是深圳、珠海等地政府）產生橫向政府間關係。自 1998 年起，粵港合作聯席會議（Hong Kong / Guangdong Cooperation Joint Conference）就構建了廣東省與香港特區政府高層人員的對話平台。本文研究近期一些粵港合作案例，比如內地與香港、澳門關於建立更緊密經貿關係的安排和港珠澳大橋等例子。筆者認為，緣自於香港、澳門的超省級地位，港澳與中央部委及廣東省的溝通並不順暢。涉及港澳的政策存在着相關利益主體參與不夠，導致政策本身考慮不周，給此後粵港合作造成很多障礙。之後需要討論一些周全的橫向政府間管理達致粵港共贏。

內地與香港、澳門
《關於建立更緊密經貿關係的安排》

無論從政策制定，還是政策實施過程來看，內地與香港、澳門《關於建立更緊密經貿關係的安排》（下稱 CEPA）體現了港、澳超省級地位的尷尬。香港總商會總裁翁以登是 CEPA 的最初提議人 [1]。他的提議主要根據香港總商會的一項調查——《中國入世對香港商界的影響》。調查認為，中國加入世界貿易組織後，香港對內地經濟貿易的優勢不會存在，將直接影響香港商人的利益。因此，翁提出香港與內地構建「自由貿易區」的概念。但是，這個動議最終沒有被官方所注意。原因有二，一是香港政府一直堅守不介入雙邊自由貿易協定原則，另一是中國進行加入世界貿易組織的談判，中方擔心內地與香港的談判會妨礙入世談判。但是，2001 年 11 月，《中國與東盟全面經濟合作框架協定》出台，決定在 2010 年建成中國—東盟自由貿易區。這個協定對香港商界的衝擊很大，既然東盟都可以與中國達成自由貿易區，為何香港不能簽署類似的協定？商界此後向香港政府施壓。與此同時，香港也與紐西蘭進行自由貿易的雙方談判。因此，2001 年 12 月 19 日，時任香港特區行政長官董建華與北京確定了 CEPA 的談判。一個月後，時任財政司司長梁錦松與中國對外貿易經濟合作部舉行會談，確定香港與內地的不是談判自由貿易區協定，而是更緊密經貿關係安排，也就是後來的 CEPA。之所以名稱上做這樣的處理，原因是：一方面是北京政府願意以經濟政策扶持香港經

濟發展，以此證明北京收回主權後香港經濟方面仍然表現不俗。另一方面是北京政府仍然擔心協定有可能違反世界貿易規則。此後，談判因中國發生 SARS 襲擊及部委調整而有所波動，更重要的是，有些部委反對 CEPA 的談判[2]。在中國的經濟政策制定過程中，部委的反對往往會導致談判中斷，有時需要更高層次的官員的協調，如果沒有相應的協調，政策的制定會停滯不前。但是 CEPA 的談判過程中如何統一部委之間的共識，尚沒有文獻涉及，無從得知。最終，2003 年 6 月 29 日，《內地與香港關於建立更緊密經貿關係的安排》在香港簽署。時任國務院總理溫家寶出席簽署儀式。

在政策制定過程中缺乏廣東省的參與是 CEPA 的一個硬傷。有學者認為，跨境的區域合作（橫向的政府間關係）在回歸之後沒有任何突破性進展[3]。在回歸前後，粵港兩地政府有一定的渠道進行溝通[4]。比如在回歸前形成的「粵港跨境聯絡制度」及「香港與內地跨界大型基建協調委員會」。回歸後，1998 年，香港與廣東成立了粵港合作聯席會議。此後，澳門與廣東也循此模式成立了粵澳合作聯席會議。但是，這些合作都是零星、碎片的。原因就在於與港澳溝通的模式在回歸前夕就已確立，之後因各種原因沒有改進和提高。有學者認為，內地地方政府與港澳政府直接聯繫不受國務院港澳辦公室鼓勵[5]。從國務院港澳事務辦公室的主要職能來看，其中兩項就與內地與港澳交流有關。一是統籌、協調與香港、澳門特別行政區的官方聯繫；二是促進、協調內地與港澳在經貿、科教、文體等領域的交流與合作。從第一項職能的表述來看，內地與香港、澳門的官方聯繫是必須經過港澳辦公室進行統籌的。而關於內地省份與香港在經濟貿易、科技教育、文化體育方面的交流的表述比較含糊。一般來說，官方的聯繫還是要知會港澳事務辦公室。因此，歷次的粵港合作聯席會議、粵澳合作聯席會議均邀請了港澳事務辦公室交流司的官員參加。

不順暢交流有兩個不利後果。一是地方創新不夠，二是地方保護主義抬頭。韓國學者的研究表明，中國的公共政策的執行中有三種模式[6]。第一種模式為先鋒（pioneering）模式。這種模式下，地方先行推出政策，之後獲國家認可，上升為國家政策。第二種模式是隨大流（bandwagoning）模式，也就是地方政府不緊不慢地執行國家政策。地方政府不會像先鋒模式的省份那樣先行試驗，也不會像後一種模式那樣抵制。第三種模式就是抵制

（resisting）模式。若地方認為政策制定中沒有充分徵求他們的意見，實施中有可能給地方帶來不利的影響，那麼地方政府就會變相拒絕執行相關的政策。事實上，廣東經常是中國改革的先鋒。因此，廣東與香港、澳門的合作本有希望為內地國家政策提供經驗。但是在排除廣東的參與後，CEPA 政策中的地方創新不足，實施中產生的一些問題只能靠後續的零星談判來彌補。而一些省份則因為 CEPA 實施可能給他們帶來不利影響，開始抵制。

吳崇伯的研究表明，內地服務業審批繁雜阻礙了港人享受 CEPA。「比如，港澳商人要在內地申辦一個合資醫院，不僅要經過市、省、中央一級的衛生部門批准，而且還要經過市、省、中央一級的外經貿和商務部門批准，此外還要經過醫院所在地的國土、消防、環保等部門審批，整個程序下來至少需要兩至三年的時間。」[7] 另外，專業人士認為，服務貿易開放進展不夠快。雙邊專業資格互認進展得不順利。比如澳門人很少在內地通過司法、會計業考試，同時獲得的牌照數量更為有限 [8]。服務業開放中，廣東省可以先行進行創新，取消一些限制。這種創新是有可能獲得中央政府的認可的。但是，廣東省並沒有這麼做。另外，廣東方面在各主要口岸均出現了不能適應 CEPA 和「個人自由行」新增需求的情況，儘管程度不一 [9]。

而一些地方政府實施了地方保護主義，制約了 CEPA 協定的完善與發展 [10]。根據筆者在 2008 年 2 月的訪問，一些沿海省份已經禁止港澳自由行簽注的辦理。理由就是這些省份有些官員持巨額資金進入澳門賭博。對澳門簽注的收緊此後上升為國家層面的行為。

港珠澳大橋

2009 年 12 月 15 日，港珠澳大橋珠澳口岸人工島開始動工，時任選國務院副總理李克強主持動工儀式。雖然港珠澳大橋的爭論暫告一段落，但是大橋論證過程中產生的爭議非常準確地反映出地方利益衝突的問題。正因為香港、澳門在中國行政區域中的地位特殊又尷尬。其中牽涉香港和廣東各地市的關係以及香港、澳門與中央的溝通，港珠澳大橋的出台一波三折。

據 2008 年 2 月 29 日《東方日報》的報導，時任香港運輸及房屋局局長鄭汝樺宣佈，在與廣東及澳門政府代表開會後，三方已就港珠澳大橋的融資方案達成共識，三方同意以效益及費用比例相等的原則，分擔補貼費用，港方負責 50.2% 資金，粵方為 35.1%，澳門為 14.7%。合作意向將會由三方自行興建連接線，港方約長 12.6 公里，內地則長 13.9 公里。主體大橋長約 29.6 公里，六線行車，以時速一百公里設計，將興建兩個人工島及行車隧道，下一步將進行招標。2008 年 5 月 14 日，香港運輸及房屋局向立法會交通事務委員會提交港珠澳大橋的補充文件。補充文件指出，根據估計，來往本港與珠三角西部的行車時間將縮減達 80%，每年珠海、江門和中山往來香港的跨境貨運量，會由 2005 年的 1,600 萬公噸，增至 2035 年的 9,300 萬公噸。20 年內大橋將給香港帶來 230 億元人民幣的收益。

　　對於港珠澳大橋建設的必要性，國家發展改革委員會綜合運輸研究所江宇認為，大橋落成不僅提升港澳經濟，同時也將提升內地市場與國際接軌的過程[11]。以往受珠江口分隔，香港沒有陸路與珠江三角洲西岸聯通。香港車輛前往該地區，必須走虎門大橋和虎門渡口，耗時很長。反之，珠三角地區的車輛通往香港也是耗時很長。而港珠澳大橋建成後，香港和廣東省內多個地市就形成環型，這樣大大提高區域內經濟融合的可能。不僅如此，雲南、貴州、四川和重慶與港澳的聯通也將加強。因此，1983 年，香港合和實業時任主席胡應湘就提出了建伶仃洋大橋的建議。按照這個建議，大橋將從香港屯門經內伶仃島，橫跨伶仃洋，再穿淇澳島，到達珠海唐家灣。這事實上可稱為港珠澳大橋的前身。回歸前的香港政府委託顧問公司進行調查研究，認為港珠澳大橋在 20 年後才會有實際需求。因此，對胡的提議比較冷淡。很有意思的是，敢於創新的珠海市時任委書記梁廣大卻認為這是珠海的一個發展機遇。如果伶仃洋大橋成行，珠海就不僅可與澳門合作，還可以與香港合作。因此，在 1997 年，國家計劃委員會批准立項珠海段的伶仃洋大橋。但是，這個大橋事實上把澳門排除在外，因此，澳門就向中央反映。後來，伶仃洋大橋被擱置下來。2002 年初，胡應湘的提議修正了原來的方案，加入澳門，這才有今天的「港珠澳大橋」。當年時任國務院總理朱鎔基表示中央政府支援興建港珠澳大橋。

為何朱鎔基需要親自表態？一是，港澳在中央從來都是相提並論，因此，惠及到香港的大橋，在有可能的情況下要惠及澳門。二是，對廣東省內可能產生的爭議，朱似乎有所了解，因此，中央表態後有助減低爭議的強度。

　　然而，之後兩個爭議持續很久。第一個爭議就是關於「單 Y」或者「雙 Y」方案。按前面的方案，大橋將連接澳門、珠海及香港；另一方面就是即深圳也連接進來。根據中山大學港澳珠三角研究中心鄭天祥教授的研究 [12]，廣東先提出了「雙 Y 方案」。廣東的判斷是，一座橋可以把兩個經濟特區和兩個特別行政區連接起來，在世界上也是絕無僅有的。但是，香港政府委託了香港中文大學做了一個研究報告；這個報告提出「雙 Y 方案」不利於香港發展。按這個方案香港約三分之一的運輸量將被深圳所吸走。但是，鄭天祥等廣東省內專家，從上海到昆明的內地沿海高速公路，不會通過港澳。港珠澳大橋如果採取了「單 Y 方案」，內地必然又要規劃又一座橋連接珠三角東西部地區的橋樑。因此，最後深圳與中山之間將規劃與港珠澳大橋有競爭的「深中大橋」。深圳問題研究專家金心異先生的觀點很有意思，他認為大橋單雙之爭體現了利益之爭：

　　　　廣東省方面的態度則最為複雜。即便是在 2003 年之後，人們也很難弄懂其真實取態：一方面宣稱堅決支援興建，一方面又穩坐釣魚台，要求慢慢來。這可能是因為，廣東省轄下的相關各市利益不統一，廣東省為平衡利益所致：珠海方面急切希望興建的態度一以貫之；深圳在 2004 年之前對之不表態，2004 之後極度擔心被邊緣化，持反對態度，希望改『單 Y』為『雙 Y』，反對無效之後，開始推進深中大橋建設；廣州的態度則是事不關己，但應該是樂見其不成，不希望看到香港成為區域內的交通樞紐。因此廣東省政府態度曖昧。[13]

　　最後，國家交通部部長張春賢表態，支援「單 Y 方案」。原因可能是出於「彰顯『一國兩制』方針優越性的需要，向香港、澳門兩個特區政府採取傾斜政策，並要求廣東省方面顧全大局。」[14]

但是，這個問題解決之後，「一地三檢」還是「三地三檢」也成為爭議問題。前一個問題實際上主要是深圳與香港之爭，後一個問題就成為珠海與香港之爭。香港方面的提議是一地三檢。大橋在珠海拱北靠岸，人員和貨物的邊境檢查集體中在此處處理。香港方面不必再建設口岸，可以節省費用。但珠海方面的觀點不一樣。首先，珠海認為，大橋落腳如果在珠海市區南部的橫琴，將帶動這個島嶼的開發。其次，如果落腳點在拱北，需要建設隧道，花費巨大，珠海不樂意出這筆錢。另一方面拱北人工島也需要投資 90 億。如果按屬地管理的原則，珠海又得出這筆錢。因此，珠海強烈反對香港提議的方案。但是，香港和澳門的考慮比較一致。相對於橫琴來說，拱北人流量比較大，大橋從此落腳可以帶動香港迪士尼主題公園和澳門博彩業的發展。最後，香港和珠海各讓步一次。大橋落腳點是「取拱北棄橫琴」，通關模式則採用「三地三檢」。三地都建設人工島，口岸和引橋等。

爭議最終是得到解決了，密集的政府間博弈值得關注和研究的是，港珠澳大橋的談判及妥協過程可能會對今後香港、澳門與廣東類似合作產生一些影響。

小結

如果 CEPA 中所涉及的個人自由行是港澳與內地人員間的流動，而港股直通車已涉及到資金的流動，再加大橋等基礎設施的建設，香港（也包括澳門）與內地的融合已到一個很高的層次。雖然「港澳內地化」在政治領域是值得反思的。但是，經濟層面的「港澳內地化」似乎已經不可避免。由此，港人和澳人都無法避免與中央和地方官員、民間的溝通與交流。諳熟內地，港人、澳人不僅可以享受經濟合作帶來的好處，同時也懂得如何更有技巧地保護港澳政治體制、公共管理中的優勢。

一、超省級結構的問題。中國的行政區劃的混亂是史無前例。按《中華人民共和國憲法》規定，全國行政區域劃分四個層次。一是全國；二是省、自治區、直轄市；三是自治州、縣、自治縣、市；四是鄉、民族鄉、鎮。但事實上，如增城市等名字上有「市」字的卻是個縣級機構。而像廈門等以市為單位的行政長官享受的卻是省一級的待遇。具體到香港和澳門，「特別行政區」

在中國的行政科層中到底是屬於甚麼位置，憲法並沒有規定。無可否認，港澳的行政長官不需要省部級這樣的行政官階。但是，「名不正」也會導致「言不順」。香港和澳門與中央政府、地方政府如何溝通？沒有法定的、明確的規則。在區域的經濟融合中，港澳與廣東當是合作的第一層次，這後有糾紛和矛盾才需要中央的協調，就如港珠澳大橋一樣。但是，事實上 CEPA 和港股直通車都不是如此。廣東省抱怨香港凡事找中央，而港澳有時候抱怨廣東有地方保護主義。中央又急需證明「一國兩制」的優越性，因此，其立場往往激怒地方省級機構。如一些地方停辦港澳個人自由行就是明證。2008 年的《中國區域經濟發展報告》就直言不諱地指出，香港政府直接面對的是中央政府，而廣東政府要在中央政府的授權下才能與香港開展合作。地位與角色不對稱，也影響着粵港合作的效率和成本 [15]。

二、碎片化的中國政治。David M. Lampton 在 1980 年代有個重要的判斷，就是中國的政治是利益割據、碎片化的 [16]。系統、單位、獨立王國、「婆婆」構成中國官僚體制的四個關鍵字。系統分割了不同的管理領域，外界輕易無法介入。單位是更小的組織，即使在一個系統內，單位之間的鬥爭也非常激烈。就如港股直通車，同為金融系統的外匯管理局和中國證監會的立場就完全不一致。而獨立王國表示一種邊界，在邊界內各個管理單位有終極決定權，如廣東省。而「婆婆」指的又是另一方面，也就一個單位可能有多個領導（supervisory）機構。之所以港人很快在港股直通車爭論中喪失信心，就在於他們對內地政治的碎片化了解不夠。一些香港官員可能認為通過與中央最高層的溝通就可以解決政策的制定和實施問題，事實上並不然。當然，如果內地的利益與香港的利益一致，有一位強而有力的中央領導支援，港股直通車這樣的政策有可能得到實施，但實施後仍然會有一些細節的衝突，需要不斷地溝通和磋商。而澳門的議題也是如此。中國內地的反貪腐與澳門的博彩業發展有一定的衝突之處。澳門的博彩業是否會受到內地反貪腐力度加大而受損，響因素有很多。從某個角度來說，也要看澳門的政界及商界是否對中國內地政治的了解程度而定。

三、經濟成就與認受性（legitimacy）的關係。2007 年，訪澳的旅客是 1,487 萬人次，而訪港 1,549 萬人次。而內地在澳過夜的單個旅客的消費是 4,393 澳門元，不過夜旅客的消費是 934 澳門

元 [17]；在港過夜旅客的消費是 5,193 港元，不過夜旅客的消費是 1,832 港元 [18]。從資料來看，不管是單個旅客的消費量，還是內地旅客總的消費金額，香港比澳門略高一些。但是，為何給人的印象是，內地個人自由行給澳門帶來的好處更大些？一是，澳門的資料不包括博彩業的消費資料。而恰恰很多內地旅客到澳門是為了賭博。二是，不管是過夜還是不過夜旅客，訪澳內地人的消費均居榜首，而訪問香港的內地人過夜旅客消費量並不是最高。因此，內地人的消費在香港不算突出。

撇開以上資料的計算，內地旅客給港澳帶來的影響評價也完全不一樣。2008 年 4 月份，關於內地人給香港帶來陋習在互聯網上討論得很多，《南方都市報》等媒體還做了報導 [19]。而澳門則很少有這樣的討論。因此，在「一國兩制」的框架下，三地人的互動還是產生了不同的社會影響。更重要的是，「一國兩制」似乎在澳門得到更好的實施，而香港卻是在吵鬧、不適（對全國人大常委會釋法的不適、對內地旅客的不適，都是其中的內容）中度過 [20]。但是，事實上是否如此，筆者並不贊同前述判斷。在內地，政權的認受性被官方解釋為建立在經濟成就之上。通常的說法就是三十年改革開放的成就證明了共產黨執政的合法和合理性。無可爭議的，是澳門回歸後受惠於 CEPA 等政策及未來的港珠澳大橋和港股直通車（港股直通車也可能便利貪污賄金轉至澳門）。但經濟發展是否能夠證明澳門政府的管治能力高、認受性強？內地的學者已經在反思經濟成就與認受性的關係，而澳門似乎視之為當然，香港的政界，特別是商界更是視為「金科玉律」，也難怪香港前特首曾蔭權說「多做事，少說話」。

注釋

1 錢琪：〈CEPA 出生記：18 個月談判內幕〉，載《21 世紀經濟報導》，2003 年 7 月 7 日。

2 同上注。

3 Yang, C., "From Market-led to Institution-based Economic Integration: The Case of the Pearl River Delta and Hong Kong", *Issue & Studies*, June 2004, 40(2): 103.

4 岳經綸、鄭宇碩：〈「一國兩制」下的內地與香港合作及其對澳門的啟示〉，《特區經濟》，2000 年 4 期（2004 年 4 月），頁 10。

5 Yang, C., "From Market-led to Institution-based Economic Integration: The Case of the Pearl River Delta and Hong Kong", *Issue & Studies*, June 2004, 40(2): 102.

6 Chung, J. H. *Central Control and Local Discretion in China: Leadership and Implementation during Post-Mao Decollectivization* (Hong Kong: Oxford University Press, 2000).

7 吳崇伯：〈CEPA 對香港經濟的影響與對策分析〉，《創新》，2007 年 4 期（2007 年 8 月），頁 14。

8 吳崇伯：〈CEPA 對澳門經濟的影響與對策分析〉，《亞太經濟》，2007 年 5 期（2007 年 10 月），頁 93。

9 同注 7。

10 黃侃：〈CEPA：成效究竟如何〉，《滬港經濟》，2004 年 8 期（2004 年 8 月），頁 39。

11 江宇、劉小麗：〈港珠澳大橋建設對泛珠三角發展的社會經濟影響〉，《中國國情國力》，2007 年第 4 期（2007 年 4 月），頁 63。

12 國光：〈香港要有世界級城市的格局與氣象 —— 專訪港澳經濟問題專家鄭天祥〉，《同舟共進》，2007 年第 7 期（2007 年 7 月），頁 34。

13 金心異：〈港珠澳大橋經濟效益幾何〉，《亞洲週刊》，2008 年第 22 卷第 11 期（2008 年 3 月），頁 48。

14 趙靈敏：〈一座橋 23 年〉，《南風窗》，2006 年第 17 期（2006 年 9 月），頁 18。

15 戚本超、景體華主編：《中國區域經濟發展報告（2007～2008）》，（北京：社會科學文獻出版社，2008 年）。

16 Lampton, D. M., "The implementation problem in post-Mao China," in D. M. Lampton (ed.), *Policy Implementation in Post-Mao China* (Oakland: University of California Press, 1987), pp. 3–24.

17 澳門統計暨普查局，提取日期 2008 年 4 月 11 日，http://www.dsec.gov.mo。

18 香港旅遊發展局資料，轉自香港大公報，http://www.takungpao.com/news/08/04/25/GW-896614.htm（讀取日期 2008 年 4 月 11 日）。

19 莊樹雄：〈香港旅遊業人士稱批陋習不影響內地人遊港〉，《南方都市報》，2008 年 4 月 25 日。

20 Lo, S. S., "One Formula, Two Experiences: Political Divergence of Hong Kong and Macao since Retrocession", *Journal of Contemporary China*. (July 2007) 16(52), p. 383。

第六章

大珠三角（粤港澳）區域經濟合作水平評估與效應分析

封小雲

暨南大學經濟學院教授

大珠三角經濟區（包括珠三角與港澳地區）發源於上個世紀的 80 年代初期，成長於 80 年代至本世紀至今。目前為止，這個經濟區已經是全球跨境經濟區中人口、經濟總量很大的經濟區之一。

然而，衡量一個跨境經濟區是否可以躋身世界級水平，重要的指標不在於規模與總量——只把跨境經濟區中所有地方的總量相加是一個極其簡單的事情。作為一個世界級跨境經濟區的主要標準，應當是區域中各地之間相互流動形成的合作互補關係，也即區域產業整合產生的空間一體化與功能一體化水平。

區域經濟合作水平評估的主要變量

在經濟學界，一般評估跨境經濟活動的交流，尤其是雙邊跨境經濟流量的測算方法，普遍運用的是「引力模型」。這個模型源自物理學的萬有引力定律，即兩個物體之間的引力力量來自物體的規模與物理距離。前者為物體之間的吸引力，而後者則為排斥力。把此運用於跨境經濟流量的分析上，則可以得出跨境經濟交往活動規模與他們的經濟總量（GDP）成正比，與兩地之間的距離成反比。在隨後經濟學者的一系列實證研究中，更把人口、制度因素加進去，人口構成經濟總量中的一個部分，對跨境流動具正向作用；而制度性安排如是否同屬一個優惠貿易協定或者區域經濟一體化組織、政府治理品質、合約實施保障等，即制度品質因素。制度性因素與跨境經濟交往活動的關係，取決於制度的品質，制度的優劣對於雙邊經濟流量有着突出的影響。同時，制度品質相似的地區間更容易構建起信任基礎，從而有利於雙邊貿易的進行。

引力模型主要運用於分析跨境雙邊的貿易流量。隨着經濟全球化、區域經濟一體化的推進，以及跨境經濟區的崛起，跨境的經濟交往除了商品、服務外，更有資本、資訊以及人員。尤其是人員流動，是區域流動的最為主要流量。因此，不少學者把引力模型擴展至外國直接投資、跨境融資、主權借貸、專利引用、人員遷徙模式等所有的經濟領域。於是，引力模型所包含的因素涉及文化、價值觀、法律以及政治等因素。

美國學者潘卡基‧蓋馬沃特（Pankaj Ghemawat）對於美（美國）加（加拿大）兩國貿易與經濟活動交往的實證分析，引出了下述十分有趣的結論[1]：根據他的計算，兩地之間的地理距離增加1%，則兩地貿易量會下降1%；因此，距離敏感度為 -1；使用共同語言的兩個地區的貿易量要比語言不通的地區平均高出42%，如果兩個地區同為一個地區貿易協定成員（例如美加屬於北美自由貿易區），則比沒有地區貿易協定的地區，其貿易量會高出47%；共同貨幣會增加兩地114%的貿易；而人均GDP的差異會促進跨境的貿易流量。

　　與此同時，共同語言會使雙邊直接投資增長43%；相同的文化與行政管理會使相互直接投資增長118%；共同的法律則促進兩地直接投資增長率為94%。也就是説，資本的流動受文化和行政方面的影響，比貿易還要大。

　　上述分析引出了跨境經濟合作的主要影響變數：地理距離、語言、地區性自由貿易協定、共同貨幣與文化及行政管理。

　　由於全球中的跨境經濟區大多為地理接壤的地區，因此歐洲學者在分析歐洲的十個跨境經濟區時，採用了GDP、語言、跨境人員流動量，以及勞動市場與住宅市場價格等指標[2]。雖然歐洲是經濟一體化最高的地區，尤其是邊境管制的消除，使資源流動的自由化水平大大提升，但是，對於十個跨境經濟區空間一體化水平差異的研究，學者仍然指出，在歐洲內部不同國家對於勞動力流動的不同政策，以及不同的邊境管制，是跨境經濟區空間一體化發展的主要障礙。

　　與美加的考察不同，對歐洲高度經濟一體化（歐盟的消除邊境管制、遷徙自由、統一貨幣等政策）的跨境經濟區的考察指標中，勞動市場、住宅市場一體化是其最為重要的指標。也就是説，空間一體化與功能一體化的最高水平，就是市場一體化。當所有的要素和資源均可以在各國、各地區以及各個城市之間自由流動之時，「要素價格均等」規律就會發生。國家、地區、城市之間的市場就會融為一體。由此，經濟一體化或稱地區經濟合作的最高水平就是市場一體化，其衡量的主要標準為價格均等化。

　　綜上所述，引力模型雖然是研究地區跨境經濟流動的定量模型，但是，這個模型僅回答了甚麼因素構成了國家、地區、城市之間的跨境流動，其動力是甚麼？障礙在哪裏？以及那些因素可

以促進跨境流量的增加與減少。也就是說引力模型回答了跨境經濟流量相互流動的密度與規模，而不能最終回答與判斷跨境經濟流量空間一體化的水平與發展程度。而衡量國家間、地區間經濟合作的水平與程度的，仍然是市場一體化的指標，也即要素價格均等化的程度。

大珠三角經濟區合作水平的基本評估

儘管目前有很多衡量區域經濟一體化或經濟合作水平的方法，但是，在現有的大珠三角經濟區的實證研究中，至今缺乏對三地的企業活動空間佈局（例如母公司所在地與子公司所在地的分佈、數量等）、人員的空間流動狀況（不同層次的人員）的具體資料。因此，本文僅能在現有粵港澳三地可以得到的統計資料上，作出最簡單與最為直觀的評估：即分別統計三地的跨境的流動量與活動量，即跨境人員、商品與直接投資的流動量，來衡量這個經濟區的經濟合作水平。

目前經濟合作水平的數據研判

首先，區域最為首要的流動要素是人口。人是最具經濟效益與投資效益的流動因素，因為企業之間在不同地方間商務活動聯繫，企業內部在不同地方的經濟聯繫，主要是由人的流動實現的。因而人口流動是經濟合作的第一、也是經濟效益最高的部分。

大珠三角地區的人口總量在 2012 年分別為：珠三角地區 5,690 萬人；香港地區 717.8 萬人；澳門為 55.7 萬人。總計為 6,463.5 萬人 [3]。這個地區中跨境的人口流動 2012 年超過 15,402 萬人次，其密度為大珠三角區域人口的 2.38 倍。由此，港澳與珠三角地區之間，已經成為人口相互流動的密集地（見表 6.1）。至於珠三角地區各城市之間的人口流動，其流動頻率與密度會更高。這就是為甚麼珠三角地區所有連結港澳的陸地口岸成為全球最為繁忙口岸的原因之一。

因為港澳人口從本地機場、港口進入內地，大部分並非是進入珠三角地區。

表 6.1　2012 年珠三角地區與香港、澳門之間的人流水平

人口流動	人次（千）	人口流動所佔比例	人口流動所佔比例
珠三角地區進入香港	34,911[1]	佔珠三角人口比 61%	佔訪港人數比 72%
珠三角地區進入澳門	16,902[1]	佔珠三角人口比 30%	佔訪澳人數比 60%
香港進入珠三角地區	77,467[2]	佔香港人口比 1,079%	
澳門進入珠三角地區	24,740[2]	佔澳門人口比 4,438%	

資料來源：香港政府統計處網站、澳門政府統計暨普查局網站總彙。
説明： 1 三角地區進入香港與澳門採用的是內地從雙方陸地口岸進入數。
　　　 而非從港澳機場、港口進入數。因為陸地口岸進入一定要利用珠
　　　 三角的各種設施，與珠三角地區相關聯。
　　　 2 同理，港澳進入珠三角地區也是以陸地口岸為主。並沒有把機
　　　 場、港口進入算入。

　　在我們以統計資料概括大珠三角地區的跨境人員流動之時，我們應當清楚地認識到，由於三地之間人員的關境管制與限制性的勞工政策（香港的勞工限制比澳門更為嚴厲），目前只有港澳人員向內地的流動是自由的，因此香港、澳門居民進入珠三角地區的密度是珠三角地區進入港澳地區的數倍。表明其流動的相對單向性質。因此，除少部分香港、澳門居民工作或居住在珠三角地區（2010 年香港在廣東居住於工作為 17.5 萬人）[4]，以及在澳門的內地勞工（澳門有 12 萬外地勞工，其中三分之一在澳門周邊城市居住）居住在珠海、工作在澳門外，大部分的人流為商務或旅遊性質。這與歐洲跨境都會區的狀態不同，歐洲居民可以任意選擇自己的居住地，與工作地不一樣（歐洲跨境都會區的人口流動往往以居住地與工作地之間的流動為主）。相較之下，這類人流在大珠三角地區很難像歐洲跨境都會區，因居住與工作地點的不同，導致彼此之間勞動市場與住宅市場的價格拉近，以及市場的一體化。

　　然而，由於大珠三角地區企業之間與企業內部長期在這個地區中活動的原因，勞動市場的價格從企業中層開始拉近，逐步擴散至所有企業員工層次。顯示大珠三角區域的勞動市場價格差異正在逐步趨減；而住宅市場的價格，則在臨近香港的深圳周邊，其市場價格也開始趨同。此外，即便是珠三角居民為購物或旅遊進入港澳地區，對於港澳的商品價格與珠三角地區的價格差異，也逐漸會出現價差減少的趨勢。更何況珠三角居民進入澳門旅遊，已經成為澳門服務出口的最大目標市場和目的地。

表 6.2　2012 年珠三角地區與港、澳貿易所佔比例

貨物貿易		服務貿易	
內地在香港進出口佔比 [1]	50.3%	珠三角地區在香港進出口佔比	30.2%
進口	47.1%	進口	54.0%
出口	44.2%	出口	19.3%
轉口	54.3%		
內地在澳門進出口佔比 [1]	29.2%		
進口	30.7%		
出口	15.8%		
香港在珠三角地區進出口佔比 [2]	23.2%	香港在珠三角地區進出口佔比	52.2%
進口	1.9%	進口	46.4%
出口	38.3%	出口	57.6%

資料來源：香港政府統計處網站、澳門政府統計暨普查局網站、廣東省
　　　　　對外經貿易經濟合作廳主編：《廣東外經貿發展報告（2012-
　　　　　2013）》（廣東：廣東人民出版社，2013 年）總彙。
說明：1　為港澳沒有單獨列出廣東數字，僅有內地數字。
　　　 2　處把廣東貿易數位列作珠三角數字，原因是珠三角地區進口佔廣
　　　　　東總體的 96%，出口佔 95%。下列的外資數位也以廣東數位做
　　　　　珠三角地區數字，原因與外貿相同。

　　其次，大珠三角地區本身在地理上相互接壤，不存在地理距
離。加上中國內地的市場開放政策，以及 2003 年中央政府分別與
香港、澳門簽署的 CEPA，即區域性的自由貿易協定，使得三地
之間具有極高的貿易聯繫與密度，並且互為最大的交易夥伴（見
表 6.2）。2012 年香港的對外貨物進出口中內地佔了絕對比重，達
到 50.3% 的水平，其中與珠三角地區最為相關的轉口貿易佔 54.3%
的比重。而珠三角地區對香港的進出口則為 23.2% 的比重，是珠
三角地區的第一大貿易對手。其中出口香港佔 38.3% 的比重，充
分顯示了香港作為珠三角地區的國際貿易中心作用。在跨境服
務貿易方面，香港的服務進出口中，對珠三角地區的服務貿易
佔香港服務貿易總體 30.2%，其中從珠三角地區進口佔總進口的
54%，對珠三角地區的服務出口佔出口的 19.3%。香港在珠三角地
區的服務貿易中更佔據 52.2% 的絕對比重，其中從香港進口佔總
進口的 46.4%，對香港出口則為總出口的 57.6%。2013 年此一比重
更提升到 55% 的水平。上述數字顯示，香港作為一個國際貿易中
心，在貿易關係上，其對珠三角地區的依賴程度，要大於珠三角
地區。

表 6.3　珠三角地區外資與港資出口主要指標

年度	2005	2010
外資出口總額（億美元）	1,546.27	2,818.52
港資出口總額（億美元）	607.66	1,126.75
港資佔外資出口比重（%）	25.57	24.86
港資佔外資對香港出口比重（%）	64.95	73.75

資料來源：廣東統計局（2006，2011）[5]。

從根本上看，香港對珠三角地區貿易關係的依賴，源自香港廠商對珠三角地區的直接投資。也即港商在珠三角地區投資設廠、建立商業服務網絡，從而引致貿易行為與貿易關係的發生。歸根結底，香港與珠三角地區的經濟合作關係，根源於香港對珠三角地區的投資帶動。也就是說，香港對珠三角地區貿易關係的主體，也即珠三角地區對香港出口的貿易商與出口商，大部分就是香港企業（見表 6.3）。在這個方面，與其說香港對珠三角地區的依賴，不如說珠三角地區對香港的依賴。

由此可見，大珠三角地區的企業之間或企業內部的相互關係，在很大程度上是由企業在各個城市的投資，而構成的跨境與空間的經濟聯繫。而這類經濟關係的外在化為城市間跨境的貿易、投資關係。

過去的三十多年來，香港一直是珠三角地區最大的外來投資者，是這個地區工業化與城市化的資本提供者。內地成為香港最大的直接投資目的地。從 1979 至 2012 年期間，香港對廣東及珠三角地區直接投資的專案數超過 16 萬個，實際投資金額為 1,847 億美元（見表 6.4）。佔香港對內地投資總額的約為四成。截至 2008 年底，共計 4 萬家港資企業（法人，註冊企業 9 萬家存活 4 萬家），與上萬家三來一補的加工貿易企業活躍在珠三角地區。這些企業形成香港在大珠三角地區的商務網絡的活動主體。

2000 年以後，隨着珠三角產業升級與經濟實力的不斷提升，廣東尤其是珠三角地區，成為了中國對外直接投資的第一大省份。由此，珠三角地區的企業，開始逐步增大對香港直接投資的

表 6.4　香港 1979 至 2012 年對廣東及珠三角地區直接投資金額與比重

	項目個數		合同投資金額		實際投資金額	
	個數	比重 （%）	金額 （萬美元）	比重 （%）	金額 （萬美元）	比重 （%）
香港	121,259	72.29	30,864,974	66.57	18,469,067	61.81
其他 個別地區	46,473	27.71	15,531,485	33.43	11,411,075	38.19
總計	167,732	100.00	46,396,459	100.00	29,880,142	100.00

資料來源：廣東省對外貿易經濟合作廳。

金額。2012 年廣東對外直接投資 833 個項目，投資總額為 43 億美元，而港澳地區就佔了 611 個項目，投資金額比重為 61.4%，成為廣東第一大對外直接投資目的地（見表 6.5）。直接投資從香港向珠三角地區的單向轉變為雙向流動。

三地人員、資本、商品、服務相互流動規模的不斷擴張，決定了港澳地區與珠三角及廣東的跨境資金流動持續擴大。2012 年廣東與港澳地區的跨境資金收支達到 5,550.5 億美元，比 2008 年增長 90.4%。這些資金的跨境流動在實體上源於貨物貿易、服務貿易與相互投資；而在金融因素上，也包含了三地金融機構推出跨境金融產品組合，這類金融產品為實體經濟跨境套利提供了便利。

對經濟合作水平的基本結論

跨境經濟區中的經濟合作，歸根結底體現的是微觀層面的企業流動引致的產業空間佈局重組，而這個空間重組的過程，則植根於地區市場需求的變化、各城市的經濟差異與地區性的發展政策。由此，造成商品、資本、人員與資訊等經濟流量在不同地方的流動，從而形成互補的經濟關係與功能。

從引力模型的角度看，目前大珠三角經濟區跨境的資源與要素流動，形成的經濟合作。其最為直接的動力是地理距離（港澳在地理上屬於珠三角地區的組成部分）、地區間的經濟差異（包括資源、市場、勞動人口等），尤其是人均收入水平的差異兩大

表 6.5　2012 年廣東對外投資地區分佈

地區	新設企業數（個）	新增中方投資額（萬美元）	佔比（%）
港澳	611	266,180	61.4
東盟	47	75,421	17.4
其他亞洲國家	30	5,773	1.3
北美洲	69	26,649	6.2
歐洲	30	20,577	4.7
大洋洲	13	11,737	2.7
非洲	21	8,313	1.9
拉丁美洲	12	19,124	4.4
總計	833	433,774	100.0

資料來源：廣東省對外貿易經濟合作廳主編：《廣東外經貿發展報告（2012–2013）》（廣東：廣東人民出版社，2013 年）。

因素。而更為深刻的因素是共同的語言與文化傳統，以及制度性因素。

　　共同語言與文化傳統使港澳企業三十多年長期駐守珠三角地區，把這個地區當作是企業根源之地、港澳企業家的家園之地，即使經濟危機、金融海嘯與政策調整（例如中央政府的加工貿易政策收緊、廣東省政府的騰籠換鳥政策），也始終無法在這個地區連根拔起。它表現的是港澳企業對家鄉與文化的認同與歸屬感，在經濟與經營上，同質的文化與傳統更容易建立起商務活動的彼此信任感，從而推動商務活動的交流與發展。由此，我們可以把這個因素看作非正式的制度性因素。

　　制度性因素是推動跨境的經濟合作最為重要推手。從港澳廠商上個世紀 80 年代初期首次進入珠三角地區開始，截至目前，無論是直接投資的存量還是流量看，港澳投資依然穩佔珠三角地區外來投資的頭把交椅（總量的 60 至 70%）。港澳企業總量仍然是珠三角地區最多的外來企業。其根本的原因就在於廣東及珠三角地區改革開放的「先行一步」，以及 2003 年簽署的 CEPA 協議，和 2008 年廣東及珠三角地區在 CEPA 實施的「先行先試」。正因如此，大珠三角地區才開始了由港澳企業主導的城市間跨境流動與經濟合作，奠定大珠三角都會區發軔、發展的主要微觀經濟基

礎。2000 年以後，中國政府實施的內地居民「自由行」與內地企業「自由行」政策，鼓勵內企利用香港為基地的「走出去」等一系列措施，鬆動了珠三角地區向港澳流動的環境，使得大珠三角都會區的流動方向有了根本的改變。不斷壯大的珠三角企業、開始富裕的珠三角居民流向港澳地區的總量持續擴張。由此，這個地區流動已經不再是單向，而是多向或相互交叉的。這就是多中心的大珠三角都會區形成的微觀經濟基礎。

建基於「一國兩制」基礎上的大珠三角經濟區跨境流動，與歐洲、北美的跨境經濟區有着根本的區別，是其跨境的邊界效應。雖然內地與港澳地區簽署地區性的自由貿易協定 CEPA，但是，CEPA 僅在貨物與服務貿易方面消除了部分的經濟邊界。邊界效應的存在決定了三地的公民身份認同、貨幣、市場、法律與經濟管理制度等差異，由此也決定了三地各自的經濟利益差異。對各自經濟利益追求的激勵必然大於對整個大珠三角都會區整體利益的獲取。因而，各城市只有在本土利益最大化的激勵下，才會認同共同利益。這種本土化情結即使在消除了邊界效應的歐洲跨境都會區也不會自然消失。經濟的本土化情結與經濟的一體化追求共同存在，形成多中心跨境經濟區（包括歐洲跨境都會區）的宏觀經濟基礎。

從上節的經濟合作資料看，即使大珠三角地區的跨境流動存在邊界效應，然而其相互流動的總量與規模，在全球跨境的多中心都會區中，屬於很高的水平。這就充分說明了，這種經濟合作或流動形成的共同利益，與各城市的自身利益相互重疊，由此經濟流動才能突破邊界限制，達致空間一體化與功能一體化的資源配置。

互補結構下大珠三角經濟區的經濟效應

大珠三角經濟區歷經三十多年的發展歷程，其起步與形成源自三方逐步形成的經濟互補結構，以及由此體現的共同利益訴求。這個共同利益訴求所產生的規模巨大的跨境空間流動，為合作中的各方帶來巨大的經濟利益。

目前大珠三角經濟區基本形成了以香港作為區內與全球經濟連結的主要中介，是這個區域全球價值鏈管理的樞紐；而以廣州

作為區內與國內經濟聯接的節點，集聚國內市場、經濟及產業管理等服務。從過去港澳與珠三角地區之間產業互補結構的「前店後廠」合作，發展為今天香港與廣州兩極拉動的功能性空間互補狀態，均為這個區域帶來巨大的經濟效應。

國際資本引導效應 —— 全球價值鏈嵌入效應

大珠三角經濟區的形成與經濟全球化和全球價值鏈的發展相聯繫。可以說，這個區域本身就是全球價值鏈或生產體系的一個組成部分。

全球價值鏈通常由跨國公司的國際資本主導，外國直接投資與一國對全球價值鏈的參與聯繫緊密。外國直接投資是發展中國家，包括最不發達國家，參與全球價值鏈的重要途徑。從大珠三角經濟區參與全球價值鏈的發展過程看，香港在此發生了十分重要的作用。

香港不僅是這個大都會區中唯一的全球城市，更是全球具舉足輕重地位的國際資本投資中心。在全球每年的 FDI（foreign direct investment）流量中，香港一直名列全球第三、四位；更累積了高達 1.4 萬億美元的 FDI 存量，在全球 FDI 存量中也名列前茅。從 1980 年代起，香港製造業大規模地向珠三角地區投資與搬遷，造成了這個地區「店」與「廠」不同空間的資本、產業與要素的高度集聚，從而造就了全球生產體系與網絡中的「珠三角製造」。至今為止，香港對珠三角的直接投資已經累積為 1,847 億美元，佔珠三角地區外來直接投資 2,988 億美元的 62%；佔香港對中國內地投資總量的約為四成 [6]。正是香港的投資，作為港澳與珠三角地區的經濟合作的粘合劑，逐步地把香港與整個珠三角地區納入了全球價值鏈體系。

由此，我們可以從貿易擴張、經濟成長和就業增長三方面觀察大珠三角地區通過經濟合作，納入全球價值鏈的主要效應，並最後分析香港在珠三角地區與內地的經濟收益。

1. 貿易擴張效應

香港與珠三角地區因港商投資與製造業遷移，組成互補式的「前店後廠」全球生產體系，在珠三角地區構建了規模龐大的

表 6.6 　1971、1991、2011 年香港出口結構變化（百萬港元）

年份	港產品出口	變化率	轉口	變化率	總出口	變化率
1971	13,750	/	3,414	/	17,164	/
1991	231,045	1,680%	534,841	15,666%	765,886	4462%
2011	65,700	-71.6%	3,271,600	612%	3,337,200	436%

資料來源：香港政府統計處網站。

全球加工基地，由此推進了兩地對外貿易過去三十多年間的飛速發展。香港對外商品貿易總額從 1981 年的 2,605 億港元，2012 年成長為 73,465 億港元，增長 28.20 倍，年均增長達 11.37%，其中出口在 1971 至 2011 年間增長 194 倍，年均增長 14.08%。而增長最快的是與內地、尤其是珠三角地區加工貿易最為密切相關的轉口，1971 至 1991 年間就增長了 157 倍，年均增長 28.75%；1991 到 2011 年期間則增長了 43 倍，年均增長 20.91%（見表 6.6）。

港商投資進入帶動的對外貿易創造效應，在珠三角地區更為顯著。從 1978 年廣東全年僅有 15.9 億美元的進出口總額起步，至 2012 年整個廣東、尤其是珠三角地區的對外貿易總額增長為 9,837 億美元，接近萬億美元大關，增長了 619 倍，年均增長 20.81%[7]，不僅創造了全球生產體系中「珠三角製造」的奇跡，其進出口總量 26 年持續佔據全國第一貿易大省地位。

由於珠三角製造的主體部分是港澳廠商牽頭建構的出口導向型加工貿易體系，而加工貿易本身具有貿易順差的特徵，由此，廣東作為加工貿易大省，一直是中國獲取貿易順差的主要來源地（見表 6.7）。

2004 年 CEPA 實施之後，港澳與珠三角地區的貿易創造效應向服務貿易領域擴展。從香港方面看，1997 年亞洲金融風暴之後，香港整體經濟增長開始鈍化，尤其是服務業。2000 至 2008 年期間，香港服務貿易的年均增長率僅為為 3.8%；CEPA 實施的 10 年期間，服務貿易的年均增長率達到 8.9%。就珠三角地區看，其服務貿易從 2003 年的 121.79 億美元，10 年增長為 1,064.76 億美元。總量擴張了 7.74 倍，年均增長率為 24.20%，遠遠超過貨物貿易的年均增長速度。其中與香港之間的服務貿易，則從 2003 年的 60.59 億美元，增長為 665.01 億美元，增長了 9.98 倍，年均增長率為 25.87%[8]。2013 年兩地服務貿易總額更達到 778 億美元。

表 6.7　2008-2012 年廣東貿易差額佔全國比重

年份	貿易差額（億美元）	佔全國比重（%）
2008	1,263.60	42.38
2009	1,068.18	54.59
2010	1,214.86	66.93
2011	1,504.08	97.10
2012	1,644.57	71.16

資料來源：中國海關統計。

2.　經濟增長效應

隨着大珠三角地區整體的貿易擴張效應，由貿易增長帶來了地區經濟的高速成長。

香港在製造業大規模進入珠三角地區並完成整體性的產業轉移的期間，創造了十分驚人的高速增長速度，成為亞洲四小龍中持續成長率最高的地區。1982 至 1996 年的 15 年間，香港 GDP 年均增長率達到 13%，其經濟成長排在全球前列。

作為港澳製造業的遷移與集聚地區，珠三角地區的成長速度更可以稱之為世界奇跡。從 1978 年廣東省全年 GDP 的 203 億元人民幣總量，2013 年成長至 63,068 億元，總體增長 310 倍，年均成長率為 18%。並且持續 25 年成為中國第一大經濟省份。

珠三角地區經濟高速增長的主要拉動力，就是出口，也即作為全球生產基地出口總量，尤其是淨出口的大幅增長。以珠三角地區的資料看，2007 年前、也即全球金融海嘯前的 30 年間，每年約 10% 的 GDP 成長是淨出口拉動的。這個數字我們可以從金融海嘯後，珠三角地區與廣東的 GDP 增長率得到印證。

表 6.8 是筆者對於 2005 年廣東經濟增長因素的分析。由表可見，2005 年廣東經濟增長率為 15%，也就是說，廣東 GDP 與 2004 年相比，存在 2,836.66 億人民幣的增量。其中淨出口增長率 86%，增量達 223.57 億美元，以當年匯率換算成人民幣後，佔總增量的 63%。因此，15% 的增長率中，有 63% 屬於淨出口增量，也即淨出口拉動 GDP 增長為 9.45 個百分比。

表 6.8　廣東 2005 年 GDP 增長因素分析

項目	2004 年	2005 年	增長率
GDP 總量（億元）	18,864.62	21,701.28	15%
GDP 增量（億元）	/	2,836.66	/
其中 淨出口（億美金）	259.83	483.4	/
淨出口增量（億美金）	/	223.57	86%
淨出口增量佔 GDP 增量比例（%）	/	63%	/
淨出口拉動 GDP 增長比例（%）	/	/	9.45%

資料來源：根據廣東省統計資訊網數位計算。

以此方法計算，在廣東出口導向達到頂峰的 2007 年，淨出口拉動 GDP 增長達到 70%，即 GDP 近 10% 的增長靠淨出口。

3.　就業擴大效應

資本聚集帶來產業聚集，而產業聚集必然伴隨着人口的密集。港澳資本進入，尤其是製造業整體性遷入珠三角地區，拉起了該地區巨大的勞力需求，在產業轉移接近完成的上個世紀 90 年代後期的最高峰時期，港澳廠商在珠三角地區僱傭勞力幾乎達到 1,000 萬人的水平，是香港製造業最高峰時期僱傭勞工數字的三十多倍。這就使珠三角地區 30 年來一直是全國吸引外來勞動力最多、集聚密度最高的地區。即使在「前店後廠」已經終結的今天，四萬家港資法人企業，仍然是這個地區勞動力市場的主要吸引者。

香港在把製造業轉移到珠三角地區之後，不僅沒有出現大規模的失業，且失業率一直保持為全球較低水平。其主要原因是，為珠三角製造服務的生產性服務業、尤其是貿易相關產業得到快速發展。從數字看，香港的貿易相關產業、運輸業多年來一直維繫着香港第一大就業產業的地位。

2003 年以後，內地實施居民港澳「自由行」政策，2004 年更推動 CEPA 的實施。這不僅對港澳服務商打開了內地市場的大門，更通過「自由行」，把港澳的消費性服務也涉入其中，推動了與旅遊相關產業的就業大幅上升。截至 2008 年底，自由行為香

港創造了 43,200 個職位。以 2012 年數字看 [9]，香港與珠三角地區製造、消費直接相關的貿易、批發零售（81.4 萬人）；運輸、倉儲、郵政快遞（16.7 萬人）；住宿飲食（27.4 萬人）等服務行業，佔香港全部就業人口（266.5 萬人）的約 50%。

自由行拉動澳門本地就業的動力尤甚香港。自 2003 年以來澳門就業市場一直處於十分緊缺狀態，不得不大量引進外勞以緩解。目前澳門就業人口中，12 萬人為外來人口，佔澳門 30 萬就業人口的比例三分之一以上。

與此同時，由於港澳服務商進入內地市場，分別為三地的就業市場帶來增量。根據 2010 年香港政府就 CEPA 對香港經濟的影響所作的第二份評估報告，因 CEPA 進入內地的香港服務商，在內地僱傭的員工總數在 2009 年底達到四萬多人；而香港服務商因 CEPA 擴大在香港的僱傭人數則為 4,400 多人（不包括自由行部分）。

最後，資本聚集也必然帶來資本收益。大珠三角地區雖然已經進入了城市相互間資本多向流動的階段。然而，從資本存量看，仍然沒有根本改變香港是這個都會區的資本運營中心的地位，和目前資本運動的基本方向。因此，香港必然也是地區的收入流量聚集與獲取資本收益最多的地區。

一般來說，資本收益可以從地區的國際收支表中得到測量。可是國際收支表往往只能反映地區資本收益的總量，不能具體測算其來源地。由此，通過香港的對外收入流量狀況，可以觀察到具體的收入流量地區來源。以 2012 年資料看，香港整體的對外收入流量淨值為正數，也即香港是吸收收入流量的地區。但是，如果具體到收入流量的來源地，我們會發現，香港對所有的西方國家（美、日、歐等），其淨流量為負數，也即西方國家是香港收入流量的吸收國。僅有中國內地對香港收入流量為正數。2012 年香港的收入流量淨值約為 435 億港元，其中中國內地的淨值就達到 1,820 億港元（見表 6.9），佔當年香港 GDP 的 9%。內地是香港收入流量的最大吸收來源地顯而易見。如果按照珠三角地區吸收的香港直接投資為中國內地四至五成的比重計算，則香港來源自珠三角地區的收入流量可達 900 億港元。

表 6.9　2012 年香港對外收入流量淨值

	流入 （百萬港元）	流出 （百萬港元）	淨值 （百萬港元）
香港總體	1,069,181	1,025,697	43,484
其中：中國內地	461,846	279,754	182,083

資料來源：香港政府統計處網站。

表 6.10　珠三角地區 1990–2010 年經濟結構變化

年份	1990	1995	2000	2005	2010
三次產業比例	15.3 : 43.9 : 40.9	8.5 : 48.7 : 42.8	5.4 : 47.6 : 42.8	3.2 : 50.6 : 46.3	2.1 : 49.3 : 48.6

資料來源：廣東省統計資訊網站。

產業整合推動的結構轉換效應

大珠三角地區過去的三十多年已經完成了以製造業為核心的產業整合大浪潮，以服務業為主要載體的第二次產業整合則正在進行。

第一次產業整合的浪潮是由港澳製造業向珠三角地區轉移，以「前店後廠」合作模式的產業整合。上個世紀由港澳製造業向珠三角地區大規模的產業轉移，首先為香港經濟的結構轉換提供了提升的動力。這個時期是香港經濟轉型最為迅速的階段。香港把製造業轉到珠三角地區，且在這個地區複製了數十倍於「香港製造」的「珠三角製造」，由此帶動了對國際航運、貿易、金融、廣告及會計服務的巨大需求，使香港逐步發展成為聚集先進生產者服務業的全球城市，生產者服務業取代了製造業成為香港經濟增長的主要引擎。服務業的聚集使香港成為國際貿易、國際航運物流、國際金融與國際旅遊四大中心，並崛起為服務業競爭力僅次於美國、高度發達的服務經濟體。

與此同時，香港製造業的進入，開啟了珠三角地區與廣東的工業化進程。短短的 30 年間工業化的推進，使得珠三角地區及廣東的第一次產業比重從 1978 年的 27%，直線下降為 2010 年的 2.1%；而第二次產業在 2005 年佔比達到 51%；第三次產業則在 2005 年以後開始加速，2010 年上升至 48.6% 的比重（見表 6.10），2012 年則為 51.6%。7 年間上升了五個百分點。

珠三角地區的經濟結構轉換與港澳之間的產業整合高度相關。2000 年以前珠三角地區的工業化由「前店後廠」的「廠」作為引擎，導致了經濟體系中第一次產業的下降與第二次產業的上升；在製造業進入珠三角地區的同時，港澳服務商也開始跟隨進入，拉起珠三角地區現代服務業的發展。

2004 年以後由 CEPA 的簽署實施，開啟了大珠三角地區的第二次產業整合。中國內地服務市場的開放，極大地擴張了香港服務的市場空間和經濟腹地，促使港澳服務商加快了進入珠三角地區的步伐，並由此逐步形成港澳與珠三角地區新的產業整合與互補關係。此時恰值珠三角地區從工業化開始進入後工業化，及服務經濟化的階段。由此，服務業逐步替代工業，成為珠三角地區經濟發展的主要動力源。

區域相互滲透的市場擴張效應

港澳製造業突破關境限制進入珠三角地區，在更大規模與範圍上複製第二代的香港製造，即珠三角製造，並且以低成本極大地開拓了國際市場；而通過珠三角製造，珠三角地區以港澳為中介，進入了需求潛力巨大的國際市場。這種市場擴張效應是大珠三角地區的第一次產業整合中，由港澳與珠三角地區協同擴展的結果。也就是說，第一次產業整合，大珠三角地區的市場擴張效應體現在國際市場的擴大上。

第二次產業整合的市場擴張效應，主要體現在國內市場的擴大上。2003 年 CEPA 的簽署，2005 年中央政府給予廣東在實施 CEPA 的先行先試措施，為港澳服務商提供了巨大的內地服務市場。2003 年內地公民自由行政策實施以後，更把內地與珠三角地區的消費性市場需求導入到港澳地區，極大地擴張了港澳地區的內部市場需求。也就是說，CEPA 的逐步開放，不僅涉及港澳地區的主要服務業的自由進入，與服務要素與資源流動引發的空間重組。且把醫療、教育、養老等社會服務領域均涵蓋其中。而內地居民自由行，則數倍地擴張了過去僅涉及港澳地區本地消費需求的市場。尤其是把中國規模最大的區域性內銷市場 —— 珠三角地區及廣東部分地納入其中 [10]。

由此，2003 年自由行以後的市場擴張效應，首先表現在珠三角地區居民消費行為與結構的變化。由於大珠三角地區近年城市

輕軌的突飛猛進發展，自由行則開放了珠三角地區居民進入港澳地區的限制。由此，目前珠三角地區的中產階層消費出現了兩極化現象，即高端消費在港澳，尤其涉及國際品牌的消費（目前這個消費業已發展到食品與保健用品等）；中端及日常消費往廣州。這使過去相對隔離的港澳與珠三角地區的消費市場，開始有機地統合為一體。

其次，CEPA 與內地居民自由行為港澳地區帶來極大的收益。以 2005 年以來香港的服務貿易順差看，旅遊服務是近年發展最快的服務業，也是香港獲取貿易順差的主要來源。2012 年僅來自旅遊服務、運輸服務的順差，就佔香港本地生產總值的 11%。

澳門從內地居民自由行獲取的市場擴張與收益表現更甚。2011 年澳門的服務出口中 [11]，96% 來自於非本地居民在澳門的消費（包括博彩、住宿、購物等），即旅遊服務出口；以此資料計算，2012 年澳門服務貿易順差佔本地 GDP 比重高達 78.4%，以 2011 年 96% 來自於非本地居民在澳門的消費的數字計算，則有 75% 的 GDP 來自博彩旅遊。根據統計，進入澳門的旅遊人口六成以上為內地及珠三角地區居民，我們則可以以此初步推，自由行創造了澳門當年 GDP 的 45%。

經濟聚集的協同與擴展效應

三地產業聚集引致的協同擴展主要體現在經濟總量、資本總量以及貿易總量在全球中所佔地位。

首先，大珠三角地區佔中國國土面積的 0.6%，人口不到 5%，2012 年卻聚集了中國外資直接投資存量（包括香港數字）的 50%（珠三角為 2,988 億美元，香港累積的存量 13,015 億美元）。在全球外來直接投資存量 21 萬美元中，香港與珠三角地區的總和，佔全球 FDI 存量的 8.2%；而在直接投資的流量方面，香港作為全球的投資中心，2012 年在全球排位為 FDI 流入量的第三，流出量為第四。如果把珠三角地區的流量相加，則 FDI 流入量為 985 億美元，佔全球比重為 7.3%（見表 6.11），排名全球第三；而 FDI 流出量則合計為 882 億美元，佔全球比重為 6.3%，超越中國內地（840 億美元，在全球排在第三位），排名也是全球第三。

表 6.11　2012 年粵港直接投資流量佔全球比重

	直接投資流入量	直接投資流出量
香港（億美元）	750	839
廣東（億美元）	235	43
合計（億美元）	985	882
全球（億美元）	13,510	13,910
粵港佔比（％）	7.3	6.3

資料來源：2013 年世界投資報告、《廣東外經貿發展報告（2012–2013）》。

由此可見，大珠三角地區是全球最為重要的資本聚集與擴散中心之一。

在貿易量上，2012 年大珠三角地區的對外貨物貿易佔中國商品對外貿易（包括香港、澳門數字）的比重分別為：出口 40.8%，進口 41.1%，是中國最大的貨物對外貿易地區；而佔世界貨物貿易比重分別為：出口 5.5%，進口 5.2%[12]。其貿易總量在全球排在德國之後，超過日本，是全球第四大對外貿易經濟體（日本出口為 7,985.67 億美元，進口 8,858.45 億美元，排在德國之後名列全球第四）。

而在服務貿易方面，2012 年大珠三角地區佔中國服務貿易（包括香港、澳門數字）比重分別為：服務出口 59.1%、服務進口為 37.5%；而分別佔世界服務出口的 4.5%，服務進口的 3.3%[13]。在全球服務貿易中排名中，超過印度（印度出口為 1,476.14 美元，進口為 1,251.44 美元），排在服務出口的第 6、進口的第 7 位。也就是說，大珠三角地區也是位居全球前列的服務貿易經濟體。

在經濟總量方面，珠三角地區及廣東的 GDP 總量連續 25 年位於全國第一，佔全國總量的 11%；珠三角地區則佔全國總量的 9.2%。整體的大珠三角地區（包括香港、澳門）2013 年 GDP 總量接近 1.2 萬億達到 10,659.5 億美元，在全球 2013 年 GDP 國家排名中，僅次於排位第 15 位的韓國（11,700 億美元），其經濟總量排在全球的第 16 位。

競爭與制度示範的間接效應

不同經濟體之間的經濟合作,在直接效應上可以通過計量得出判斷與推論。然而,合作產生的效應不僅有直接的,也有間接的方面。事實上,間接效應更具長期與戰略性的意義。

「一國兩制」下的大珠三角經濟區,實際上是港澳與珠三角地區之間市場開放,引致資本、人員與要素等資源在整個區域中自由流動,優化配置的結果。市場開放、三地企業的相互流動,不僅會在區域市場形成競爭機制,打破區內某些市場(尤其是珠三角地區的服務市場)因封閉、保護或行政權利導致的壟斷格局,極大地激發市場的活力,擴張市場的容量。加速整個區域產業的現代化和國際化進程。這就是經濟學稱之為的鯰魚效應 —— 競爭效應。這也解釋了為甚麼大珠三角地區一直維繫着中國最具市場活力地區的原因。

大珠三角地區也是中國市場化程度最高與市場體制最為發達的地區。其原因在於港澳與珠三角地區的經濟整合中,香港的高度市場化與國際化的經濟體制,對區內產生的蝴蝶效應 —— 示範效應。由於港澳與珠三角地區的市場成熟度有較大的落差,港澳廠商、尤其是服務商的進入,不可避免會面臨着巨大的制度摩擦。而消弭制度摩擦的關鍵,就在於珠三角地區不斷地複製香港的市場制度,以及規範的國際標準的營商環境。這本身就為珠三角地區的企業以及管理部門提供示範作用,並推動珠三角地區的市場制度不斷走向完善。

競爭與制度示範效應在大珠三角地區不僅僅發生在微觀的市場領域,更可擴展到三地之間的制度競爭與借鑒。大珠三角經濟區與世界其他的跨境經濟區最大的不同,就在於這是一個兩種制度的經濟區。大珠三角地區的區域經濟整合過程,也就是兩種制度的相互競爭、相互借鑒,發揮各自所長與優勢的過程。因此,這種制度之間的競爭與示範,可以說是大珠三角經濟區成為全球最具經濟活力區域的基礎。

注釋

1 潘卡基・蓋馬沃特著，王虎譯：《下一波世界趨勢》（北京：中信出版社，2012 年）。

2 Decoville, Antoine and Durand, Frédéric and Sohn, Christophe and Walther, Olivier J, "Spatial Integration in European Cross-Border Metropolitan Regions: A Comparative Approach" CEPS/INSTEAD Working Paper No. 2010–40 (December 6, 2010).

3 根據 2012 年末珠三角各市公佈的常住人口，香港澳門政府公佈的人口數字相加總和。

4 香港特別行政區政府統計處：《第 57 號專題報告書》（香港：2011 年 10 月）。

5 廣東統計局（2006，2011）。

6 廣東省對外經貿易經濟合作廳主編：《廣東外經貿發展報告（2012–2013）》（廣東：廣東人民出版社，2013 年）。

7 根據 2013 年 5 月廣東人民出版社出版，由廣東省對外經貿經濟合作廳主編《廣東外經貿發展報告（2012–2013）》資料計算。

8 同注 7，並和香港政府統計處網站資料計算。

9 香港統計處：《香港統計年刊》（2013 年版）（香港：政府統計處，2013），引自：www.statistics.gov.hk/pub/B10100032013AN13B0100.pdf。

10 從規模看，廣東省及珠三角地區遠超過北京、上海、江蘇、浙江等經濟發達省份，不僅是全國第一消費大省，也是全國第一流通大省和名副其實的全國商貿中心。社會消費品零售總額連續 31 年排全國首位，佔全國國內消費品市場 11% 以上比重。參見：汪一洋主編：《廣東發展藍皮書》（廣東：廣東經濟出版社，2013）。

11 澳門統計暨普查局：《2012 年國際收支平衡表年刊》，引自：www.dsec.gov.mo/Statistic.aspx?NodeGuid=a927b18a-f495-45af-859a-888a00681867

12 廣東省對外經貿經濟合作廳主編：《廣東外經貿發展報告（2012–2013）》（廣州：廣東人民出版社，2013）。

13 廣東省對外經貿經濟合作廳主編：《廣東外經貿發展報告（2012–2013）》（廣州：廣東人民出版社，2013）。

第七章

跟着項目走
香港與泛珠三角共同推進「一帶一路」建設

何建宗
一國兩制青年論壇召集人
全國港澳研究會理事

引論

「泛珠三角」的概念由廣東省於 2003 年提出，範圍包含內地九省 [1] 和港澳兩個特區。2016 年 3 月通過的「十三五」規劃〈港澳專章〉，把這個近年逐步被忽略的區域發展概念首次納入，為香港與內地合作提供更廣闊的空間 [2]。九個省區無論在經濟發展水平、產業結構以至文化都有較大差異。這些差異是各方優勢互補的基礎，讓合作各方可以共同可持續地發展。

「一帶一路」倡議是國家主席習近平於 2013 年率先提出，並在 2015 年 3 月發佈的《推動共建絲綢之路經濟帶和 21 世紀海上絲綢之路願景與行動》中詳細闡述其豐富的內涵。香港方面，行政長官梁振英在 2016 年《施政報告》以較大篇幅論述「一帶一路」為香港帶來的巨大機遇，包括建立集資和融資平台、商貿物流平台、專業和基礎建設服務平台、改善貿易環境、和促進民心相通。於 2017 年 1 月發表的《施政報告》，雖然「一帶一路」的篇幅減少，以專業服務平台和民心相通為重點；但特區政府決定加強「一帶一路辦公室」的人手和資源，包括開設首長級和其他常額職位，以確保推展「一帶一路」工作的可持續性。

香港的專業服務業具有明顯優勢，可為國家推展「一帶一路」作出巨大貢獻。自「一帶一路」提出至今，香港無論是特區政府、專業團體和大專院校都舉辦大量研討會探討香港專業服務業的商機。然而，這些討論大部分是紙上談兵的多，具體落實的少。本文認為，所有專業服務的發展遵循一個很簡單的原則：「跟着項目走」。「一帶一路」的項目和資金不在香港，而是分佈在內地各省市和部委當中。香港政府要具體為各專業尋求商機，應該藉着「泛珠三角」納入「十三五」規劃的機遇，深入了解並與內地九省的「一帶一路」實施方案對接，具體了解各省所需，並商討具體的合作項目。

香港的專業服務

基麼是香港的專業服務？這並沒有一個統一的定義。根據香港專業聯盟的介紹，香港的主要專業包括會計師、建築師、大律師、牙醫、工程師、園境師、律師、醫生、規劃師、測量師及特許秘書 [4]。香港的專業服務業對本地生產總值的貢獻在 2015 年

表 7.1　專業服務業就業人數和對經濟的貢獻

就業人數 / 專業服務對 GDP 貢獻（%）	2010	2011	2012	2013	2014	2015
專業服務	178,800	185,000	195,400	203,600	208,900	212,400
	4.5%	4.6%	4.7%	4.8%	4.8%	4.9%
法律、會計及審計服務	46 500	47 400	49 200	49 900	50 400	51 300
	1.3%	1.3%	1.2%	1.2%	1.3%	1.3%
建築及工程活動、技術測試及分析；科學研究及發展；管理及管理顧問活動	63,800	67,100	70,700	74,600	76,100	77,300
	1.8%	1.8%	2.0%	1.9%	2.0%	2.0%
其他專業服務（例如：資訊科技相關服務、廣告及專門設計服務）	68,400	70,500	75,500	79,000	82,300	83,900
	1.4%	1.6%	1.5%	1.6%	1.6%	1.6%

數據來源：政府統計處[6]。

4.9%，為香港帶來 1,175 億元的增加價值，並為二十多萬人提供職位，佔總就業人數的 5.5%。專業服務業在 2004 年至 2014 年間累計增長共 129%，其增加價值升幅遠高於整體經濟（71%）[5]。專業服務業的就業人數和對經濟的貢獻（見表 7.1）。

　　一直以來，香港專業界別憑着自身的優勢和敏銳的市場觸覺，早已走出香港，為世界各地的建設作出貢獻。從 1990 年代中東的杜拜、澳門近十多年的賭場和酒店建設，到東南亞國家的房地產開發（如最新開放的緬甸），都有香港商界和專業人士的足跡。筆者曾訪問多個香港專業團體的負責人，他們普遍對「一帶一路」對香港的機遇抱着「拭目以待」的態度。香港的專業在過去幾十年得以生存、壯大和發展，主要依靠其國際化的專業水平和對市場的觸覺。香港政府的協助和政策支持並非重要的因素。然而，「一帶一路」是國家主導的一個跨地域、跨世代的大戰略，業界要在當中取得商機並為國家作出貢獻，香港政府的角色便重要得多。

事實上，香港基建專業所發揮的優勢，已經得到國家領導人的稱許。2016 年 5 月 18 日，全國人大委員長張德江在香港「一帶一路」高峰論壇上，指出「中國商務部在援助尼泊爾和柬埔寨的兩個基建項目中曾引入香港顧問諮詢公司承擔項目監理任務，後來尼泊爾發生了大地震，大量建築物倒塌，但香港公司監理的項目基本完好無損，充分體現了香港專業服務的優良品質，也證明香港專業服務參與『一帶一路』建設大有可為」[7]。

究竟香港的工程公司是如何參與到國家商務部的援建項目呢？據了解，特區政府在 2014 年與商務部簽署《合作備忘錄》，允許香港工程公司參與部分國家援建項目的招標。香港的「豐展設計及營造有限公司」參與了投標，並得到尼泊爾國家武警學院的工程監理合同。該項目位於尼泊爾首都加德滿都，建築面積 15,000 平方米，合同總額 1.8 億元人民幣。工程於 2015 年 4 月展開，為期 24 個月。豐展主要負責監察及跟進施工情況，確保施工在時間、資金及質量等方面都按計劃進行[8]。

因此，香港的專業要在廣闊的「一帶一路」國家尋找商機，關鍵不是舉行更多的研討會或者實地考察，而是要政府帶頭開拓市場，重點是「跟着項目走」：在「走出去」之前先「走進去」，從廣東省到泛珠三角各省，具體了解其實施方案和項目需要，為香港專業與內地項目進行配對工作。

從粵港到泛珠三角合作

粵港兩地政府間的合作由來已久，並主要通過「粵港合作聯席會議」（下稱「會議」）進行。「會議」機制自 1998 年開始，每年舉行一次，由兩地行政首長主持。2016 年的「會議」（第 19 次會議）於 9 月 14 日在廣州舉行，會上雙方簽訂了九個合作協議，包括「粵港攜手參與國家『一帶一路』建設合作意向書」（下稱「意向書」）[9]。

「意向書」的簽訂意味粵港政府在「一帶一路」的合作取得突破性的發展。「意向書」的合作重點包括：

1. 促進要素便捷流動：推動兩地經濟、社會、文化和基礎設施融合發展；

2. 培育粵港合作新優勢：鼓勵和支持兩地企業聯合到「一帶一路」沿線國家投資發展；

3. 加快重點合作領域和平台建設：充分發揮兩地服務貿易自由化和加快前海、南沙和橫琴的建設，打造成「一帶一路」重要戰略節點；

4. 打造粵港服務貿易自由化升級版：包括加強在金融、跨境電商、科技、會展、文化、旅遊等領域與香港高端服務業合作；

5. 促進和深化粵港旅遊產業合作發展；

6. 加強合作推動與「一帶一路」沿線國家的人文交流；

7. 深化在專業服務、城市管理和國際化人才培訓等方面合作。

毫無疑問，上述七個合作重點都很重要。但對於筆者而言，「深化專業服務合作」最能夠突出和發揮香港獨有的優勢。香港的專業服務大部分依循英國的制度和標準，普遍獲得世界高度認可。國家各省市和部委在「一帶一路」沿線國家投資風險很大，香港專業（尤其與基建相關的）在工程設計、施工、監理、成本控制、合同執行等方面都有豐富的經驗，如能跟內地項目投資方合作，可以為國家作出很大貢獻。

泛珠各省的「一帶一路」實施方案

當香港特區政府在 2016 年成立小規模的「一帶一路辦公室」時，內地各省已經是「千帆並舉」，大部分在 2015 年已經出台「一帶一路」的「實施方案」，當中詳細列出重點項目、融資方式、建設時間表和具體負責機構或企業。以下簡述泛珠三角九省的實施方案內容。

1. 廣東 [10]

廣東是全國第一個向中央提交「一帶一路」實施方案的省區。廣東率先成立的「一帶一路」建設工作領導小組由時任省長朱小丹任組長，辦公室則設在省的發展和改革委員會（發改委），這反映省領導對「一帶一路」實施的高度重視。

廣東省的實施方案包含九大重點，包括促進重要基礎設施互聯互通；加強對外貿易合作；加快投資領域合作；推進海洋領域合作；推動能源領域合作；拓展金融領域合作；深化旅遊領域合作；密切人文交流合作；健全外事交流機制。

重點項目方面，廣東省將推出「1+10」項目作為廣東省「一帶一路」計劃的標誌性項目。「1」為廣東（石龍）鐵路國際物流中心；「10」為境外重點合作項目。相關項目包括中白（白俄羅斯）工業園區、珠海—巴基斯坦瓜達爾港項目、招商國際斯里蘭卡漢班托塔港二期項目、沙特吉贊中國產業集聚區、華為印尼電信基礎網絡連接項目、碧桂園馬來西亞森林城市項目等等。

值得注意的是，廣東省參照國家絲路基金運作，也設立自己的絲路基金，首期規模達 200 億元，其投資方向是要符合國家「一帶一路」的方針，重點投資產業園區、重大基礎設施、漁農業、製造業和服務業等 [11]。

2. 廣西 [12]

廣西自治區方面，發展重點是建構「一帶一路北上南下國際大通道」，即以南寧為樞紐，往北重點建設南寧至貴陽、重慶、成都、西安、蘭州、烏魯木齊等國內城市，連接絲綢之路經濟帶；往南重點建設南寧至越南、老撾、柬埔寨、泰國、馬來西亞、新加坡等中南半島國家，連接海上絲綢之路，從而令到南寧成為「一帶一路」中的物流業樞紐。

在對外產業合作方面，廣西的落實方向以工業為主。除了建設省內的工業基地（例如中馬欽州產業園）外，也在國外設有相關合作項目，如設於馬來西亞的馬中關丹產業園，以及位於印尼的綠壤國際工業中心園區。

3. 福建 [13]

福建是海上絲綢之路的核心區，而泉州是海上絲綢之路的起點和「先行區」。福建省的實施計劃內容以建設互聯互通為主。除利用其港口優勢發展物流園區及郵輪母港外，它亦將加快擴建福州機場，並建設泉州新機場及武夷山機場，且重點開通及加密

往東盟國家的航班。此外，省政府也會開通海陸空聯運通道，如合福高鐵、福平鐵路等，將鐵路或公路、機場及港口逐步銜接。

在對外合作方面，福建省將推進與東南亞、西亞等地區企業在江陰港區、湄洲灣等地合作建設精細化工項目、推動福建自貿試驗區與台灣自由經濟示範區加強合作等。另外福建省亦與國家開發銀行福建省分行、中非發展基金籌建海上絲綢之路基金，總金額 100 億元。

4. 湖南[14]

在設施聯通方面，湖南省將打造「一核、四通道、四樞紐」的境內外綜合運輸體系，即以長株潭（長沙、株洲、湘潭）城市群為核心，透過四條主要通道連接到水運、公交、高鐵及機場四種交通載體。此外，當地亦會加快興建重慶—長沙鐵路及滬昆高鐵懷化以西路段。

當地政府也會根據「一帶一路」沿線地區的特點，分別推行不同領域的經貿合作。例如，中亞及俄羅斯就以工程、科技合作為主，南亞地區則以農業、能源合作為主，而東南亞國家就側重於鋼鐵、食品及科技的合作。同時，該省亦會支持當地相關銀行參與亞投行及金磚銀行等國際金融機構，並將發展創新信貸產品和審貸模式，以鼓勵各項融資活動。

5. 江西[15]

江西省的落實方案中包括基礎設施及海、陸、空交通運輸系統，如加快建設贛歐（亞）國際鐵路貨運通道、武九客運專線、蒙西至華中地區鐵路煤運通道等、銜接鐵路及港口，以及推進「一幹九支」的航空系統。

產業合作上，江西省將重點發展航空產業、製造業以及生物醫藥產業。製造業方面，江西省推出了一系列與外國政府合作的產業園，例如江西國際公司尚比亞工業園專案。航空產業方面，江西省直升機投資公司將會與俄羅斯合作建設一噸級直升機組裝線；生物醫藥產業方面，濟民可信集團與以色列風險投資公司 Trendlines 集團合作發展南昌以色列生物醫藥產業合作園。

6. 雲南 [16]

在基礎建設方面,雲南省將於 2020 年建成「七出省、五出境」公路,包括七條分別前往成都、重慶、貴陽、遵義、興義、百色及芒康的通道,以及前往泰國、越南、緬甸及印度共五條道路。同時,當局亦設立了雲南猛臘(磨憨)重點開發開放試驗區、申報成立中國(雲南)沿邊自由貿易試驗區,以吸引外資投資,並於昆明及紅河設立保稅區,以鼓勵各種投資及生產項目,並達到「引進來,走出去」的目的。

7. 貴州 [17]

貴州在「一帶一路」政策下的產業重點為電子訊息、新醫藥與健康養生、現代農業、文化旅遊及建築建材業。貴州政府將加快興建各種交通運輸系統,包括貴廣錢路、滬昆鐵路、渝黔高鐵及成貴高鐵。當局亦將擴建貴陽機場及貴陽龍洞堡國際機場,以打造「一幹十三支」的機場運行格局。

8. 四川 [18]

四川省的落實方案中,重點基建項目包括有歐蓉鐵路,以便該省融入孟中印緬、中巴等國際合作走廊。而在國外,當局將推行「251」行動計劃,即加強與俄羅斯、新加坡等 20 個國家合作,推動 50 個裝備製造、電子資訊等領域重大項目實施,並選擇 100 家優勢企業向外開拓發展。同時,它又將推動國際產能合作「111」工程,加強與亞洲及非洲國家的合作,發展裝備製造、電子資訊、飲料食品、油氣化工、釩鈦鋼鐵、能源電力、汽車製造等產業,實施和促進 100 個國際產能合作項目、培育和打造 10 個國際產能合作示範基地,帶動出口 100 億美元。

9. 海南 [19]

海南島在「一帶一路」倡議中將加大海南國際旅遊島開發開放力度。具體措施包括,加強發展海南航空,從而將三亞機場打造成為「轉機樞紐」。另一方面,當局亦計劃興建跨海的粵海客專高鐵,接駁海南島和廣東。同時,省政府亦將設置海南博鰲樂城國際旅遊醫療旅遊先行區。

此外，海南省亦會推動製造業及工業，如支持海馬汽車等公司「走出去」，與外國合作生產。海南洲際油氣股份公司已於2015年併購哈薩克斯坦克油田，以配合國家的發展方向。

表 7.2 列出泛珠三角九省實施方案的產業重點、國內國外項目重點、目標國家和融資安排。首先，打通國內和國外海陸空基建都是各省的項目重點，當中尤其以公路和接駁歐亞的貨運鐵路最為突出。國外項目方面，此處只列出部分重點，但可見從地理上已涵蓋「一帶一路」各個重要區域，合作項目包括基建、產業園區、裝備製造、能源合作等等。值得留意的是，除廣東外，不少省份也陸續推出由地方政府和銀行出資的地方版「絲路基金」，協助當地企業「走出去」。

政策建議

有效利用現有「泛珠三角」合作平台

現時泛珠三角（9+2）每年舉行泛珠三角行政首長聯席會議，輪流由各省舉辦，由行政首長出席，自 2004 年至今已舉辦 13 屆[20]。「泛珠三角」首次在 2016 年被納入國家「十三五」規劃，國務院在 2016 年發出《國務院關於深化泛珠三角區域合作的指導意見》（下稱《指導意見》），預計各省日後合作的深度與廣度將大大增強。《指導意見》提到，泛珠三角要成為「一帶一路」建設重要區域：「立足泛珠三角區域連接南亞、東南亞和溝通太平洋、印度洋的區位優勢，充分發揮建設福建 21 世紀海上絲綢之路核心區以及相關省區作為「一帶一路」門戶、樞紐、輻射中心和海上合作戰略支點功能，發揮港澳獨特作用，共同推動「一帶一路」建設，打造我國高水平參與國際合作的重要區域。」[21]

本文建議，特區政府應該主動利用「泛珠三角」有關平台，包括行政首長聯席會議、秘書長聯席會議等，積極與各省商討其「一帶一路」項目與香港的合作空間，並重點為香港專業界別與內地各省的項目負責單位和企業對接。特區政府可考慮與九省簽訂類似國家商務部的《合作備忘錄》，讓香港的專業（尤其建築、工程、測量、園境等與基建有關的專業）參與部分「一帶一路」國外項目的投標。合作可以試點形式進行，並由與香港交往最密切的廣東開始，目標是每個省讓香港參與五個試點項目，以總結經驗，為日後制度化的合作創造條件。

表 7.2　泛珠三角九省「一帶一路」實施方案重點

省份	產業重點	國內項目重點	國外項目重點	目標區域，國家	投資基金	接壤「一帶一路」國家
廣東	基建、物流、製造業	廣東（石龍）鐵路國際物流中心	・巴基斯坦瓜達爾港 ・中白俄羅斯工業園區 ・沙特吉贊中國工業園區 ・華為印尼電信基礎網絡連接項目	遍及東南亞、南亞、中東、俄羅斯等	設立 200 億絲路基金	沒有
廣西	物流、跨境產業、跨境金融	・以南寧為樞紐，打通北上南下國際大通道 ・中馬欽州產業園、中泰、中新、中柬產業園 ・東興金融試驗區	・馬中關丹產業園 ・中國印尼經貿合作區	東盟十國	設立 500 億絲路基金	越南
福建	旅遊業、工程機械、服裝鞋類、農業漁業	・泉州海絲先行區 ・福建省自貿試驗區：福州、平潭、廈門 ・福州廈門機場擴建	・與東南亞、西亞等地區企業在江陰港區、湄洲灣建設精細化工項目	台灣、東盟國家	設立 100 億絲路基金	沒有
湖南	工程機械、軌道交通、國際工程承包、農業、文化	・西安長沙高鐵 ・長沙機場擴建 ・提升內河深水航道	・老撾高速公路項目 ・阿爾及利亞高速公路 ・中聯重科中白工業園 ・哈薩克斯坦風電項目 ・南車南非基地 ・三一重工巴西產業園	涵蓋中亞、南亞、東南亞、非洲等國	/	沒有
江西	裝備製造、農業、能源、先進製造業、礦業	・打通內地海陸空客運貨運戰略通道	・建立贛歐國際鐵路集裝箱貨運通道 ・與俄羅斯和意大利合作生產直升機 ・於埃塞俄比亞建國際輕工業城 ・於南昌成立以色列生物醫藥產業合作園	鞏固東盟、開拓俄羅斯、中亞、中東歐和非洲、擴大歐盟市場	/	沒有

雲南	發展基建、人文交流	• 「七出省五出境」公路網絡	• 孟中印緬經濟走廊建設 • 勐臘重點開發試驗區（老撾邊境） • 瑞麗重點開發試驗區（緬甸邊境）	南亞、東南亞	沒有	越南、老撾、緬甸
貴州	新醫藥、農業、文化旅遊、建築建材	• 興建高鐵 • 打通水運通道 • 貴陽機場擴建，興建新機場	• 與印度合作軟件外包和大數據項目	中亞、西亞、南亞	沒有	沒有
四川	能源、電子信息、裝備製造、航空航天、工程建設	• 加開蓉歐鐵路班次：10天半可到波蘭，為海路的三分之一 • 東盟國際產業園	• 「251」計劃：在20個國家優選50個項目，精選100家優勢企業投資.	涵蓋東盟、南亞、歐洲、非洲等等	沒有	沒有
海南	旅遊業、汽車製造業	• 海南博鰲樂城國家醫療旅遊先行區 • 粵海高鐵 • 三亞新機場	• 哈薩克斯坦油田	中亞、俄羅斯	沒有	沒有

資料來源：九省有關官方文件和新聞匯總而成（資料截至 2016 年 12 月）。

促進香港專業界別與九省深入交流

　　過去數年，無論是香港政府，還是香港各大專業團體，都積極在內地舉辦研討會和拜訪各中央部委，以宣傳香港專業服務的優勢。這為香港與內地的深入合作奠定了基礎。然而，正如本文開首指出，專業服務總是「跟着項目走」、「跟着資金走」；因此，各大專業團體應該更積極到泛珠三角開拓商機，包括與內地政府、內地大型國企和民企、還有內地的專業同行加強溝通。現時，CEPA 基本上涵蓋了各個專業，不少專業人士已紛紛到內地拓展商機。香港政府可以通過多種方式促進香港專業人士與泛珠各省進行交流，包括安排訪問團，通過新成立的《專業服務協進支援計劃》進行資助、通過各駐內地辦事處加強協調工作等。

注釋

1 包括廣東、廣西、福建、湖南、江西、雲南、貴州、四川和海南。

2 參見「十三五」規劃第 54 章：「支持港澳在泛珠三角區域合作中發揮重要作用，推動港澳大灣區和跨省區重大合作平台建設」。

3 香港特別行政區政府：《二零一七施政報告》（香港，2017 年），第 42–53 段，載於：http://www.policyaddress.gov.hk。

4 香港專業聯盟：〈簡介〉，參見：http://www.cps.hk。

5 香港立法會：〈立法會工商事務委員會 香港產業多元化發展〉，2016 年 6 月 21 日。

6 政府統計處：《表 190：四個主要行業的就業人數》，載於：http://www.censtatd.gov.hk/hkstat/sub/sp80_tc.jsp?tableID=190&ID=0&productType=8 及政府統計處：《表 189：四個主要行業的增加價值佔本地生產總值的百分比》，載於 http://www.censtatd.gov.hk/hkstat/sub/sp80_tc.jsp?tableID=189&ID=0&productType=8。

7 新華社：〈張德江在「一帶一路」高峰論壇上的演講〉（香港：新華社，2016 年 5 月 18 日），轉載於：http://cpc.people.com.cn/n1/2016/0518/c64094-28361129.html。

8 何建宗、許欣琪：《把握一帶一路商機：擴大經貿辦網絡，發揮香港專業優勢》（香港：香港政策研究所，2016 年），頁 104。

9 香港立法會：〈立法會工商事務委員會 粵港合作聯席會議第十九次會議〉（香港，2016）。

10 廣東省發展和改革委員會：《廣東省參與絲綢之路經濟帶和 21 世紀海上絲綢之路建設實施方案》，2015，載於：http://zwgk.gd.gov.cn/006939756/201603/t20160315_647591.html。

11 戴春晨：〈多隻地方版「絲路基金」推出「一帶一路」步伐加快〉，《21 世紀經濟報道》，2016 年 2 月 16 日，載於：http://epaper.21jingji.com/html/2016-02/16/content_31409.htm。

12 鄧玲：〈廣西「一帶一路」實施方案出爐〉，南寧新聞網，2016 年 2 月 1 日，載於：www.nnnews.net/gdxw/201602/t20160202_1477465.html。

13 福建省發改委、福建省外辦、福建省商務廳：〈福建省 21 世紀海上絲綢之路核心區建設方案〉，2016 年 12 月 1 日，轉載於：http://www.yidaiyilu.gov.cn/zchj/jggg/3141.htm。

14 湖南省政府：《湖南省參建設絲綢之路經濟帶和 21 世紀海上絲綢之路的實施方案》，2016 年 4 月 25 日，載於：http://ydyl.hunan.gov.cn/fgzc/gnflfgzc/201604/t20160425_3048746.html。

15 江西省人民政府：《江西省人民政府關於印發江西省參與絲綢之路經濟帶和 21 世紀海上絲綢之路建設實施方案的通知》，2016 年 6 月 26 日，載於：http://www.jiangxi.gov.cn/zzc/azt/wh/201506/t20150626_1172762.htm。

16 雲南省政府：《雲南省人民政府關於印發雲南省國民經濟和社會發展第十三個五年規劃綱要的通知》，2016，載於：http://www.yn.gov.cn/yn_zwlanmu/qy/wj/yzf/201605/U020160605603453757253.pdf。

17 茜萍：《貴州十三五規劃綱要全文》，應屆畢業生網，載於：http://yjbys.com/jiuyezhidao/news/984030_4.html。

18 四川省發展和改革委員會：《四川省國民經濟和社會發展第十三個五年規劃綱要》，2016 年 4 月 6 日，載於：http://www.scdrc.gov.cn/dir1098/180118.htm。

19 海南省發展和改革委員會：《關於印發海南省國民經濟和社會發展第十三個五年規劃綱要的通知》，2016 年 3 月 16 日，載於：http://xxgk.hainan.gov.cn/hi/HI0102/201603/t20160318_1799451.htm。

20 可參考泛珠三角合作信息網，載於 http://www.pprd.org.cn。

21 國務院：《國務院關於深化泛珠三角區域合作的指導意見》，2016，載於：http://www.gov.cn/zhengce/content/2016-03/15/content_5053647.htm。

第八章

加快「粵港澳」深度融合
引領中國經濟全面轉型

馬建波

亞太戰略研究員

踏入 2017 年香港已回歸 20 年。然而過往歷程並不平坦，香港社會、經濟之所以能迅速擺脫 1997 年亞洲金融危機、2003 年「非典型」肺炎病疫和 2008 年全球金融海嘯的連續衝擊，繼續保持繁榮穩定的大格局，正是得益於「一國兩制、港人治港」方針的成功實踐、中央政府始終如一的鼎力支援，以及 2003 年 6 月中央啟動粵港澳三地經濟的加速融合與產業優勢的對接互補，繼而拓展了香港產業經濟發展的地理空間與經濟縱深，從而彌補了香港產業空洞的短板。香港經濟已成為中國未來東南部產業經濟圈的重要一環。如今，這樣的融合正進入全面加速期和更高層次的深度接軌時期。

1998 年 8 月，在中央政府堅定的信心支撐下，港府成功絕地反擊，擊退國際大鱷索羅斯對沖基金對港股、港元的空頭襲擊，捍衛了聯繫匯率機制的穩定。

2003 年 6 月，香港非典型肺炎病疫危機剛剛過去，中央政府就及時推出了內地旅客赴港的「自由行」政策；同時粵港澳三地政府就興建「港珠澳大橋」動議迅速達成共識；大珠三角經濟融合發展戰略也快速啟動；香港跟內地 CEPA 簽署實施。尤其是廣東省四市率先啟動自由行「個人來港自助遊」方案的迅速落實與推廣，以上無一不是利好香港經濟快速復蘇的重大舉措。這些開放政策相繼在本港落地，促進了粵港澳三地的產業經濟與旅遊市場的快速融合，並助港澳經濟迅速擺脫負增長的陰霾而強勁復蘇，香港失業率也迅速降低（一年之內由 8.6% 降至 4.3%）。亞洲金融風暴後大跌超過 70% 的香港樓價亦企穩回升，困擾港人多年的「負資產危機」得到逐步改善。應當說中央政府推出的這些經濟政策，如同及時雨，為香港經濟的再次起飛，創造了千載難逢的重大歷史機遇。因此，如何藉此機遇加快粵港澳產業經濟融合，創新產業合作發展模式，重新構建香港的產業經濟價值體系，已成為擺在我們面前的重大課題。

2005 年初，隨着我國在東部沿海的開放發展戰略取得成功，珠三角與長三角區域經濟開發和產業結構的調整、佈局漸趨成形，港澳經濟亦面臨創新突破的關鍵時刻。面對中西部地區繼續擴大的經濟落差（人均 GDP 不足東南沿海二分之一），國務院又批准了廣東省與有關方面及時提出的「9+2」泛珠三角經濟開發戰

略，即「泛珠三角大經濟圈融合發展戰略」。這是中國經濟不斷深化改革與加快對外開放，並快速融入全球經濟一體化的大勢所趨與勢在必行。

泛珠三角經濟圈蘊含巨大經濟潛能

「泛珠三角經濟圈」東起華東沿海，跨越中部至西南部，連接東盟經濟圈，涵蓋九省和港澳兩特區，貫穿內陸腹地，成「合縱連橫」之經濟態勢。港澳兩個特別行政區擁有市場自由開放與服務領先的龍頭優勢，其產業價值定位不可小視。泛珠三角經濟圈內，土地面積達二百多萬平方公里，約佔全國二分之一；人口達 4.5 億，佔全國的三分之一，具有豐富的自然、礦產、能源和勞力資源；土地和勞力成本低於東部 30% 至 50%；2004 年 GDP 總量突破 6,000 億美元，約佔全國經濟總量的 40%，「十五」至「十二五」期間年均增幅達 11%。因此，泛珠三角經濟圈蘊含巨大的經濟潛能，區內產業經濟成功融合，將為珠三角經濟帶注入創新發展動力，為中西部省區帶來產業發展的新機遇，並為中國「十八大」以來的產業升級革新與綠色經濟轉型奠定了堅實的「政策、體制、機制與物質」基礎。

受惠於區內生產力改革釋放的強勁推動，2010 年「泛珠三角」區域內 GDP 已突破 10 萬億人民幣。如今泛珠三角區域內整體綜合經濟實力日益增強，已成引領中國區域經濟發展的龍頭，在國家的整體經濟發展格局中具有重要的戰略地位。

目前泛珠三角經濟圈中，內地九省 GDP 總量約佔全國的三分之一（約 25 萬億人民幣），相當於京津冀經濟圈和長三角經濟圈的總和。2020 年預計將突破 50 萬億人民幣，約佔全國的二分之一。這意味着「泛珠三角」經濟圈將成為與「長三角、環渤海、京津冀」經濟帶並駕齊驅的我國四大主要經濟增長極，並將成為中國東南部，乃至亞洲的經濟中心和中國未來新能源與新經濟圈的重要經濟樞紐。而此時，粵港澳產業經濟合作也已進入加速期，並將為中國產業經濟改革的攻堅克難，發揮龍頭引領的導向作用。

中央高度重視粵港澳產業經濟合作

2010 年 8 月 26 日，國務院正式批覆同意《前海深港現代服務業合作區總體發展規劃》，明確提出將前海建設成為「粵港現代服務業創新合作示範區」。東南沿海經濟帶又迎來加速粵港合作的新局面。

2011 年 3 月，全國人大正式將前海開發建設列入國家「十二五」規劃綱要，標誌着「前海深港現代服務業合作區」的規劃建設正式啟動實施。

2012 年國家「十二五」規劃綱要和《珠江三角洲地區改革發展規劃綱要》再次明確提出：要將「南沙新區、橫琴新區和前海合作區」列為加強「粵港澳」現代服務業與金融合作的重點「創新示範區」，並賦予三地「建設中華民族共同家園」的歷史重任。這一「全面深化粵港澳合作開發戰略」的提出，全面吹響了中國改革開放與經濟政策持續深化的號角，這也是在國家相繼啟動「東部沿海經濟開發、長三角區域開發、建立環渤海經濟圈、珠三角及泛珠三角經濟圈和西部大開發戰略、京津冀經濟圈」等一系列發展戰略以來，中國區域經濟開發戰略的一次重要的產業轉軌與戰略升級。

由此可見，粵港澳三地的全面深化合作承載着新中國前 30 年改革開放與後 30 年國民經濟「可持續、協調、健康、科學」發展，及不斷深化市場經濟改革相銜接的歷史重任；肩負着促進「粵港澳」產業經濟合作，加快合作區域內產業升級與經濟轉型，創新管理體制與發展模式的重要使命。因此，這一戰略構想的提出，也標誌着中國區域經濟的發展戰略，已進入「全域統籌、科學規劃、質效並舉、相容協調與持續發展、共創多贏」的更高層次。

「粵港澳」核心三角區將成中國新經濟的龍頭區域

國務院規劃的粵港澳「深化合作、先行先試、創新發展」綜合實驗開發區，涵蓋了「廣州南沙、深圳前海和珠海橫琴」三個互為犄角，又各具特色、相對獨立的新經濟特區。該區域地處東

南沿海之廣、深、港、澳交匯的東南沿海三角洲中心地帶，三個新經濟特區以南沙為核心三角洲的中軸，形成珠三角經濟圈的腹地與幾何經濟中心。從局部地理特徵和微觀經濟形態而言，雖然區內經濟地理空間狹窄（南沙距前海僅 38 海里；距橫琴 41 海里），但從中觀和宏觀經濟能量分析，其區位優勢還是十分明顯的，戰略經濟重心也十分突出。因為南沙、前海、橫琴共同構成了大珠三角乃至泛珠三角區域（9+2）最核心三角的經濟樞紐姐，覆蓋東部沿海「陸、海、空」交通網，聚集廣深珠港澳五大國際機場、城際軌道交通網和客貨運港口，構成優越、先進和便捷的人流、物流、資金流等交通網絡。

因此，粵港澳新經濟合作區作為中國智慧產業升級與綠色經濟轉型發展的龍頭區域，其未來經濟輻射與產業連結互補功能將十分強大。近可覆蓋大珠三角經濟圈 4.2 萬平方公里，約 5,000 萬人口，GDP 約 4 萬億人民幣；遠可輻射泛珠三角（9+2）經濟圈 200 萬平方公里的土地，約 5 億人口，GDP 總量約佔全國 3/4。因此，未來珠三角核心「綜合試驗開發區」的經濟空間與經濟體量潛力巨大。

三區應良性互利合作協調科學發展

如今粵港澳深化合作的三個實驗區開發已相繼進入規劃、佈局和啟動實施的重要階段，由於三個試驗區的地理和經濟空間相對集中（珠三角核心圈），並將形成相互滲透的經濟影響。因此，在各區規劃佈局與經濟功能定位方面，不僅要重視「粵港澳」產業經濟合作的模式創新；更要關注未來三區內部，以及與港澳行政特區長期的緊密合作、優勢互補、良性互動與可持續、健康、協調、科學發展的產業功能定位。

2012 年 5 月 7 日，上述三區主管機構在南沙共同簽署了《南沙、前海、橫琴三地友好合作協定》，將致力推動「先行先試、創新模式、從容發展」，共同創新完善管理體制與合作機制，積極探索建立三方合作共贏與協調發展的新區域經濟合作發展大格局，並攜手打造粵港澳區域內最具活力與競爭力的核心經濟增長地帶，努力闖出一條「中國區域經濟」科學開發與創新發展的新路徑。

這是一個非常重要的合作機制,三個實驗區都應高度重視、緊密合作、科學規劃、認真落實;避免核心區內產業功能的同質、重構與平行競爭;依託各區自身優勢,立足於服務港澳,連結內陸產業配置,重建區內乃至大中華經濟圈產業價值鏈,展開差異化及錯位競爭,協調定位,科學發展,共同打造新的產業孵化與智業經濟聚集區。

南沙

廣東南沙地處珠三角幾何中心與「核心三角洲」的中軸,規劃面積十分充裕(約 500 至 803 平方公里),區位優勢、生態環境、空間佈局十分優良,且擁有一定的重型裝備製造、高新科技、港口貨運與生態農業基礎。其可依託自身產業基礎和充分發揮「連接港澳與溝通輻射內地」的戰略經濟結點優勢;深化與香港創新科技局的合作,建立「清潔能源、節能降耗、生物資源、生態農業」等新興產業的科技研發中心、產學研示範園區、科技成果產業化基地和現代商貿、物流服務中心區,及依託區內「遊艇會和香港游輪碼頭」的興建,發展高端跨境商務旅遊。同時,南沙亦可依託香港先進的國際教育平台、適用教學理念與國際資源,立足海外與中華內陸兩大生源市場,聯合打造南沙亞洲國際教育產業中心區,讓區內學子不出國門也能接受到高水平的國際教育。筆者在 2009 年 4 月曾於《香港商報》撰文提出「打造香港成為亞洲國際教育之都」。南沙綜合試驗開發區的建立,無疑突破了香港發展國際教育的土地制約和經濟地理的瓶頸,為粵港澳深化合作,構建國際教育中心迎來新的契機。

前海

深圳前海緊鄰香港,其經濟地理空間有限(區內規劃面積僅 14.92 平方公里)。因此,相關產業佈局應突出優勢、協調配置、集中發展,如可依託香港建立人民幣離岸與在岸雙結算中心、打造世界級國際金融中心的目標導向,建立前海「金融服務後台、金融服務及產品研發創新中心、及建立人民幣回流市場和香港金融交易延伸市場」,使前海成為國家的金融開放實驗區,以及泛珠三角區域經濟開發的國際融資中心。同時,前海要充分發揮自身優勢,借鑒香港與國際接軌先進的管理體制、運作機制和金融

服務模式與經驗，逐步建立起前海「現代服務、高端物流、文化創意、專業服務與資訊科技服務」等現代服務業產業龍頭。

2012 年 12 月 7 日，國家主席習近平在中共「十八大」後首站視察前海，對加快開發和開放前海提出重要指示：「前海開發開放是深圳經濟特區發展的新契機、轉型升級的新推力、改革開放的新起點、粵港深港合作的新平台。前海要依託香港、服務內地、面向世界，充分發揮特區敢為天下先的精神，落實比特區還要特的先行先試政策」。習主席的講話為「創新粵港澳產業合作發展模式、經濟體制、政策環境」指出明瞭的方向，並注入新活力。

橫琴島

珠海橫琴島（Hengqin Island）地處廣東省珠海市香洲區橫琴鎮，其東鄰澳門，是珠海市最大島嶼。橫琴島南北長 8.6 公里，東西寬 7 公里，海岸線 76 公里，全部開發後總面積將達 106.46 平方公里。橫琴島是珠海市 146 個海島中最大的島嶼，約為澳門現有面積的 3 倍。島上目前可供開發的土地面積約 60 平方公里，現仍有 40 平方公里土地未開發。早在 1992 年廣東省政府就批准建立橫琴島為省級經濟開發區。自建區以來即展開大規模的開發建設，建成連接市區的橫琴大橋、與澳門相連的蓮花大橋和國家級一類口岸「橫琴口岸」，實現了「橋通、路通、水通、電通、郵通和口岸通」的六通格局，為加快粵澳經濟合作發展奠定了堅實的物質基礎。

早在 2009 年 6 月 27 日全國人大已通過決定，授權澳門對設在橫琴島的澳門大學新校區實施管轄，橫琴島澳門大學新校區與橫琴島其他區域實行隔離式管理。2009 年 11 月 25 日國務院中央機構編制委員會辦公室批准成立橫琴新區，12 月 16 日橫琴新經濟區正式掛牌。橫琴成為了繼上海浦東新區和天津濱海新區後第三個國家級新經濟開發特區。

橫琴緊鄰澳門，港口和生態環境十分優良。未來，可依託粵港澳三區深化合作機制，輻射境內外兩大市場的優勢，在橫琴積極發展「跨境旅遊、游輪度假、休閒娛樂」等生態環保型現代大健康產業和高端服務業。同時，可配合港澳行政特區未來的產業重建與經濟轉型，並結合粵港澳三地優勢，全面拓展橫琴國際教育平台，培養實用型經濟、行政和政治管理人才。橫琴亦可與南

沙、前海合作，共同打造以香港為產業結點的國際教育產業鏈和教育產業的內陸輻射中心。

更值得關注的是，粵港澳三地均屬於中國「一帶一路」全球經濟融合發展戰略順利實施的「橋頭堡」和南線國際經濟走廊與海上絲綢之路的重要戰略結點。未來，上述三個試驗區的規劃發展和經濟能量將輻射港澳行政特區和廣深珠等沿海經濟特區，並肩負連接「一帶一路」國際「五通」（運輸通、金融通、貿易通、人才通、文化通）橋樑的重要角色，具有十分獨特和優越的體制與經濟區位優勢。

因此，根據習主席和中央政府提出的「先行先試、創新模式」的基本思路，三區內「開發模式、管理體制、運行機制和服務方式」都應有其「新、奇、特」之處，故應相容行政特區與經濟特區的體制、機制、法制、廉潔與效率優勢，大膽創新，設計有利於新經濟建設發展的「政策環境、法制環境、體制環境和運行、服務機制」。同時，有關機構亦應該爭取升格三區行政區劃定位、充分借鑒港澳行政特區、沿海經濟特區與自貿區的體制、機制和政策多重優勢，創新設計適合「綜合試驗區與新經濟發展」的法制環境、政策框架、管理體制和服務機制丹，並重點推進這三個方面的工作。

首先，未來三區開發需要投入大量人力、物力、財力資源。有關當局在創新人才引進和培養機制的同時，更應大膽創新開發建設專案的投（融）資管理模式，突破原有招商引資（即企業融資和專案融資）的傳統思維，充分利用香港國際金融中心的國際資本優勢和人民幣離岸中心的流動性優勢（2016 年初香港人民幣存款規模已近一萬億；流動性突破 8,000 億；資金池規模近一萬億；「十三五」期間人民幣存款佔比也將由目前的 30% 提升到 60%，增量空間巨大），以及前海創新金融服務與融資中心、人民幣「在岸中心」優勢，創新推廣重點企業或專案的債務融資（發債融資）、以政府投資主體（開發區政府投資公司）為營運核心的股權融資和以支撐重點產業規劃和工程專案的建設。例如，各地可根據政府財政狀況，實施產業專案的控股經營或以 30% 的政府槓杆投資股權，配比引入 70% 的外來投資（包括海外國際資本與民營資本），對關係國計民生和有利形成中長期穩定收益的「農業、環保、節能、治污、新能源和衛生、水利」專案，應全面推

廣 PPP（Public Private Partnership）的公私合營配資的混合經營體經營管理模式與政府產業投資基金入股開發模式，並積極參與專案投資開發與營運監督管理。

第二，未來上述三個試驗區的規劃發展和經濟能量將輻射港澳行政特區和廣深珠等沿海經濟特區，具有十分獨特和優越的體制與經濟區位，屬於「特區中的特區」。如前所述，這三個試驗區應按照「先行先試、創新模式」的發展理念，建設有利於開發試驗區的「政策環境、法制環境、體制環境和保障運行的服務機制環境」。例如目前內地投資及服務程式存在內外差別，對境外人士限制或程式較繁多，將來試驗區人才引進及屬地投資，均面臨服務便利化提升和安全保障問題。因此，有關機構應研究爭取升格三個新經濟區的行政區劃定位、充分借鑒港澳行政特區與沿海經濟特區的體制和機制優勢，圍繞「投資便利化、服務便利化和引進人才的工作、生活便利化」創新設計適合「新經濟綜合試驗區」的法制環境、政策框架、管理體制和服務機制，避免因傳統「制度成本、金融成本和要素成本」的不斷上升，造成對試驗區開發動力和戰略經濟效益的蠶食影響。

第三，應加快粵港澳三地市場的開放融合，逐步降低及取消「關稅或非關稅壁壘」。其核心是要加快三地「產業經濟、服務貿易、思維觀念與人文環境」的融合。內地應繼續開放及引進香港先進的國際管理體制和營運機制，積極拓展國際物流、貿易與現代專業服務市場。香港也應繼續秉承過去「開放、多元、包容與和衷共濟」的獅子山精神，革除自我封閉、排斥內地客的「限奶、限地、限人」思維意識，進一步轉變觀念，突破經濟地理空間的局限，積極融入大中華經濟圈，共同承擔實現中華民族偉大復興的光榮使命。香港還要充分挖掘自身立足於中國東南前沿，放眼世界的「最開放和最具競爭力」的自由經濟體優勢，法制文明優勢和國際品質標準認證優勢，進一步擴大開放本地進口商品市場，重點在於科學疏導和加強管理；而非收縮限制內地客戶市場，以迅速啟動本地商業零售、專業服務、旅遊服務和國內優質商品、品牌的國際代工市場。

目前深圳有關方面已制定未來東部發展戰略規劃目標及《行動方案》，未來十年將投入 1.6 萬億人民幣，在「十三五」期間計劃完成投資 5,672 億。未來五年將着力建設東部創新產業帶和黃

金海岸旅遊帶，逐步形成「兩帶、六平台、多園區」的產業發展新格局。到 2020 年形成二至三個千億級的新一代資訊技術、新能源等產業集群，以及四至五個 500 億級「智慧裝備、生命健康科技、港口物流」等產業集群。

由此可見，珠三角之廣深已積極部署，香港卻時不我待。香港加快融入大珠三角經濟圈，牢牢把握粵港澳產業合作新契機，將為香港經濟的二次騰飛和產業鏈重建帶來巨大歷史機遇。因此，香港要保持和諧穩定與持續繁榮的社會局面，就要充分利用「一國兩制、港人治港」的制度優勢，加大市場開放與監管力度，着力發展經濟、改善民生。同時，香港要發揮「產學研」接軌國際，科技領先的優勢，加快創新科技的專案佈局與研發，及其成果在區內的經濟轉換，全面協力將「粵港澳」核心經濟區打造成為中國的高科技、智造業孵化基地，並成為「中國製造 2025」重要的集成創新和產業化基地。

粵港澳產業經濟深化合作向 4.0 版升級

令人欣慰的是今年 1 月 3 日，特區政府與深圳市政府共同簽署了備忘錄，港深兩地政府擬共同合作開發新界東北邊界河套地區約 87 公頃的土地，以建立創新科技園區、科技成果轉化與產業孵化基地、國際高等教育園區等。初步預計園區工程建設投入達 150 億港幣，未來創新科技園年貢獻額可達 570 億港幣。此舉將進一步強化香港在「一帶一路」戰略中作為「創新科技超級連絡人」的角色，有助港粵共同打造建立「中國的東部矽谷」，為香港迎來千載難逢的重大歷史機遇，並將為香港創新科技業的發展與智慧型再工業化、產業鏈重建注入更多的生機與活力。

在今年 3 月 5 日召開的第十二屆全國人民代表大會第五次會議開幕式上，李克強總理在政府工作報告中特別提到「要推動內地與港澳深化合作，研究制定粵港澳大灣區城市群發展規劃，發揮港澳獨特優勢，提升在國家經濟發展和對外開放中的地位與功能。我們對香港、澳門保持長期繁榮穩定始終充滿信心」。由此可見，在中央高度重視和新區域經濟戰略方針的引領下，不久後《粵港澳大灣區城市集群發展規劃》將橫空出世。這標誌着中國區

域經濟戰略格局的發展將發生深刻轉變，由粵港澳產業經濟融合的 3.0 版迅速向 4.0 轉型升級。

早在 2016 年 3 月，國務院印發的《關於深化泛珠三角區域合作的指導意見》中就提出「內地要攜手港澳打造粵港澳大灣區」。大灣區經濟概念最早在西方提出實施，如東京灣區、紐約灣區、三藩市灣區就是世界著名的三大國際經濟灣區。未來在中國「一帶一路」的國際戰略大格局中，粵港澳大經濟灣區潛力和空間巨大。該灣區城市集群的 GDP 經濟總量目前已達到 1.24 萬億美元，超過了三藩市灣區。在粵港澳大灣區主要城市中，廣州已超越新加坡；深圳在金融、創科、物流等領域已經超越香港。今年「兩會」期間，全國人大委員長張德江已發出警示，全世界很多地方都搭上了中國經濟和「一帶一路」的快車，香港不用排隊買票，國家已預留位置。若香港繼續搞泛政治化，未來兩年內深圳 GDP 就可超越香港。

根據統計，1990 年深圳 GDP 僅是香港的三分之一，2015 年深圳 GDP 已達到香港八成，近二萬億港幣，同比增幅達 8.9%；而香港僅增長 2.4%。2016 年廣州 GDP 為 1.961 萬億人民幣（約為港幣 2.23 萬億），同比增長 8.2%；深圳 GDP 為 1.946 萬億人民幣（約為港幣 2.215 萬億），同比增長 9%；香港 GDP 為港幣 2.48 萬億，同比增長 1.9%（較預期 1.3% 高），說明廣深經濟在提速的同時，香港因內耗蹉跎在減速。2017 年廣州、深圳經濟增速分別預計為 8% 和 9%。若按此速度發展，2018 年廣州、深圳 GDP 將超越香港（屆時香港預計為港幣 2.57 萬億；廣州為港幣 2.63 萬億；深圳為港幣 2.6 萬億）。開放之初 37 年前深圳 GDP 僅 1.9 億人民幣；2016 年則突破 1.93 萬億人民幣；即 37 年時間增長近一萬倍。深圳的發展速度如此驚人，正是得益於創新科技的發展與產業結構轉型升級的效率。深圳快速發展的近 14 年，也正是香港淪陷於泛政治化持續衝擊、社會爭拗、撕裂不停、蹉跎歲月的 14 年。

今年是香港回歸祖國 20 週年，也是特區政府行政長官換屆選舉年。對香港而言，這是一個「強化發展重心，凝聚民意共識、牢牢抓住國家戰略機遇期、全力發展經濟、改善民生」的大變局、大轉型的關鍵之年。香港是塊福地，國家一直眷顧香港，歷史性的戰略機遇如《一帶一路戰略規劃》、《粵港澳大灣區城市集群發展規劃》的宏偉藍圖等已擺在 720 萬港人的面前，機不可

失，失不再來。中央領導人的講話語重心長，言猶在耳：香港實施「一國兩制、港人治港」和高度自治的方針不會動搖，不會改變；香港沒有港獨的空間；香港不要再搞泛政治化而自我邊緣，要全力發展經濟、改善民生。港人還在等甚麼？是該警醒的時候了。

總之，隨着國務院批覆前海、南沙、橫琴，「核心三區」發展規劃的相繼啟動實施，及《粵港澳大灣區城市集群發展規劃》的制定實施，粵港澳產業經濟合作與創新科技的發展將進入深度接軌和更高階段，珠三角大灣區核心都市經濟圈將掀起一波新的產業升級和綠色經濟轉型發展高潮，並引領着中國特色社會主義市場經濟改革向縱深發展。筆者相信，只要粵港澳開發實驗區，加大大灣區產業合作互補的力度與協同發展的強度，大膽創新試驗區政策空間、管理體制、運行機制與開發模式，重建區內新的產業價值鏈，以及科學定位自身的經濟內涵，就一定能實現建設中華民族美麗家園的偉大目標。

第九章

澳門特區揚長避短
積極融入粵港澳大灣區

林昶

澳門《新華澳報》社長兼總編輯

澳門特區行政長官選舉委員會委員

在「粵港澳大灣區」的九市二區中，澳門特區雖然與香港特區一樣，在行政區劃上屬於省級建制，高於廣東省境內的九個城市，但無論是在行政區域或是人口規模上，卻是遠遠低於九個城市，甚至連九個城市的一個屬下區級建制都不如。因而，澳門特區在積極融入「粵港澳大灣區」時，就頗為注意揚長避短、取長補短，充分發揮自己實行「一國兩制」方針、自由港地位，以及正在落實中央賦予建設世界旅遊休閒中心、中國—葡語國家經貿合作論壇之長，以填補自己面積小、人口少及經濟結構較為單一的不足之處，走出一條區域合作的新路徑。

其實，在九市二區中，澳門可能是最早接觸「粵港澳大灣區」規劃，並邁開參與腳步的。這可分兩方面憶述。一方面，正因為澳門特區在區域合作的議題上，短板較為明顯，故前任行政長官何厚鏵和現任行政長官崔世安，都採取較為主動的態度，無論是「一帶一路」國家戰略及泛珠三角的大區域合作，還是《粵澳合作框架協議》的洽簽，以至是與橫琴新區的合作，都是主動理解中央和內地相關行政單位的戰略意圖，並採取積極迎合及參與的態度。正因為如此，在建立「粵港澳大灣區」的議題上，澳門可能是在九市二區中，除發起者深圳市之外，最早接觸及參與的。

另一方面，雖然在 2009 年完成的《大珠三角城鎮群協調發展規劃研究》中，就已把「灣區發展計劃」列為空間總體佈局協調計劃的一環，2010 年粵港澳三地政府聯合制定《環珠三角宜居灣區建設重點行動計劃》，以落實上述跨界地區合作，但正式提出「粵港澳大灣區」這個概念的，還是深圳市委、市政府。2014 年深圳市「兩會」期間，時任深圳市長許勤在市政府工作報告中首次提出「灣區經濟」概念，表示將大力發展灣區經濟，以新的經濟形態促進經濟全面提質增效升級，藉此將深圳打造成為世界級城市群的核心。2014 年 9 月 17 日，深圳國際化城市建設研討會在深圳舉行，其主題是圍繞深圳國際化的最新課題「灣區經濟」，聚焦探討「建設國際化灣區名城」。許勤介紹了深圳建設國際化灣區名城的戰略謀劃及着力方向，並表示灣區經濟是當今世界經濟版圖的突出亮點和國際一流濱海城市的顯著特徵，國際灣區名城也是國際化城市中的璀璨明珠。也正在此時，中共中央委員、廣東省委副書記馬興瑞正兼任深圳市委書記，在此基礎上將此議題提煉昇華為「粵港澳大灣區」戰略，並積極利用其特殊人脈及身份，先是於 2015 年 4 月，爭取到將打造「粵港澳大灣區」正式寫

進國家《推動共建絲綢之路經濟帶和 21 世紀海上絲綢之路的願景與行動》，當中要求「充分發揮深圳前海、廣州南沙、珠海橫琴、福建平潭等開放合作區作用，深化與港澳台合作，打造粵港澳大灣區」。2015 年 11 月 25 至 26 日，中共廣東省委召開第十一屆五次全會，審議通過了《中共廣東省委關於制定國民經濟和社會發展第十三個五年規劃的建議》，該建議提出，毗鄰港澳是廣東對外開放的一大優勢，未來五年要繼續鞏固提升。要打造「粵港澳大灣區」，形成最具發展空間和增長潛力的世界級經濟區域。2016 年 3 月，國務院印發《關於深化泛珠三角區域合作的指導意見》中提到，泛珠區域合作正式上升為國家戰略。其中，明確要求廣州、深圳攜手港澳，共同打造「粵港澳大灣區」，建設世界級城市群。馬興瑞在今年一月初升任廣東省長之時，又主持將其寫進了廣東省的《政府工作報告》，並爭取到寫進李克強總理在今年 3 月 5 日向全國人大第十二屆五次會議所作的國務院《政府工作報告》中。

也就在此期間，深圳市委和市政府利用與澳門特區政府進行年度合作會議的機會，向澳門特區推廣「粵港澳大灣區」的概念及戰略計劃，並獲得行政長官崔世安的熱烈響應。為此，2015 深澳合作會議於當年 12 月 2 日在深圳召開時，雙方就簽署了《關於深化深澳合作共同參與粵港澳大灣區建設備忘錄》（下稱《深澳備忘》）、《旅遊合作備忘錄》。這份協議可能是在九市二區中，首份直接涉及粵港澳大灣區的跨域合作協議，而澳門特區在深圳市委、市政府的引領下，率先主動地融合到建設粵港澳大灣區戰略中。2016 年 11 月 30 日，2016 年深澳合作會議移師到澳門特區舉行，會議總結了 2016 年深澳合作的成果成效和經驗，並為下一年的合作提出了工作重點，包括務實推進粵港澳大灣區建設；共同發揮好澳門作為中國與葡語國家商貿服務平台的作用，積極參與「一帶一路」建設；深入推進青年創業及旅遊等領域的合作；促進兩地文化合作，以及深化交流合作機制建設等。

對此，曾有澳門的學者分析認為，深圳市委和市政府為在推動粵港澳大灣區成為廣東省委、省政府的戰略，及爭取提升為國家級戰略的同時，為爭取港澳兩特區的支持和合作，採取「先易後難」的手法，先行爭取在區域合作中較為主動的澳門特區的接受和支持，並以此為「突破口」，爭取香港特區也隨之加入。就在此背景之下，澳門特區就成了「最先試吃螃蟹」的行政區域了。

澳門特區參與粵港澳大灣區戰略，不單止只是滿足於名列其中及簽署協議，而且還落實在澳門特區自己的發展規劃之中。澳門特區就在與深圳市簽署《深澳備忘》之時，已經仿效習近平主席的「頂層架構設計」，成立由行政長官崔世安出任主席的建設世界旅遊休閒中心委員會，並在中央支持下，由該委員會主持編寫澳門的首份發展規劃——《澳門特別行政區五年發展規劃》。特區政府當即決定，將泛珠三角區域合作、構建粵港澳大灣區列入該草案文本中。澳門特區將充分發揮實行「一國兩制」和自由貿易港，擁有較完善和運作良好的營商環境和體系的作用。同時，透過泛珠三角區域合作和粵港澳大灣區，使澳門得以拓展發展空間，進一步發揮中國與葡語國家商貿服務合作平台的作用，以及世界旅遊休閒中心的特殊定位，促進經濟多元發展。

　　經歷一年多的編撰及公開諮詢、修改補充，並得到中央相關部委指導和協助的《澳門特別行政區五年發展規劃（2016-2020年）》（下稱《五年規劃》）的正式文本，於 2016 年 9 月 8 日正式公佈。這是澳門自回歸以來，首次制定的「五年發展規劃」。該文本明確了澳門未來五年的發展定位是建設世界旅遊休閒中心（「一個中心」），推進發展中國與葡語國家商貿合作服務平台（「一個平台」），並與「一帶一路」國家戰略、泛珠三角區域合作、粵港澳大灣區戰略和橫琴新區相對接合作，主動融入國家發展戰略，並與國家「十三五」規劃相對應。

　　《五年規劃》分為〈戰略篇〉、〈民生篇〉、〈發展篇〉和〈善治篇〉四個部分。澳門未來五年的發展定位明確是「建設世界旅遊休閒中心」，並以此為基礎協調聯動、均衡有序地推動落實經濟適度多元，增進民生福祉，推動特區各項建設全面發展。在〈戰略篇〉中，《五年規劃》制定了整體經濟穩健發展、產業結構進一步優化、旅遊休閒大業態逐步形成、居民生活素質不斷提高等七大主要目標，並制定了八大主要發展戰略；〈民生篇〉主要包括「加速建設宜居城市」和「增進民生福祉」兩個層面。〈發展篇〉主要提出澳門要把握國家實施創新驅動發展戰略的機遇，提升創新能力；〈善治篇〉則從提升政府執政能力的層面提出具體舉措。《五年規劃》遵循經濟規律的科學發展，實現了建設世界旅遊休閒中心與經濟適度多元可持續發展的有機統一，及「八大發展戰略」與提升城市競爭力的有機統一，有利於強化國家安全和澳門經濟安全，也能突顯澳門回歸後，實施「澳人治澳」的主人翁

精神。由於規劃經過幾次全民諮詢，具有很強的民意基礎，規劃內容和規劃意義都較能深入人心，而且分階段制訂規劃，成果也能夠較為全面地反映，加深了本地居民對澳門發展建設的認同感和責任心。

博彩業在澳門經濟結構中一直佔據着重要地位。澳門回歸以來，博彩業持續快速增長，一直是澳門的主要經濟支柱和特區政府財政收入的重要來源。多年來，澳門致力經濟多元化的工作雖有所進展，但由於缺乏中長期發展規劃，與預期的目標尚有差距。由於澳門的財政收入主要來自博彩稅收，一旦外圍環境影響，遊客減少，經濟就會出現較大波動。而就在啟動編寫《五年規劃》之時，澳門賭收已經連續多月下跌，直接導致政府財政收入減少，但公共財政開支卻有所增加，使得公共財政盈餘同比大幅減少。

國家「十三五」規劃和粵港澳大灣區戰略為澳門提供了難得的發展機遇，也為澳門指出了一條經濟發展新路徑。「十三五」規劃提出，要深化內地和港澳合作發展，提升港澳在國家經濟發展和對外開放中的地位和功能。如何抓住這個戰略機遇，發揮自身優勢，推動經濟適度多元可持續發展，是澳門特區面臨的新課題。而粵港澳大灣區城市群發展規劃，則可推動內地與港澳深化合作，發揮港澳獨特優勢，堅守「一國」之本、善用「兩制」之利，結合區域優勢，提升港澳在國家經濟發展和對外開放中的地位與功能，並將會對澳門未來整體經濟穩健發展起到東風的效應。

而《五年規劃》則在此兩大國家規劃或戰略的指引下，首先明確了澳門經濟的發展長遠目標，即建設世界旅遊休閒中心和中國與葡語國家商貿合作服務平台，促進澳門經濟適度多元可持續發展，設法消減澳門經濟對博彩業的依賴程度。為此，《五年規劃》提出構建澳門旅遊休閒大業態，形成旅遊業和酒店、餐飲、娛樂、零售、會展、商貿等行業互動互補的旅遊休閒大產業。與此同時，充分利用澳門在曾是16世紀海上絲綢之路的交通樞紐的歷史背景，配合「一帶一路」戰略建設，在建設世界旅遊休閒中心和中國與葡語國家商貿合作服務平台過程中，澳門可沿當年歐亞貿易海上航道，連接東南亞、南亞、中亞、非洲直至歐洲沿岸港口城市，將中心和平台的作用輻射到更遠的地方。

澳門《五年規劃》既着眼於發揮自身優勢，又保持與國家的發展規劃步調一致，注意把澳門的發展規劃融入國家「十三五」規劃和「一帶一路」戰略和粵港澳大灣區建設之中，使澳門可以突破空間、人口和土地的發展主要制約因素，揚長避短地突破瓶頸、發揮優勢。為此，《五年規劃》妥善處理近期目標和長遠目標的關係。在建設「一個中心」和「一個平台」的同時，提出了優先培育澳門的會展業、中醫藥業、文化創意產業的成長，在經濟多元化發展的同時提供更多就業崗位。通過文化先行、以醫帶藥、發展服務貿易等方式推動中醫藥文化和技術走向世界。同時着力促進文化旅遊人才培養，構建與文化創意、酒店、飲食、休閒等產業連接的文化旅遊人才培養系統等，讓經濟逐漸步入新的發展常態。

這是澳門特區實踐科學決策和科學施政理念的具體表現。澳門過去之所以發展落後，「先天不足，後天不良」是其中一個主要原因。「先天不足」，是除了面積細小，缺乏資源之外，還有一個不利因素，就是沒有深水港，未能充分利用自由港的有利條件。為何澳門比香港開埠早，卻遠落後於香港？就是因為香港有深水港，而且還施用了「計謀」，將已經簽約的廣州至澳門鐵路計劃拿到手，「移挪」為廣州至九龍的鐵路。「後天不良」，是出於農漁業社會的葡國則隨波逐流，「見步行步」，一直沒有戰略發展觀，以致流失了幾次大的發展機遇；而曾經經歷了工業革命的英國，經營香港較有規劃性。現在是「澳人治澳」、當家作主，到了訂立發展規劃的最佳時機。

也是湊巧，《五年規劃》的實施時間段內，既是在崔世安的第二個行政長官任期之內，也是國家「十三五」規劃的實施期間；但更重要的是，該規劃完結之時，正是在習近平主席提出「兩個一百年」的願景中，第一個「一百年」全面建成小康社會目標的實現期。這就巧妙地將崔世安本人的政治奮鬥目標，澳門特區的發展願景，與習近平主席所揭櫫的「中國夢」願景及祖國的發展前景融合在一起。澳門特區的發展命運前途與祖國息息相關。由此，就更突顯了澳門《五年規劃》的戰略前瞻性和戰役現實性。而且，與粵港澳大灣區的關聯性更強。

「大灣區」這個概念，首創於美國舊金山灣區。但舊金山灣區怎麼輝煌，也只是在一個省級行政區域 —— 加州之內，並不

像「粵港澳大灣區」那樣是跨省級行政區域，而且其人口和經濟實力也遠超越之，因而在粵港澳「灣區」的前面加了一個「大」字。而且更重要的是，舊金山灣區是「一國一制」，「粵港澳大灣區」則是「一國兩制」，參與其中的各城市實行兩種不同的社會制度。倘以法域區分，還是橫跨三個法域，即三種實行不同的法律制度。廣東是實行名為「社會主義法系」，實為歐陸法系（又稱為「大陸法系」，其重要特徵是「成文法」，下同）的法域；香港特區則是實行英美法系（又稱「海洋法系」，其重要特徵是「不成文法」）的法域；澳門是實行歐陸法系的法域。

粵港澳大灣區建設瞄準世界級的格局，其所涉區域的經濟總量較大，可打造成為世界級金融中心。僅香港和深圳的金融及經濟規模加起來，就可以等同倫敦或紐約兩大全球性金融中心，兩者合作完全可以打造亞洲的全球性金融中心。此外，粵港澳大灣區所在緯度的自然條件較好、地理範圍適中，適合打造成世界級灣區，比東京灣、三藩市灣等世界級灣區的地理環境條件都要好，可將產業、物流、科技、金融和貿易等資源高度集聚，打造世界級灣區。

粵港澳大灣區建設以泛珠三角合作為重要基礎，輻射作用覆蓋內地九個省區和港、澳兩個特別行政區，擁有全國約 20.78% 的國土面積、三分之一的人口和三分之一以上的經濟總量。粵港澳大灣區將推動「9+2」泛珠三角區域合作向更高層次、更深領域、更廣範圍發展，其輻射半徑更將延展至東南亞國家，成為聯通「一帶一路」的重要門戶，推動粵港澳企業聯合「走出去」，有利於粵港澳區域更好融入國家經濟體系，確保粵港澳長期繁榮。

因此，這個粵港澳大灣區，是在中國全面深化改革開放中的一個新創舉。而在協調上，則比較麻煩。幸好，都是在一個國家之內，有中央政府進行協調統籌。而且在交通設施大建設後，往來較為便利，比面積較小的舊金山灣區不遑多讓。但也暴露了港珠澳大橋的「單 Y」設計，未能通達深圳，成為建設粵港澳大灣區的缺陷。據說，這是香港特區政府在「發功」擔心珠江西岸的貨物流到深圳鹽田港。這種本位主義，曾經讓廣東及其屬下的深圳滋生「不屑」香港的情緒，尤其是在廣東省的經濟總量超越香港，曾經在改革開放初期積極支持廣東的香港，卻需要內地反過來要求內地「反哺」香港之際。

粵港澳大灣區將有利於澳門。儘管澳門在行政區劃上是屬於省級；但在行政區域上，無論是面積還是人口以至是人才儲備，卻連內地的一個區縣都不如，甚至某些地級市的經濟總量也超越澳門。因此，澳門可以藉着粵港澳大灣區而水漲船高，在周邊發達省市的「月暈效應」加持下，發展得更好。廣東鄉下有一句俗語，謂「隔離田車水，自己田亦得益」，就是如此。澳門可以通過參與粵港澳大灣區等國家發展戰略，將進一步擴大發展空間，走上經濟適度多元和持續發展的道路。

就在澳門特區積極響應粵港澳大灣區戰略之際，卻發生了一段小插曲，那就是香港某報突然爆出內幕消息說，珠海澳門及鄰近地區將朝「珠澳同城化」發展。而似乎是與之呼應珠海市長在廣東省「兩會」的記者會上，再次提到「珠澳同城化」的設想。這讓許多澳門居民感到疑惑及驚震，因為自從珠海市多年前提出「珠澳同城化」的議題，澳門特區政府也一度予以呼應之下，不少澳門居民擔心國家將會取消「一國兩制」，或是正好相反，擴大實施「一國兩制」的地域範圍。其實最初的「珠澳同城化」概念，指的是由於交通設施發達銜接，兩地居民生活方便，互通有無，因而這是有利的。實際上已經有部分澳門居民在珠海居住，白天返澳工作及就讀。如果「同城化」的涵意僅是如此，並無問題。但後來有關方面擔心「同城化」的概念容易被人誤會為珠澳兩地實施制度融合，或是澳門實施珠海的制度，或是珠海實施澳門的制度。《基本法》規定的「50 年不變」歷史使命就將發生重大的變化，因而叫停。

相比之下，同時在在廣東省兩會上，當時新任廣東省長馬興瑞再次提出了「粵港澳大灣區」的概念，並指出粵港澳大灣區發展規劃已經啟動編制，今年廣東將與港澳攜手推進「珠三角世界級城市群」和「粵港澳大灣區」建設，則較為成熟及易於為澳門居民所接受。因為從馬興瑞的談話中，可知「粵港澳大灣區」的構想，與「珠澳同城化」相比，具有以下的兩個特點：其一，從立項權限單位來看，粵港澳大灣區構想是中央的規劃，被納入國務院印發的《關於深化泛珠三角區域合作的指導意見》，及國家發改委印發的通知（後來又寫進國務院《政府工作報告》），是中央的決策；而「珠澳同城化」則是地方個別城市的單方規劃。其

二，從構想規劃的出發點來看，粵港澳大灣區是將香港、澳門和珠三角九市作為一個整體來規劃，目的是攜手港澳推進珠三角世界級城市群的建設，具有整體利益的情懷；而「珠澳同城化」則是僅限於珠江口西岸的一隅，僅是服務於珠江口西岸的交通樞紐和核心城市，為建立引領中山、江門等城市的領頭羊地位增添別處不可得的實力，與着眼於珠三角世界級城市群建設的粵港澳大灣區比較起來，本位主義「小鼻子小眼睛」了一點。其三，在稱謂上來看，粵港澳大灣區符合國家憲法對地方行政區劃的定位，亦即香港特別行政區、澳門特別行政區與廣東省一樣，是屬於同一位階的一級地方行政區劃，而「珠澳同城化」則有刻意人為抬高珠海市這個二級地方行政區劃的位階，使之與一級地方行政區劃澳門特區「平起平坐」之嫌。其四，從概念上來看，粵港澳大灣區讓有很多親友在舊金山灣區以至美國的港澳居民，甚至自己就是曾經移民到舊金山灣區以至美國後回流香港、澳門的居民，倍感熟悉及親切，容易接受及融入；而「珠澳同城化」中的「同城」一詞，則較為敏感，讓人容易往「淡化兩制區隔」方面猜想，從而產生疑慮。幸好，在今年春節之後，珠海市委書記郭元強，市長鄭人豪率領珠海市代表團到澳門拜年，在拜會行政長官崔世安及全國政協副主席何厚鏵，並與澳區全國人大代表，政協委員座談時，再也沒有談到「珠澳同域化」的議題，而是大談共同推動建設粵港澳大灣區創新高地、「一帶一路」戰略支點、珠江西岸核心城市、城鄉共美的幸福之城；並表態珠海將全力以赴支持澳門經濟適度多元發展，希望珠澳雙方共同把握機遇，增進共識，以橫琴自貿片區為載體和平台，圍繞「一帶一路」戰略支點的建設目標，進一步深化珠澳合作，更加務實地推進粵澳合作產業園、粵澳中醫藥產業園、澳門青年創業谷、中拉經貿合作平台建設，譜寫珠澳合作的新篇章。相關疑慮得到了澄清和消除。

澳門未來必然還會面對內外經濟環境不明朗的挑戰，但很幸運的是澳門可以乘搭國家發展的「順風車」，包括「十三五」規劃和粵港澳大灣區等系列跨境合作規劃，使澳門的發展始終有着強力的後盾。當然，澳門也需要保持堅定的信心和毅力，以自強不息的奮鬥精神和與時俱進、銳意創新的思維，才能實現真正的長期繁榮穩定發展。

粵港澳合作——模式選擇與突破機會

第十章

CEPA 是化解粵港合作矛盾的良好平台

洪錦鉉

香港城市智庫召集人
現任觀塘區議會副主席

《內地與香港關於建立更緊密經貿關係的安排》（下稱 CEPA）在 2003 年 6 月簽訂，2004 年 1 月 1 日正式實施。當時香港的宏觀經濟正處於蕭條的狀況。1997 年回歸後，香港連續遭受亞洲金融風暴、股市和樓市泡沫爆跌、科網股泡沫爆破、SARS 橫行、物價通縮，導致連續幾年香港內需不振，造成香港資產的虧錢效應；香港人在海外和內地的收益不敢回流香港，香港資本嚴重外流；加上 2001 年美國經濟發展放緩及隨後的 911 恐怖襲擊，亦使香港經濟在 2001 年下半年出現第二次衰退。香港經濟出現衰退，暴露了香港產業結構性的缺陷，失業率不斷攀升。CEPA 推出時正因為香港經濟正處低谷，至今還有香港不少人士認為 CEPA 是當時香港政府向中央政府伸手而得拯救香港經濟困境的禮物；內地也有類似的輿論，CEPA 是中央政府單方面挺港的措施，對內地的作用不大。這些觀點僅是簡單和片面地看香港與中央關係 —— 香港回歸祖國，中央對香港愛護有加，因此香港需要的，中央就會給予。

然而，這些看法沒有從香港的歷史定位、全球經濟一體化發展、香港和國家的發展需要，認識 CEPA 帶來的的積極作用和長遠意義。

香港回歸祖國後的新定位

我們常說，香港回歸前，因為中國內地自我封閉，香港是中國通往世界的橋樑。橋樑作用和中介角色是香港的定位。由於歷史因素，以及英國政府做出諸多違反《中英聯合聲明》的舉措，香港與內地的合作在政府層面幾乎中斷，主要局限在民間。

回歸後，香港陷入重新尋找定位、重新選擇方向的困惑中。其定位不清，出路不明。香港與內地的合作，尤其是鄰近的粵港合作被視為是一個大勢所趨，一股勢不可擋的潮流。一是，在全球化的大潮流下，香港和廣東是順勢而為的區域性融合；二是，香港與廣東省有着千絲萬縷的關係，衣食住行，地緣人緣血緣等關係密不可分。香港回歸祖國，在「一國兩制」下，香港與內地加強合作是自然而然的事。回顧時任行政長官董建華由 1997 年至 2004 年發表的施政報告，他一直看好香港與內地合作的發展前景，在任內一直推動香港與內地的經貿及各方面的合作。

董建華表示，「隨着香港回歸祖國，過去兩地主要局限於民間方式的交往，應該可以更加有條件，在政府的鼓勵和支持下，在經濟、金融、貿易、運輸、文化、教育、科技、旅遊、體育等等領域，全面積極地發展。」[1]

1997 年，香港回歸祖國後，董建華發表的第一份施政報告第 10 段指出，「香港與內地整體經濟的合作，前景樂觀。尤其是加強與鄰近省市的經濟合作關係，對香港未來的發展極其重要。最近，特區政府與內地有關部門，就香港與廣東省兩地的跨界建設項目，在過去的基礎上，重新設立了『香港與內地大型基建協調委員會』，具體就西部通道、珠海伶仃洋大橋、銅鼓航道、新機場與珠江三角洲空中管制協調，以及落馬洲、皇崗旅客過境通道等項目，作深入研究。為了加快香港與廣東省地區的區域性全面合作，特區政府，將會聯同中央有關部門，和廣東省政府成立較高層次的組織，就涉及港粵兩地的交通基建、環境治理、副食品供應、城市用水、社會福利、企業投資、包括邊境人、車、貨如何更加快捷過關等重大項目，進行研究和協調，推動香港與內地鄰近地區的合作走上‧個新的境界。」[2]

從董建華的第一份施政報告，我們知道他看重粵港合作，其重要性關係到香港未來的發展：

一、確立粵港合作的方向：立足在經濟合作，推向「區域性全面合作」，目標是把合作推到「一個新的境界」；

二、確定粵港合作的範疇：已超出經濟貿易，還有海陸空的交通基建和人流物流、食物環境、體育文化、民生福利等；

三、確實粵港合作的速度：推動兩地合作的速度將比以前「加快」；

四、確保粵港合作的實現：不再局限在民間方式交往，特區政府將更積極地鼓勵和推動粵港合作；由一個特區政府、中央有關部門和廣東省政府的較高層次的組織推動合作。同時還重新設立香港與內地大型基建協調委員會，深入研究香港與廣東省兩地的跨界建設項目。

在中央政府的大力支持下，國務院港澳辦公室和廣東省政府的全力配合下，由特區政府政務司司長和廣東省政府副省長等高層人員組成的粵港合作聯席會議正式在 1998 年 3 月 30 日成立，

並召開第一次會議，至 2016 年 9 月 14 日，一共召開了 19 次會議和 21 次工作會議 [3]。粵港合作聯席會議持續和順利在三位行政長官任內召開，各專責小組不斷落實合作項目，彰顯了粵港合作具有強大的生命力，對促進彼此共贏，起着積極正面的作用。

1998 年，董建華在其施政報告中進一步表示香港必須充分發揮「一國兩制」所賦予香港的優越條件和特殊地位，「把握機遇，進一步擴大我們在內地的經營領域，加強香港與內地在各方面的經濟合作，例如金融、貿易、交通運輸、通訊、能源、創新科技、重要原材料、旅遊，以及農業綜合開發等等。」[4] 透過政府積極推動香港和內地合作，使香港工商界有更大的發展空間，市民有更多就業機會，整個香港更興旺繁榮。

在 1999 年的施政報告中，董建華再表示香港發展方向的最大優勢是與祖國內地的經濟聯繫，香港服務業的機遇也來自內地。「支持香港朝着世界級都會方向發展的最大優勢，莫過於我們與祖國內地的經濟聯繫。國家經濟蓬勃發展，改革深化，為我們帶來新機會。繼八十年代香港製造業進入內地之後，香港的服務業亦開始以各種形式進入內地經濟體系，創造新的雙贏局面。」[5] 若想實現董先生所思考的 —— 讓服務業進入內地經濟體系，必然要有一個「新設計」。

中國加入 WTO　香港的新機遇

眾所皆知，美國是中國申請加入世界貿易組織（下稱 WTO）的最大障礙。1998 年 6 月 25 日，時任美國總統克林頓首次訪華，有着重要的象徵意義，向國際社會發出了一個重要信息，中美已結束了政治和經濟的對抗，美國開始尋找與中國進行較廣泛的合作，尤其是經貿領域的合作。1999 年 4 月，應克林頓的邀請，時任國務院總理朱鎔基對美國進行訪問，中美雙方達成協議 —— 共同加快中國加入 WTO 談判。1999 年 11 月 15 日，中美最終達成《中美關於中國加入世界貿易組織雙邊協議》。中國掃除了加入 WTO 路上最大的障礙。2001 年 11 月 10 日，在卡塔爾多哈舉行的 WTO 第四次部長級會議上，通過中國加入 WTO 的申請，標誌中國正式「入世」。由「復關」至「入世」，中國花了 15 年。

正因為中國在 1998 年和 1999 年申請加入 WTO 與美國商討取得重要的進展，董建華在他的 1999 年、2000 年、2001 年和 2003

年的施政報告中，連續四年提及國家加入 WTO 所帶來的機遇。換句話說，當時特區政府已有意推動香港把握國家加入 WTO，為香港和內地經濟合作帶來新的發展契機。

在 1999 年的施政報告第 47 段，行政長官董建華特別強調，要為中國加入世界貿易組織（WTO）作好準備。「為了支持這方面的長遠發展，財政司司長主持的一個跨部門小組，就我國加入『世貿』一事與中央有關部門和專家溝通，了解未來開放市場的具體安排和進程，並與本港工商、專業團體保持接觸，讓業界及時了解內地擴大開放的政策、步伐和範疇，更準確地評估市場，把握商機。另外，國務院對外貿易經濟合作部與特區工商局已同意設立『內地與香港特別行政區商貿聯繫委員會』，加強經貿事宜的溝通。」[6]

2000 年的施政報告中，提出加強基建配合，因為國家加入 WTO，配合粵港合作的長遠發展需要。「國家加入『世貿』，為港粵合作發展區域經濟增添強大的動力。為了推動穗港澳深珠之間的經濟協作，必須配合加強基建設施，方便各種經濟要素的交流。長遠來說，我們要從前瞻的角度，與內地一起規劃跨境設施的長遠發展。」

中國加入 WTO 必將帶動國家的整體貿易和投資，香港既是世界貿易組的成員之一，也是中國的一個特區，如何發揮和掌握這巨大的商機？董建華領導的特區政府決心採取更積極進取的態度，推動粵港合作進入新階段。2001 年的施政報告，「現在國家『入世』在即，粵港合作可進入新階段。特區政府決心以積極進取的態度，推動香港與珠江三角洲的經濟合作，達致互惠互利的『雙贏』局面。這是我們鞏固和加強香港作為國際金融貿易中心、運輸和物流的樞紐和重要旅遊城市的一個關鍵部署。」

一如期望，中國加入 WTO 後，國家的總貿易額和引資額都大幅度增加，進出口貿易強勁增長，總貿易額已經達到 6,200 億美元，躍升至世界第五位；外商直接投資超過 500 億美元，位居世界第一。因此，董建華在 2003 年的施政報告上說：「再過四年，內地經貿將與世界全面接軌，對香港來說，必須把握這段時間，把傳統的中介角色，盡快提升為連接國內和國外兩個市場的主要樞紐，服務國家的經濟發展和對外開放戰略，同時強化香港作為中國金融和商貿中心的地位。」[7]

CEPA 簽訂　應運而生

自回歸始，香港就已經認識到自己的定位缺陷，更積極主動與廣東省和內地融合，香港的未來發展就在於真正與廣東省以及內地融合後，才有可能在國家的蓬勃發展的大潮流下，保持活力，繼續為國家經濟起着火車頭的作用，帶領中國走向世界。CEPA 就是在香港回歸祖國後，其歷史定位出現改變，在全球經濟一體化這樣的背景下，應運而生，香港和內地經貿關係深入發展的必然結果。

《基本法》第 151 條訂明，「香港特別行政區可在經濟、貿易、金融、航運、通訊、旅遊、文化、體育等領域以『中國香港』的名義，單獨地同世界各國、各地區及有關國際組織保持和發展關係，簽訂和履行有關協議。」香港是世界貿易組織成員之一。香港特區作為單獨關稅地區，在處理對外貿易關係方面，擁有充分自主權。CEPA 在一國之內不同關稅區之間達成的協議，實質上屬於區域貿易協定的一種特殊形式。一般兩個單獨關稅區簽訂的貿易協定是在國家間簽署的。因此，CEPA 是在「一國兩制」下，內地與香港和澳門（單獨關稅地區）的經貿合作與交流的新範式，可以充分發揮彼此的優勢。CEPA 進一步明確了香港的經濟定位和香港未來發展腹地問題，避免香港出現邊緣化危機的可能。

CEPA 涵蓋三大領域

CEPA 涵蓋了貨物貿易、服務貿易及投資服務便利化三大領域 [8]。

貨物貿易

在 CEPA 下，內地同意自 2006 年 1 月 1 日起，除內地有關法規、規章禁止進口和履行國際公約而禁止進口的貨物外，對原產香港的進口貨物全面實施零關稅。香港出口往內地及在 CEPA 下申請零關稅的貨物，必須符合 CEPA 的原產地規則。如要在 CEPA 下享有零關稅，出口往內地的貨物必須附有工業貿易署或其中一個政府認可簽發來源證機構（香港總商會、香港工業總會、香港

中華廠商聯合會、香港中華總商會及香港印度商會）所簽發適用於 CEPA 下的原產地證書。零關税進口貨物須由本地製造商提出申請並符合雙方磋商確定的原產地標準。到現時為止，香港與內地已就超過 1,800 項貨物制定 CEPA 原產地規則。截至 2017 年 1 月 31 日，按貨品類別劃分，獲批准的原產地證書累積數目 147,026 個。目前仍未有原產地規則的貨物，雙方同意自 2006 年起每年兩次，按業界提出的申請共同商定其原產地規則。

服務貿易

CEPA 的實施，將給予香港服務業在大部分服務領域以優惠待遇進入內地市場三項主要的模式：進入門檻較低、進入時間較早、進入模式的選擇較寬，因而將使香港服務業相對於其他外資企業在大陸市場的競爭力相對提高。CEPA 開放措施讓香港服務提供者以優惠條件進入內地市場。優惠的形式包括允許獨資經營、減少持股限制、降低股本的要求、降低地域及服務範圍限制等。

香港的「自然人」（個人）和「法人」（公司），只要符合 CEPA 訂立的「香港服務提供者」定義，均可享有內地所給予的優惠待遇。香港服務提供者如要以自然人（個人）身份取得 CEPA 待遇，則毋須申請《香港服務提供者證明書》。法人香港服務提供者，須先向工業貿易署申請取得《香港服務提供者證明書》，然後向內地有關當局申請以 CEPA 待遇在內地提供服務。截至 2017 年 1 月 31 日，獲簽名《香港服務提供者證明書》的累積數目有 3,100 個。

貿易投資便利化

至 2017 年 1 月 31 日，雙方同意在以下十個範疇加強合作：

範疇	加強合作領域
通關便利化	建立雙方海關信息通報制度，探討數據聯網、發展口岸電子清關的可行性，通過技術手段加強雙方對通關風險的管理，提高通關效率。
商品檢驗檢疫、食品安全、質量標準	加強雙方在機電產品及動植物檢驗檢疫和食品安全、衛生檢疫監管、產品認證認可及標準化管理等方面的合作，開展消費品安全領域的合作，並積極推動香港檢測實驗室與內地有關認證機構開展合作，以成為認證檢測國際多邊互認體系所接受的檢測實驗室。
中小企業合作	加強雙方中小企業的信息交流，組織雙方中小企業交流與考察，共同探討支持中小企業發展的策略和扶持政策。
產業合作	兩地根據優勢互補的原則，加強雙方在中醫藥產業、會展產業、文化產業、環保產業和創新科技產業的合作與交流。
電子商務	加強雙方在電子商務規則、標準、法規的研究和制定，企業運用、推廣、培訓等方面的合作；加強電子政務合作。
貿易投資促進	加強雙方在貿易、投資方面的相互促進，及共同開拓國際商品、工程市場方面的合作。
法律法規透明度	加強雙方合作，提高法律法規透明度，努力為兩地工商企業提供資訊，為促進兩地經貿交流奠定基礎。
知識產權保護	加強雙方在知識產權保護領域的合作，就兩地知識產權保護的信息進行交流與溝通，以推動兩地經濟發展和促進兩地經貿交流與合作。
品牌合作	透過建立工作組、品牌保護的信息交流及品牌的推廣和促進，加強雙方在品牌領域的合作，以推動兩地經濟發展和促進兩地經貿交流。
教育合作	加強雙方在教育領域的交流與溝通、信息交流、培訓考察的合作，以及支持兩地有關在內地培養本科或以上高層次人才的合作。

資料來源：工業貿易署《內地與香港關於建立更緊密經貿關係的安排》。

香港有很多的論述 CEPA 所包括的上述三大領域為香港帶來的種種好處，如全面利好「香港製造」；各行各業市場得到開拓，有助業界升級；為香港產業轉型提供動力等，在此也不多重覆。回顧 CEPA 實施至今的有形效益，是低於預期。可是，其無形的作用卻是被忽視。CEPA 最大的貢獻是在香港經濟下滑，人心惶惶時，為香港注入強心針，讓港人感到信心，看到有復蘇在望的前景。

隨着 CEPA 補充協議的不斷簽訂，雖然港人觀注 CEPA 已大幅度降低，但每次的報導都在傳遞一種國家支持香港的訊號，這就是港人對香港經貿發展有着無形的信心重要來源。

CEPA 是互惠互利的安排

從 CEPA 涵蓋的貨物貿易、服務貿易及投資服務便利化三大領域，CEPA 容許香港商家和企業可以優先於 WTO 其他成員國或地區的企業，先進入內地市場，優惠待遇和零關稅，讓港商可捷足先登取得先機，也為內地發展發揮以下的積極作用：一、協助內地建一套與國際接軌的遊戲規則；二、發揮「引進來」，外資進駐香港，可按 CEPA 規定，以港商的身份進入內地；三、內地的產品和服務透過香港「走出去」；四、內地可以利用 CEPA 讓港商進入內地，為內地服務業預演在加入 WTO 後，與其他外來貿易和服務的競爭。CEPA 在短期的收益雖然未達預期，但是其所不斷提高香港與內地的貿易和投資便利的程度，長遠有助兩地經濟互動。

一方面，香港的體制有利於和國際制度接軌，這也是我們常說的香港優勢，是國家所需的；另一方面，從國家的發展層面來看，推動國家的持續改革開放和經濟建設需要減少了內地與香港在經貿交流中的體制性障礙，加速內地與香港經濟交流合作的水平，促進相互間資本、貨物、人員等要素的更便利流動，進一步深化香港與廣東省等地的經濟互補和整合，增加各自居民的就業空間。CEPA 締造香港與內地的雙贏，尤其是粵港兩地，加強粵港經濟合作融合。

香港與內地經貿交流存在體制和制度上的障礙，不可能在短時間內消除或化解，有的問題或誤解在雙方的接觸時才會顯示出

來，也才能夠找到解決方法。只要有摩合機會，就能不斷消除體制和制度上的障礙。CEPA 是一個建設性的平台，創造了一個極為重要的溝通和對話渠道，讓香港政府和內地政府，還有兩地商界的聲音可以加強溝通，增進了解，化解誤解，共商發展，提高國家的國際競爭力。

2001 年成立城市智庫，擔任城市智庫召集人，相信智庫是香港政治發展的未來，「治港人才，來自智庫」，推動香港的智囊組織發展。

注釋

1 香港特別行政區政府：《一九九七施政報告》（香港，1997 年）摘自 http://www.policyaddress.gov.hk/pa97/chinese/cpaindex.htm。

2 同上注。

3 粵港合作聯席會議及相關內容，參見香港政制及內地事務局，http://www.cmab.gov.hk/tc/issues/regional_cooperation_1.htm。

4 香港特別行政區政府：《一九九八施政報告》（香港，1998 年），摘自 http://www.policyaddress.gov.hk/pa98/chinese/indexc.htm。

5 香港特別行政區政府：《一九九九施政報告》（香港，1999 年），摘自 http://www.policyaddress.gov.hk/pa99/。

6 同上注。

7 香港特別行政區政府：《二零零三施政報告》（香港，2003 年），摘自 http://www.policyaddress.gov.hk/pa03/。

8 工業貿易署：《內地與香港關於建立更緊密經貿關係的安排》（香港：2012），摘自 https://www.tid.gov.hk/tc_chi/cepa/index.html。

第十一章

自由貿易試驗區
粵港合作的 3.0 版

陸劍寶
中山大學粵港澳發展研究院研究員

隨着梁振英提前宣佈不參加下一屆特首選舉所引發的「五味雜陳」，幾位媒體上宣傳的有意向角逐新一任特首人選的施政綱領也將陸續出爐。看來，該是香港把政治內耗的關注目光轉移到經濟發展和民生議題上的時候了。本文基於經濟、政治和社會的綜合視角，探討香港與廣東合作關係的歷史演變，為香港在新時代從內地經濟騰飛中尋找更多的經濟發展資源提供一些思路。

粵港合作演進的三個階段

廣東與香港的關係密切程度用甚麼詞來形容都不為過。從地理鄰近性看，廣東是香港與內地唯一陸地相連的地區；從社會關聯性看，大部分香港人祖籍廣東或出生於廣東；從文化相近性看，香港和廣東大部分地區公用粵語方言；從經貿合作性看，香港和廣東互為最大的投資地。改革開放前，香港與廣東的聯繫主要為民間的人情往來；改革開放後，香港與廣東的聯繫則呈現出多元化、全方位、深層次的合作態勢。

基於「三來一補」的「前店後廠」——
粵港合作 1.0 版（1978 至今）

香港與廣東經貿合作，最廣為人知的是從 1978 年中國內地改革開放開始，香港以「代工」和「直接投資」的方式，把製衣、鐘錶珠寶、傢俱等多個傳統製造業的製造加工組裝環節轉移到廣東，繼而形成了香港 — 廣東產業合作的「前店後廠」模式，也即是把品牌行銷、研發設計的高端服務環節留在香港，製造加工組裝環節放在廣東。

通過產業鏈分工，廣東地區和香港達到雙贏的局面。基於當時兩地的經濟發展階段性差距令廣東的製造業大省和香港服務業大都市的地位得以形成。得益於香港對廣東製造業的直接投資，一方面，廣東農民紛紛洗腳上田，進城務工，通過「幹中學」，湧現一大批中國第一代民營企業家，並衍生出多個知名製造業品牌。通過製造業環節的分割，廣東製造業基地越來越厚實，產業集群優勢明顯。另一方面，大量農民工的需求引發了「孔雀東南飛」的中國勞動力的大遷徙現象，廣東一舉，從「南蠻之地」轉

變成「東南西北中，發財到廣東」的外來務工人員最多的省份。外來文化的多元性與嶺南文化的包容性在長期「因務工而相遇」的環境下相互摩擦、協同、糅合。得益於廣東對香港的製造環節的承接，一方面，香港成功擺脫了製造業用地「捉襟見肘」的制約。通過「騰籠換鳥」，大力發展金融證券、轉口貿易物流、批發零售、專業服務等附加值高的服務業，使得香港經濟也在 1980 至 1990 年代達到最高的發展增速，香港服務業國際大都會的地位得以樹立。另一方面，香港出現大量企業家頻繁往來粵港兩地現象，除了帶動廣東房地產和消費性服務業的發展外，亦衍生出一些社會負面問題。

這個階段，港粵兩地合作主要是基於製造業的產業鏈分工合作，香港作為「發包商」和「品牌商」，在價值鏈中佔支配地位；廣東作為「代工商」，在價值鏈中處於從屬地位。隨着廣東製造業企業家的經驗積累後另起爐灶，香港在廣東投資的製造業份額儘管有所下滑，但依然保持廣東外來投資的第一位。

基於 CEPA 的「前點後網」——
粵港合作 2.0 版（2003 至今）

鑒於亞洲金融危機和沙士病毒對港經濟的衝擊，中央政府在 2003 年適時推出 CEPA，在監管和限制較多的服務業領域向港澳地區廣開綠燈，進一步釋放了香港的服務業優勢。2010 年 CEPA 的 2.0 版本推出，在 1.0 版本上繼續擴大香港對內地服務業投資的範圍和降低香港對內地服務業的門檻。

粵港地區基於製造業分工合作形成的「前店後廠」模式，在國家經濟環境和中國市場環境演變背景下的重要性逐漸下降，以服務經濟為特徵的產業合作發展越來越迅猛。香港對廣東通過以服務外包、服務貿易、服務轉移等方式進行服務輸出，而廣東則借助龐大的中國市場需求腹地，通過服務承接、服務購買、服務基地等方式成為香港與內地市場對接的「中間人」。在中國內地「互聯網」的發展基礎上，香港與廣東在 21 世紀又形成了基於服務業的「前點後網」合作模式。

相對於基於產業鏈分工的製造業合作主從關係，港粵兩地的服務業合作更多是基於兩地差異化優勢的互補關係。香港具有國

際化的、先進完善的服務運作體系和從業經驗；廣東則具有不斷增長的、規模龐大的服務業務需求和服務人才供給。服務業的深度合作有利於進一步優化港粵兩地各自的產業結構，創新經濟發展模式。

基於「自貿試驗區」的「制度合作」──
粵港合作 3.0 版（2015 至今）

2015 年 4 月，廣東自由貿易試驗區掛牌成立，廣東自貿試驗區由深圳前海片區、珠海橫琴片區、廣州南沙片區組成。這對香港來說，無疑是繼 CEPA 後的又一利好。特別是深圳前海片區與「深港服務業合作是分區」的雙層疊加，成立初衷就是深化深圳和香港的服務業合作，對於新界的香港新生代來說，到港島和前海的距離已經毫無差異。空間距離不再是阻礙粵港深度合作的鴻溝。自貿試驗區則成為打破兩地「制度壁壘」的重要利器。

與粵港合作的製造業 1.0 版、服務業 2.0 版相比，基於廣東自由貿易試驗區的粵港合作 3.0 版重點在制度合作上有所突破和創新，粵港兩地合作已經不僅限於經濟合作，而是上升到制度合作的層面。廣東自貿試驗區除了在三大片區均設立了粵港澳青年創新創業基地外，亦在金融放開、投資管理、通關、認證、檢驗檢測、稅收等多領域面向港澳進行了制度創新測試。也即是說，港人在廣東自貿試驗區投資、創新創業將獲得前所未有的「政策利好」和「制度利好」。港投資人和大專畢業生可以依託香港的自由港優勢和專業服務優勢，到前海、南沙和橫琴尋找更廣闊的投資創業空間。其中，深圳大疆無人機就是一個很好的粵港合作案例。畢業於香港科技大學的學生團隊在科大老師的協助下，利用香港自由港的國際化、便利化、市場化的優質營商環境優勢把總部設在香港，利用廣東完整的機械製造產業鏈優勢在深圳製造無人機。這種高新科技發展模式亦可以成為未來香港創新和科技局的着力點。

基於「前店後廠」模式的製造業合作，體現了港粵兩地 20 世紀 70 至 90 年代工業經濟發展的主從關係；基於「前點後網」模式的服務業合作，體現了港粵兩地 21 世紀 00 至 10 年代服務經濟發展的互補關係；而基於「自貿試驗區」模式的制度合作，則體現了港粵兩地在當今開放性經濟建設浪潮下的協同關係。

自由貿易試驗區於粵港合作的戰略意義

傳統的「積極不干預」政策被認為是香港的成功之道。當市場可以發揮優勢的時候，政府不應干預，只需提供公平競爭的環境。但當市場失靈，未能發揮功能的時候，政府就一定要有所作為。面對全球地區競爭的加劇和本土民主思潮的湧動，香港「既有內憂，又有外患」、「既患寡，又患不均」。除了通過收入再分配保障香港民生外，在協助尋找經濟增長點方面，新一屆港府施政綱領亦應積極主動。其實，港府可以從「立足本港、聯結內地、面向世界」三大支點入手。一是繼續優化營商環境，提升本港服務業國際競爭力；二是通過與中國自由貿易試驗區的聯動，特別是一關之隔的廣東自由貿易試驗區，拓展香港服務業在內地的市場空間；三是依託中央政府「一帶一路」戰略願景，擴張香港服務業的世界版圖。相較於「一帶一路」戰略的政府重視程度，自由貿易試驗區卻沒有受到較多的關注和投入。筆者認為，在開源方面，廣東自由貿易試驗區應成為除了「一帶一路」戰略外香港政府施政的新抓手。而且，自由貿易試驗區必定能為香港帶來制度層面、經濟層面和社會層面的直接與積極影響。

自貿試驗區應成為港粵深度合作的制度探索

粵港合作從來就是香港與內地連接的重要管道。基於「前店後廠」的粵港製造業自發式合作時代已經過去，服務業成為香港產業結構優化的重要抓手。基於「前店後網」的粵港服務業合作和服務貿易自由化推進正成為香港第二輪經濟轉型的重要特徵。自 1998 年開始，粵港合作從產業互補進入了制度推進階段。從 1998 年粵港合作聯席會議到 2003 年 CEPA 的出台，到 2010 年粵港合作框架協議的簽訂，到 2015 年廣東自由貿易試驗區的設立，一系列的制度框架的建構可以看出兩地政府對合作所達成的共識。

相較於聯席會議、CEPA 和框架協定等制度抓手，廣東自由貿易試驗區更為具象化。中央政府對廣東自由貿易試驗區其中最重要，也是區別於其他自由貿易試驗區的戰略定位就是：「依託港澳、服務內地、面向世界，將自由貿易試驗區建設成為粵港澳深度合作示範區」。廣東自由貿易試驗區在 CEPA 兩版的基礎上，進一步向香港地區放鬆服務業管制，力促粵港服務貿易自由化。在金融放開、投資管理、貿易便利化和政府職能轉變等領域進行

多維度深層次的制度創新，以對標香港的國際化、便利化和法治化營商環境。廣東自由貿易試驗區作為特定的區域，進行特定的制度創新試驗，旨在為粵港服務業合作清除「最後一公里」的制度障礙。深圳前海片區的「前海深港青年夢工場」、「深港通」的開通、「專業資格互認」等制度安排，均有助於香港專業服務在內地發揮。

自貿試驗區應成為「一帶一路」外的經濟新抓手

對於「一帶一路」戰略願景，中央政府方面，2016 年 5 月人大委員張德江到港參加「『一帶一路』高峰論壇」並發表重要講話，充分體現了中央政府對香港在「一帶一路」建設中所具備的區位、先發、服務業專業化和人文等四個獨特優勢的肯定。香港政府方面，認知上，一眾高層均達成了香港作為「一帶一路」建設中的「超級連絡人」共識，多名港府官員在多場合發表「一帶一路」的主題講話。具體操作上，則包括粵港「一帶一路合作協定」的推進、「一帶一路」資訊網站（www.beltandroad.hk）的上線、「一帶一路」的大型戶外廣告宣傳投入等。有學者和評論員憂慮「一帶一路」對香港積極影響的間接性和長期性，並認為「超級連絡人」的角色定位是提高香港在「一帶一路」中的重要程度。

與「一帶一路」戰略願景的熱度不同，中國自由貿易試驗區卻沒有得到港府和港媒足夠的關注。統計 2015 至 2016 年香港主流報刊的報導可見一斑。標題含「一帶一路」的資訊達 3,253 條，對比之，標題含「自由貿易試驗區」的報導只有一條。其實，相較於「一帶一路」的戰略願景，自由貿易試驗區因為其特定的區域性而更加具象化、對香港經濟、社會和民生的積極影響更為直接，基於自由貿易試驗區的粵港合作成果比「一帶一路」更為立竿見影。因此，香港可以以「一帶一路」為平台主打國內市場。自由貿易試驗區應成為港府經濟政策的另一重要抓手。港府可以在廣東自貿試驗區中的粵港合作園區、港青年教育與創業、基建投資與運營、航運物流、融資租賃、離岸貿易、法律會計、文化創意、資訊科技服務、健康治療、智慧財產權和環境保護等領域為香港企業和個人帶路和保駕護航。

自貿試驗區應成為緩解香港青年怒氣的中藥

　　根據港府統計處公佈的各項指標，香港目前貧困人口達 131
萬人左右，佔總人口的 18% 左右。這些人較難享受到港府的房屋
政策福利，無法租住公屋或申請到居屋，也無法通過個人收入買
房。即使是受過一定程度教育甚至高等教育的青年來説，就業也
十分嚴峻。新論壇及新青年論壇的《香港各世代大學生收入比較
研究報告》錄得 20 年來 20 至 24 歲的大專學歷上班族收入中位數
不升反降，1995 年月薪中位數為 12,141 港元，2015 年為 10,934 港
元 [1]。港府工作報告的 49 萬套公屋的計劃，受各方阻力，遲遲難
以推進。橫洲 1.7 萬套的公屋建設專案在剛開始就好事多磨。房
屋和生活支出高企，而收入下降，上流機會減少，使得本港青年
開始參與政治活動發洩極端主義情緒。佔中、旺角暴亂、「拉布」
等社會思潮把香港青年席捲其中。「有根的怨氣」和「無根的怨氣」
交織，香港青少年逐漸被政治化。

　　單靠政府公屋供應或短期內通過改善本港經濟提升青年工
資收入難度很大。因此，緩解香港青少年怨氣的藥方不能採用西
藥，只能採用中藥，長期服用，方有療效。而廣東的自由貿易試
驗區則有望成為改變香港青少年經濟命運的中藥。首先，廣東自
由貿易試驗區的建設定位為服務業，如航運物流、特色金融、國
際商貿、現代物流、科技資訊服務、休閒旅遊、文化創意等行
業，為香港青少年提供豐富的就業機會，特別是香港青少年擅長
的專業服務。其次，廣東自貿試驗區的粵港青年創業孵化平台，
如深圳前海片區的「前海深港青年夢工場」、廣州南沙片區的「粵
港澳（國際）青年創新工場」，為港青年提供良好的創新創業環
境，有助於創業成功。再者，隨着港珠澳大橋的開通，港人陸路
直通橫琴片區，而南沙港客運碼頭到港澳運碼頭的渡船早已開
通。深圳前海片區與香港新界屯門元朗等青年居住較集中的地方
相連，通關便利。可見，空間距離已不是阻礙港青年「北拓」的
鴻溝。最後，面對香港的高房價高消費等瓶頸制約，廣東自貿
試驗區三大片區及其周邊的置業成本便宜，如南沙片區房價為
10,000 元平方米出頭，而且土地儲備量相當大，若港青年在自貿
試驗區取得成功，獲得的回報較香港為多。

廣東自由貿易試驗區對香港的溢出作用

香港作為中國的全球城市，除國際化水平非常高之外，最大的特點就是和廣東自 1978 年以來幾十年循序漸進的全方位、多元化、多層次合作。無疑，2015 年作為第二批試點的廣東自由貿易試驗區建設對香港的外溢效應顯得特別有意義。這亦是國家對廣東自貿試驗區制度創新定位的一個重要要求：深化粵港澳深度合作示範區。一方面，廣東自貿試驗區通過制度創新探索，對周邊珠三角地區、泛珠三角地區甚至全國起着「可複製，可推廣」的經驗先行者作用。另一方面，以深圳前海片區、廣州南沙片區和珠海橫琴片區作為物理平台，探索在「一國兩制」背景下廣東和香港的合作深化和創新模式。

對香港而言，廣東自貿試驗區制度創新的外溢效應主要體現在三個方面：一是，香港借助廣東作為進入內地市場的腹地事先了從貨物加工貿易到服務貿易的轉變。二是，廣東自貿試驗區的貿易自由化、投資管理、金融放開、政府職能轉變四大領域的改革都為香港首開綠燈和制定專門政策。三是，廣東自貿試驗區中的粵港澳合作園區和青年創新創業基地直接為香港提供服務業擴散和轉移的「飛地」。事實上，如果香港能和廣東自貿試驗區以服務貿易自由化為切入點，深化人流、物流、服務流、資訊流和資金流的互通，一方面能進一步擴展香港服務業的國際業務，增強產業經濟力，帶動整體經濟發展；另一方面還能探索出一條「一國兩制」的制度框架下跨區域合作的創新模式。既然廣東自貿試驗區制度創新的外溢效應是明顯的，那麼香港應充分利用這種外溢效應。

基於自貿試驗區的粵港合作路徑

「粵港澳合作園區」和「青年創新創業場所」是香港與廣東自貿試驗區對接的重要載體

廣東自貿試驗區前海片區與香港交通距離最短，而且產業定位和香港相關並且有級差。前海片區成立短短一年，對香港最大的外溢效應莫過於帶動融資租賃業的飛速發展。香港的第一優勢

產業 —— 金融業在前海尋找到合適的發展空間和業務範圍。在前海註冊的港資企業中，大部分為融資租賃公司。在香港科創產業謀求突破的背景下，深圳作為中國科創企業最為集中、科技創新氛圍最為濃厚的地方，為香港提供了可合作的機會。在香港科研院校產生的科研成果可以在鄰近的深圳進行科技成果轉化並利用珠三角完善的製造體系進行生產。前海深港青年夢工場定位則清晰明確，為香港青年提供了創業的各種便利。廣東自貿試驗區南沙片區正在籌劃粵港澳合作園，為香港服務業和服務人才全面進入自貿試驗區提供了空間。園區除了引入香港特色服務業外，還將嘗試採用香港式的社會管理模式。以南沙港為核心的廣州國際航運中心建設除了在港口、碼頭和航道工程上和香港有廣泛的合作可能性外，還需大量引進香港的航運物流要素和資源，如航運人才、航運金融、船舶管理制度、燃料油品交易市場、航運價格指數等專業服務需求。以霍英東研究院為孵化平台，則可以為香港科技型人才提供創新的成果轉化空間。隨着港珠澳大橋工程的推進，香港和橫琴片區的合作也有較大機會，特別是香港的文化創意產業和旅遊業兩大優勢產業，是橫琴片區的重點發展產業，兩地可望在文化旅遊專案投資合作和專案管理上有進一步發展。

「西有前海，東有河套」半小時深港工作生活圈

從屯門區和元朗區到前海的時間甚至比到港島區更短。而香港新界西北區是香港青年趨向聚集的地方。因此，可以利用前海片區和港深河套地區的外溢效應，與港西北形成一個工作在前海 —— 生活在屯元（屯門和元朗）、工作在河套 —— 生活在深圳的香港青年上流模式。相似的跨行政區合作也有先例，如墨西哥北部，其能成為墨西哥最繁榮的區域之一，最重要的原因就是其與美國相連接，承接了美國大量的產業和人才轉移。試想，美國和墨西哥作為兩個不同的國家，也可以突破國別、行政、法律等差異而探索出一套跨區域的經濟合作模式，那麼對於「同一國家、文化相近、語言相通、地理相連」的深圳和香港在制度創新上應有更大的突破和總結。兩地可以在通關便利化、人才互認、標準互認、社會治理等方面有更無縫的對接。

結語

內地目前三批合共 11 個自貿試驗區，為香港深化與內地合作奠定了制度基礎和物理空間，特別是廣東自貿試驗區成立的其中一個重要定位，就是深化粵港澳合作。有專業人士甚至認為這是 CEPA 的升級版和破冰試驗。較過往的園區優惠政策不一樣，自貿試驗區的核心是制度創新，其重點在金融放開，投資管理、貿易便利化和政府職能轉變等領域有所突破。這些都是對以往一些阻礙兩地自由流動的因素的消除。而對於整體經濟放緩、產業空間發展受限、社會思潮湧動中的香港，廣東自貿試驗區無疑為其提供多個可重點深挖的合作議題空間。

注釋

1 新論壇、新青年論壇：《香港各世代大學生收入比較研究報告》（香港，2015）。

第十二章

粵港澳「金融灣區」生態圈

陳鳳翔

香港城市大學工商管理碩士課程協理主任

七月回歸，乍碰泰幣狙擊；十載耕耘，慘溺雷曼濤激。

廿暑循環，怎躲美匯升息；世紀倡議，樂創粵港奇跡。

筆者於 80 年代初投身於銀行的外匯操盤業務，這個行業相對冷門，發展則一日千里。雖然辛苦，但機遇也多。回歸前兩年，筆者幸運地當上了這個被譽為最神秘部門的主管，站在財資業務的最前方，目睹環球金融市場的數個大浪。

曾撰文，記於《香港精英嘉言 —— 回歸十年共說現在未來》結集冊內 [1]，題為〈回歸十載‧財資業務變化萬千〉，內容四大部分描述「回歸歡欣‧金融風暴來臨」、「利率飆升‧一役難忘畢生」、「通縮年代‧投資幻變精彩」、「中國興盛‧香港持續繁榮」，從標題可感受香港回歸後首個十年的重要變化。

本文除了回顧這些年頭的重要事件，也希望帶出未來的機遇與構想。藉着環球經濟的新形勢、國家「一帶一路」倡議的長遠目標、以及香港可扮演的角色，提出一些金融發展觀點。

廿載回歸經濟起落轉變

時間飛逝，回歸後轉眼經歷了 20 年，期間經濟反覆多變。

回歸當年，遇上亞洲金融風暴，地區經濟像被山賊洗劫，影響深遠；2003 年，香港發生「沙士」疫潮，經濟陷入谷底；十年過後，美國次按危機在 2007 年被推至高峰，泡沫翌年引爆；當美國停止救市，新興市場資金收縮，新危機或於回歸 20 年後再現。

經濟週期，真的那麼湊巧？十年循環，難道這又重逢？

亞洲風潮與中國角色

1997 年是香港回歸祖國的大日子，亦是亞洲金融風暴襲擊之時。在〈回歸十載〉內的描述：「導火線則是國際狙擊手在背後輕波作浪 …… 外圍金融風暴的震盪，最終蔓延至香港。國際炒家從四方八面夾擊本地各個不同金融領域，對沖基金如按自動櫃員機般，予取予攜，令股市、期指、即期外滙、遠期外滙 …… 幾陷崩潰邊緣 …… 1998 年 10 月 23 日可算是回歸後首年最沉重的一天，

恆指直插 12,000 點，單日跌幅超過 10%，當天港元利息飆升至 300 厘，嚇人的高息，窒息了一切商業活動。」[2]

1. 中央強大支柱擊退國際炒家

狙擊手的彈藥再多，也必須面對香港和中央兩關。中央除了在硬實力有着龐大的外匯儲備外，更擁有令基金經理畏懼的軟實力 —— 誰來衝擊，中國市場便可將其列入永不受歡迎的黑名單。這方面恐怕不是一般公眾能輕易體驗的 —— 有趣的是，這些軟實力不用公開表述，基金經理就會自行評估及受制於這個大市場的發展魅力。

2. 國家雄厚消費挽救香港蕭條

2003 年的「沙士」疫情，香港出現戰後鮮見「死城」般的經濟蕭條 —— 不上街、避市集、無前景、往外逃，經濟一蹶不振。就在絕望之際，國家在回歸月份推出「自由行」措施[3]，內地市民開始往境外消費，令香港經濟回暖。隨着疫情受控，香港擁有大量人民幣，也孕育及扮演了全球首個經營人民幣的境外市場。

3. 北京龐大外匯擔當負責任國

2008 年的金融海嘯，起因源自美國經濟大帝的次級按揭貸款。過度信貸，虛擬資產用作抵押貸款；積極推銷，有毒金融產品轉入全球。泡沫最終在九月份因高評級的雷曼兄弟破產而引爆，累及各國。美國自保採用「量化寬鬆」，惟沒有外匯管制的氾濫資金卻離美轉往新興市場。貨幣以美元為首不斷貶值，僅人民幣力挺獨撐，協助東南亞各地迴避危機。

4. 中國頑強經濟抗衡亞洲危機

2014 年退市停止量寬措施，奇怪的是美國這刻才獲得資金。愈強調緊縮或加息，美國吸資效果愈明顯，東南亞則大量外匯流失。2017 年美國新總統就任，力推高息顯示經濟復蘇。不顧國際困境，只顧大「美國優先」（America First），恐怕加深亞洲各地的

經濟困難。亞洲金融風潮山雨欲來，中國頑強的經濟能否再當白武士？

香港與新興市場抗衡經濟壓力，面對的問題日見複雜。除了來自美國的影響外，環球經濟都患上了怪病。

環球衰退與經濟迷惑

今天的社會呈現一種「經濟新常態」，每次衰退後反彈力度都不足，一次比一次為低（圖 12.1）。

1. 經濟反彈，難越前次高位

美國為例，上世紀末起開始進入經濟新常態。就算 2008 年海嘯後的所謂復蘇，也僅僅是百分之二點多而已。至於日本，在 70 年代前，經濟是雙位數字的增長，其後只剩單位數值。進入本世紀，任何的反彈皆是單位數字的初端。

2. 經濟迷失，降息無助復蘇

新常態的另一景象是經濟迷失，日股在 1989 年沉淪（圖 12.1），日經從近 40,000 點下墜，三度跌破 10,000 點低位，超過三分之一世紀（37 年）都無法重回 20,000 點水平上發展。千禧年前夕，以「零」利率刺激投資和消費，但十多年來經濟依然一潭死水。去年初，破釜沉舟地實施「負」利率政策，市場仍然無動於衷。多年來，採用負利率的國家包括丹麥、歐洲、瑞士、瑞典和日本 [4]，奇怪的是，沒有一個帶來經濟迅速回升的好消息。

3. 經濟深淵，染遍發達國家

金融海嘯期間，由「發達國」組成的「經濟弱勢社群」的「歐豬五國」（愛爾蘭、意大利、西班牙、希臘和葡萄牙），部分甚至淪為破產危機的國家。當年的大不列顛今天也曾被描繪為第六個「歐豬」國家，在經濟水深火熱之際，公投脫歐，英鎊來個世紀

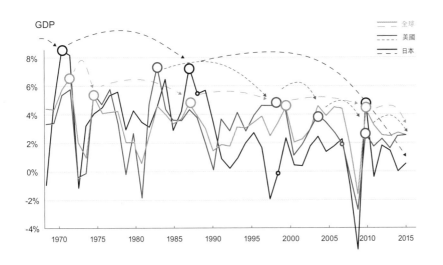

圖 12.1　全球新常態的經濟輾轉低迷

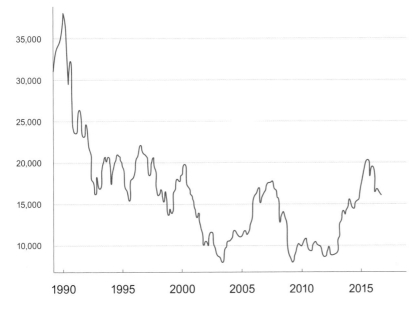

資料來源：世界銀行。

「笨豬跳」。美國經濟長年低沉，總統競選承諾一再求變，結果財
赤急升，經濟未見重大驚喜。

　　人類社會患了甚麼病？經濟學者未見破解學說。點評中的上
述各國都是現代化強國，有自由市場、民主體制，人民擁有高度
話語權。然而，其經濟每況愈下，深陷泥濘，無法自拔。

中國倡議與海絲自強

可以解釋的是，西方經濟基數都不低，資源、資金、人力資本等驅動元素和紅利已耗盡，高位難再大幅攀升。

1. 選票交換，民粹福利左右

深入再看，今天社會失去了經濟學鼻祖亞當‧斯密的《國富論》所指的經濟增長動力：當每個人努力工作、拼命賺錢，國家便會富強。現今西方，賺錢對大多數人來說並非人生目標，活在當下、追尋理想反成社會主流。民主制度下，人民可以用選票交換社會福利，導致不工作也可獲取不錯的生活質素，鼓勵金字塔下的大多數基層可以側重追夢。隨着政府換屆，情況變本加厲，一人一票令西瓜靠大邊，哪管國家財政已病入膏肓。

2. 國際合作，尋求解藥良方

解決經濟困境，推動經濟發展，嘗試矛頭轉外，加強國際合作。2013 年南韓提出與歐洲合作的《歐亞倡議》、2014 年歐盟交通部長宣佈建設「泛歐鐵路」、印度的「香料之路」、蒙古的「草原之路」等。這些想法與中國倡議的「一帶一路」都十分近似，皆針對經濟開出藥方。

向外拓展互相拉動，終是一個突破的思路。「一帶一路」希望透過國際和平合作，跨越地域疆界、時空年代、經濟差異、多元文化的不同維度發揮各自優勢，改善經濟，互利共贏。

3. 地區交往，消費強化經濟

再看東南亞經濟圈，美元的影響在過往都是絕對重要。今天特朗普推行「美國優先」，令東盟休想再依賴這位昔日強國。區內各國需自力更生，拓展地區經濟。中國在 2016 年底補充「加強『一帶一路』軟力量建設」想法，從另一角度加強統籌協調。通過學術、研究、旅遊、體育、宗教、藝術、電影、科技等無盡的形式，加速「民心」的人流交往，實質上等同提升本區的「內部需求」消費，成為經濟發展的一頭馬車。

無論如何，西方世界經濟江河日下，新金融危機就在眼前，尤其對於東南亞來說，中國多年來仍是最「負責任」的政府。中國倡議「一帶一路」，將有利各國淡化西方和美元的影響。而香港身處中國與東南亞的海路絲綢的銜接點之一，可扮演的角色尤為重要。

五年規劃「一帶一路」機遇

　　時間飛逝，回歸後瞬間迎來另一「十年」，期望確切掌控機遇。

　　「一帶一路」倡議在 2014 年提出，2015 年發佈《推動共建絲綢之路經濟帶和 21 世紀海上絲綢之路的願景與行動》（下稱《願景和行動》）的具體構想，2016 年列入「十三五」規劃[5]，「開放」綱要顯示中國需深度融入世界經濟，構建利基共同體，亦於 2017 年的政府工作報告中，繼續成為國家三大戰略之首（即「一帶一路」建設、京津冀協同發展、長江經濟帶發展）。

粵港聯動推海絲經濟體

　　「一帶一路」倡議以中國為發起國（見圖 12.2），伸延左右兩經濟圈，西指歐洲工業大國。當中串聯廣泛內陸及落後地區，便利的互聯互通有助經濟追向歐洲大國。同樣地，指向東南方的經濟圈，涉及地區也以新興國家為主，經濟期望相近。

1. 粵港合作主打東盟經濟

　　至於國家給予各省市在「一帶一路」的任務和機遇，根據《願景與行動》內的「21 世紀海上絲綢之路」顯示，針對海路分別有長三角、珠三角、海峽西岸和環渤海等四組沿海地區（圖 12.3），亦即及後公佈的滬、粵、閩和津等四大「自貿試驗區」定位。對廣東自貿區來說，依託港澳、服務內地、面向世界，建設成為（1）粵港澳合作地、（2）海絲之路樞紐、（3）改革開放地。故此，針對金融業務，香港可配合的發展方向為（1）夥伴廣東自貿區、（2）面向「海絲」東南亞地區、（3）探索創新金融業務機會。

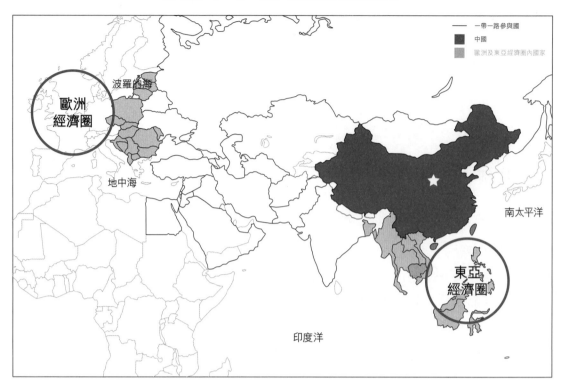

圖 12.2 「一帶一路」倡議帶動跨地域合作

2. 香港樞紐發揮多元角色

香港近代史對東亞各國具有重要的相互影響，尤其娛樂文化（電視劇或登台表演）、移民及通婚、語言（廣東多種方言）、旅遊、教育（大學排名）、人事（家傭和專業人士）、飲食文化等等。正如上節分析，互聯互通的民心交往，便是對經濟增長的貢獻。香港應與廣東聯動，將有助東南亞與中國（10+1）形成一個強大的世界經濟體，繼而減低受西方的影響。

3. 離岸中心強化金融地位

香港是中國目前唯一的真正國際金融中心，國家賦予獨特的地位 ——「全球離岸人民幣業務樞紐」和「國際資產管理中心」。[6]憑藉對東南亞的了解和認識，協助融資和直接讓資金「走出去」。香港投資基建、融通貿易，藉此改慣性、淡美元、建立人民幣作為區內重要貨幣。另一方面，香港借勢鼓勵各國企業「走進來」，駐港及進粵開設金融總部或基地，發展「企業財資中心」（Corporate Treasury Centre, CTC），藉此加強香港金融中心的角色和地位。

圖 12.3　「一帶一路」經濟圈命名為自貿區

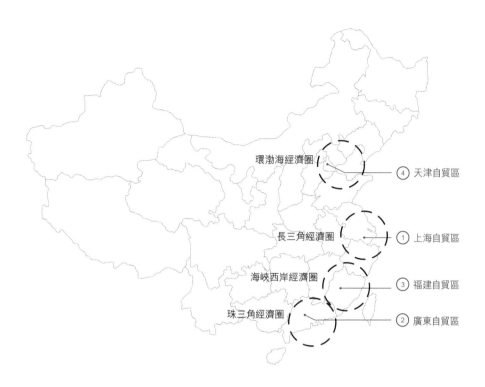

環渤海經濟圈 ──── ④ 天津自貿區

長三角經濟圈 ──── ① 上海自貿區

海峽西岸經濟圈 ──── ③ 福建自貿區

珠三角經濟圈 ──── ② 廣東自貿區

深港創新企業財資中心

「企業財資中心」概念的發揮可從兩方面着手，先是吸引企業進駐，鼓勵國際企業前來開辦地區的金融總部。但粵港兩地吸引的對象將有所不同，香港主打國際，包括海路絲綢的企業、內地在海外的企業，而廣東自貿區則針對未能來港的內地中小微企，成熟後再研究吸納國際企業的可能性。

1.　香港擁有企業財資中心的優點

隨着「一帶一路」的發展，更多企業在人民幣貿易、投融資上對外匯服務有需求，尤其是協助對沖風險的衍生工具（如「期權」或「掉期」）。這正正是香港的優勢，無論證券的交易所（Exchange），或是銀行間財資業務的「場外」市場（Over-the-counter，OTC），香港同負國際盛名。按國際清算銀行（Banking for International Settlements，BIS）統計，香港外匯交易在全球排名第四，長期獲國際認同。因此，香港推動「企業財資中心」是最佳的角色扮演。

2. 自貿區試行另類企業財資中心

內地銀行的批發市場有別於國際，名為「中國外匯交易中心暨全國銀行間同業拆借中心」（China Foreign Exchange Trading System & National Interbank Funding Center, CFETS），實為「交易所」模式，採用中央系統、標準化產品、參與者資格審查等，操作缺乏靈活性、產品相對局限性，難與國際併軌。然而，人民幣加入「特別提款權」（Special Drawing Right, SDR）的評審時，便面對放寬外匯和衍生品交易的要求。故此，借助自貿區的創新條件將有助逐步開拓境內「企業財資中心」服務。在風險可控下作有限度的開放，讓官、商等參與者先行練兵及逐步建立制度。

灣區互補拓金融生態圈

隨着粵港兩地分別部署開拓境內、境外的「企業財資中心」，香港、廣東、以至澳門三地更需分工，各自發揮本身優勢，共同打造一個跨境「金融灣區生態圈」。金融「中心」只有一「點」，爭則兩害，合則兩利。

1. 香港經驗助推內地財資業務

內地初期開拓的「企業財資中心」，需要逐步模仿和採納國際模式。借助地理優勢，香港可分享經驗協助推動、建立及營運，例如制定操作規則、培訓和提供人才、建立營運系統、吸引專業機構、提供多元平盤渠道等（表 12.1）。

值得一提的選址構思中，廣東自貿區除了前海還有蛇口片區可供考慮。它不單只鄰近香港，而且還是唯一已運行的社區，具備立刻可投產的生態圈優點。

2. 生態圈概念超越金融中心點

「粵港澳大灣區」的「企業財資中心」概念，涉及一個中心點以外的各類型配套，以達至最佳土地成本效益和人才優勢，例如：核心生產的中心（即市場），後防支援和創新開發梯隊的工作間（即低成本的二線地區、高新科技區）、企業和國際專業人員聚集後所需的起居飲食場所（即另類設計的社區）、國際人才

表 12.1　香港協助自貿區建財資中心

制定操作規則	配合當地基本法規，按香港及國際標準，如 OTC 業務的國際要求（例如《「國際掉期與衍生品協會」協議》），以至帳務處理的安排等制定規程。此外，行業操守的要求及更新等亦須編制。
培訓提供人才	香港除了供應合適的專業和具經驗的人才外，更可提供兩地培訓和交流，分享操作技術和分析技巧。定期安排持續進修和專業考試。專業人員最少從三方面充實，包括金融機構、企業層面和監管單位。
建立營運系統	按國際及當地操作需要，共同研發營運操作系統、監控系統等。也可利用香港現行的營運系統，直接汲取國際認可模式。
吸引專業機構	香港的金融機構和專業人才涉及不同類型，包括批發經紀、資訊機構、金融學院、系統開發、風險監控等等，隨着商機增加而將於自貿區增設網點或提升規模。
多元平盤渠道	給予客戶交易而產生的持倉，可於受管制的境內 CFETS 交易系統或境外的無型場外市場平盤，以便逐步與國際接軌。

家眷的生活設施（即國際學校、休憩和運動場所、國際商場及醫療設備等等）。由此引申，這便是超出金融中心的生態圈，粵港澳三地的「大灣區」將有大量優勢互補、共容的可持續發展機遇。而最終的生態圈可孕育和發展互相依賴的各行各業，包括金融、非金融業等多方受惠。

3. 深遠影響擴展至東盟與中國

放眼世界，隨着「企業財資中心」的拓展，以及衍生的「粵港澳大灣區生態圈」，實際上形成更強大的團隊協助國家拓展海上絲綢之路。長遠期望，東盟十國與中國（10+1），及東盟與中、日、韓（10+3），以至再加印度、澳洲、紐西蘭組成「區域全面經濟夥伴關係協定」（RECP）（10+6）等更大地區，在經濟和文化的融合下將成為強大的「東亞經濟體」，從而減低美元的影響，避免由美國帶來的新金融風潮。

4. 人民幣逐漸成區內主流貨幣

與此同時，更深層次的意義是此消彼長，美元的淡出，人民幣在區內將更受歡迎。有別歐盟的歐元區模式，各國採用單一滙率，貨幣政策缺乏自主性，成員國脫歐危機逐現。東盟「人民幣區」的貨幣特點，仿似今天的美元地位，各國仍可同時擁有自己的貨幣，只是國際交往同時增加人民幣的認受性，成為區內的主流國際貨幣。

總括而言，回歸另一個十年，隨着國際環境的轉變，香港和東南亞新興市場的經濟繼續反覆，另一個金融風暴日漸靠近。利用「一帶一路」倡議的契機，「十三五」規劃粵港澳大灣區的「金融灣區」發展（圖 12.4）[7]，香港、澳門和廣東九個城市可藉着金融優勢的互補，推動和發展「企業財資中心」，吸引包括東南亞的國際企業進駐，最終達至四大寄望：

促助中國，推外匯國際化。協同深澳，建灣區生態圈。

淡化美歐，締亞洲經濟體。提升東亞，塑東盟人幣區。

注釋

1　香港工商專業協進會編：《香港精英嘉言──回歸十年共說現在未來》（香港：香港工商專業協進會，2007 年），140–144 頁。

2　同上注。

3　《內地與香港關於建立更緊密經貿關係的安排》於 2003 年 6 月 29 日簽定，當中包括在 2003 年 7 月 28 日起推行港澳個人遊（即「自由行」），東莞、佛山、中山及江門率先可申請到港，當年再擴大申請城市包括廣州、深圳、珠海、惠州、上海和北京。

4　各國負利率實施的年份：丹麥（2012）、歐洲（2014）、瑞士（2014）、瑞典（2015）和日本（2016）。

5　「十三五」是指中國的國民經濟發展的第十三個五年規劃，於 2016 年兩會後發佈。五大綱要為：(1)「創新」升級舊產業與研發新產業；(2)「協調」透過統籌資源縮小城鄉差異；(3)「綠色」發展生態文明建設和環保式生產；(4)「開放」引進之外也要走出去並參與國際規則制定權；和 (5)「共享」經濟成果應全民共享縮小差距創新開放。
「開放」綱要：開放是必須之路，深度融入世界經濟，奉行互利共贏戰略，引進來和走出去並重，發展開放型經濟，構建利益共同體。

6　「十三五」的〈港澳專章〉，確立香港在國家發展中的功能定位，包括鞏固和提升香港作為國際金融、航運、貿易三大中心地位；明確支持香港專業服務朝高端高增值方向發展，支持香港發展創新及科技和法律及解決爭議服務等。《港澳專章》也強調深化內地與香港合作，支持香港參與國家雙向開放、「一帶一路」建設，為香港開拓新市場。

7　參考廣東省發展改革委主任何寧卡於 2017 年 3 月發表的觀點。

圖 12.4 「十三五」規劃粵港澳大灣區的「金融灣區」發展

1　香港
2　澳門
3　深圳
4　廣州
5　珠海
6　佛山
7　東莞
8　惠州
9　中山
10　江門
11　肇慶

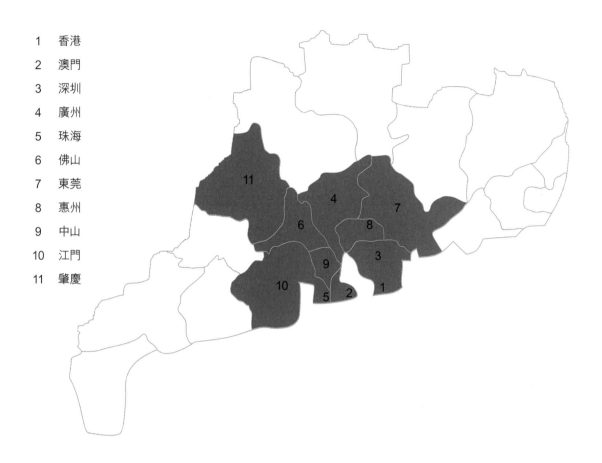

第十三章

放寬「國內航權」
對香港貨櫃運輸業的衝擊

廖美香

香港資深傳媒人

香港位處世界貨櫃吞吐量的前列。如今中國已成為全球第一貿易大國，近十年來內地港口紛紛崛起，就貨櫃吞吐量而言，上海、深圳、寧波港口已超越香港，名列前茅。內地進取、開放的政策持續，過去幾年更進一步開放中資懸掛外國旗貨船進行捎帶業務，此舉令香港貨櫃吞吐量受到影響。

近年國內放寬航權（cabotage），直接影響本港航運界的未來發展。由於這涉及專門知識，外界不易理解，且有不少錯誤報導；筆者向航運業內人士、學者以及政府官員尋求了解。本文先說明當中歷史成因及來龍去脈；然後我們再了解當前航運業的難題，希望港府及各界盡早採取對策，並掌握轉型機遇。

國內航權

所謂「國內航權」，是指國內港口之間的運輸只能由懸掛本國國旗的船隊承擔。

世界上很多國家亦有實行國內航權的政策，包括美國、日本等地。在國內航權規定下，只有本國旗貨船可以承擔本地港口之間的貨物運輸，而外旗船則只可經營國際貨運，不可將貨物從一個國內港口運往另一個國內港口，以確保國內運輸安全和本地船隊的經濟利益。國內航權源於保障國內運輸安全的需要，擔心在戰爭期間，外資輪船一旦停航，會影響本地貨物的運輸；再說，戰亂間外國船隻在己方領海航行，也危害國家安全。

中資貨船為何掛外國旗？

然而，不是所有本國船隊皆會懸掛本國國旗。海運是十分國際化的運輸服務，船東基於各種原因選擇其他船舶註冊地。現時，香港是全球第四最受歡迎的商船註冊地。為方便營商及拓展國際業務，不少中資船隻也在香港等境外註冊。據了解，有些中資貨船基於在外國購買或註冊，掛外旗船可享受低稅率。例如，貨船若在香港註冊，則不用繳交國際航運收入的利得稅。

按中國《海商法》規定，外旗船不能從事國內港口之間的運輸。可是，中央政府正放寬國內航權予中資外旗船，以便上海自貿區拓展國際轉運業務。2013 年中央政府以上海試點批准中資

外旗船從事國際捎帶業務，即中資外企船舶在進行國際航運業務時，可將貨物從一個內地港口捎帶往另一個內地港口。舉例說，中資外旗船在青島上貨，然後順道在上海捎帶貨物，在上海便可直接出口外國港口。單在上海自貿區實施「沿海捎帶業務」對香港貨運的影響並不大。

然而，由於上海成功爭取試點「沿海捎帶業務」，其他沿海自貿區港口也繼而向中央爭取相關政策。2015 年中國運輸部發出公告，將「沿海捎帶業務」拓展到其他三個自貿區（即廣東、福建及天津）。自此，中資外旗船在上海上貨後，則可順道到深圳鹽田港口卸下貨物，並在鹽田港口經另一貨船運往外國港口。因此，放寬捎帶業務，貨物在內地港口進行國際中轉業務，毋須在香港轉運貨物運往海外。

香港港口經過多年努力，利用其頻密且覆蓋面廣的班輪服務，成功轉型為區內的轉運樞紐，轉運業務已佔其港口吞吐量的 60% 左右。放寬國內航權將威脅到香港作為國際轉運樞紐的地位。

放寬航權對港影響有多大？

現時南沙港的貨源來自廣東省西部及中部，深圳則是東部東莞等工廠區商品。香港的轉運貨源主要來自珠三角，包括中山、番禺、江門等內河港口，以及區內其他港口，2015 年處理貨櫃量為 2,010 萬箱。內地放寬沿海運輸權影響深遠，據恒生管理學院供應鏈及資訊管理學系系主任黃惠虹博士預料，本港有可能損失珠三角地區以外達 120 萬貨櫃的轉口貨運量；如果以中轉貨物落貨及上貨都計一次，則有可能損失 240 萬貨櫃吞吐量。以 2015 年吞吐量計算，損失貨量達 14%。這一估計還未考慮因吞吐量減少導致班輪服務的頻率及覆蓋面降低而可能產生的螺旋式下跌的影響。

航運界已人心惶惶。特區政府認為，中資外旗船在自貿區港口實施捎帶貨物，對本港轉運業造成一些衝擊，但影響仍然有限。不過，航運業界則表示，部分中資外旗船舶早已違規進行捎帶，只是相關內地政府部門沒有嚴格執行檢控。業內人士稱，內地官員認為中資外旗船也是中國船，因而採取隻眼開隻眼閉的態度，現在容許其捎帶是將之「陽光化」。

更擔心開放外資予境內航權

幸而，國內航權仍未完全放開。現時中資外旗船仍未獲批經營往來國內港口之間的航線。如內地政府進一步向中資外旗船開放國內運輸，這將增加內地港口處理中轉業務的競爭力，同時香港的競爭力將進一步被削弱。

目前中資船隊約佔內地國際航運服務四分之一的市場份額，中資外旗船捎帶業務對香港將造成影響，但未算嚴重，因為香港仍受惠於（非中資）外旗貨船不能捎帶，可為其扮演中轉港的角色，把內地貨物轉往到外國。但最令業界擔心的是，也有外資船公司要求內地進一步開放國內航權，並要求設立航班。如果有關請求一旦獲得中國接納，勢將對香港港口造成沉重打擊。目前世界沿岸線長的國家普遍實行放寬航權（cabotage），業界期望北京能維護香港作為國際航運中心的地位，維持目前國內航權的限制。

轉型發展航運相關服務業

目前中資中遠集團以及和記旗下的香港國際貨櫃碼頭（下稱HIT），都在香港及內地港口業務持有市場份額，可以預料這些公司會爭取中港兩地業務利益，以及適當的分工，使香港航運不致陷於崩潰的情況。現在 HIT 在葵青碼頭舉足輕重，而 HIT 又與中資中遠合作，成立「中遠—國際貨櫃碼頭（香港）公司」（Cosco-HIT Terminals (Hong Kong) Limited）。至於內地港口，HIT 在深圳鹽田港及內地均擁有業務投資。可以相信，即使中資外旗船在內地港口之間享有國內航權，也會維護香港碼頭的一些利益，但香港港口吞吐量的跌勢仍難以逆轉。

由 1987 年至 2004 年間，香港貨櫃吞吐量長期高踞世界第一。於 2008 年及 2011 年間貨櫃吞吐量的數字更創高位，每年平均處理 2,400 萬個貨櫃。不過，雖然貿易「大餅」發大，但香港地位則持續下跌，由 2005 年開始早已下滑至第二，如今更跌至第五位。現時上海已高踞全球首位，新加坡、深圳、寧波舟山位處第二至四位。業界一般預料，南韓釜山港即將取代香港，香港很快跌至第六位，而緊隨香港其後的是廣州南沙以及山東青島。業內估計，2020 年香港更有可能跌出全球十大之外。

中國晉升成為全球最大貿易國，而香港佔內地對外貿易的比重已大幅減少。據團結香港基金迎接時代變遷報告指出，香港佔內地商品貿易總額的比重於 1992 年達到 49% 的顛峰，跌至 2015 年 12.8%。由於中國依賴內需作為經濟增長的動力，亦逐漸重視國內服務業的發展，內地商品貿易的增長將趨緩和，香港佔內地商品貿易總額將進一步下跌。航運業面對雪上加霜的是，香港內部也存在多方面難題。

香港本身存在難題 ——
從「轉口港」變成「中轉港」

香港多年前是扮演出口港角色，為中國作為「世界工廠」輸出產品。由於蛇口、赤灣及鹽田港的興起，深圳的貨櫃吞吐量於 2013 年已超越香港。

早於中共建國之前，香港長期作為內地的進出口港 —— 當外國貨物抵達香港貨櫃碼頭，貨物從輪船卸下，由貨櫃車運載，經邊境海關進入內地各省市；或是，內地貨物經海關出境到香港運往世界各地。如今已產生很大變化，中港貨物往來再不依賴成本高昂的貨櫃車，而是利用運載量較多的躉船轉運。

近十年，香港已漸漸成為了一個中轉港。即是說，內地貨物經躉船來港，在貨櫃碼頭內落貨，放在「貨櫃堆場」，待船期時間合適，便經另一貨船出口到世界各地。

「中轉港」難題 —— 土地、勞工、資訊科技

2015 年底由《灼見名家》主辦「『十三五』規劃中香港航運業的機遇與挑戰論壇」，由業界、商會、官員，兩地學者等不同界別人士擔任主講，共商解決航運業的困境。2015 年香港「中轉」貨量佔香港總吞吐量逾六成，作為中轉港，比較「直接」出入口的挑戰更大。可以想像，每星期約 340 艘貨輪將幾十萬個貨櫃運往全球 470 個目的地，而不同目的地船期又不一樣，集散的效率要高，不能誤時。業界提出主要解決三方面的問題：

土地不足

　　香港土地資源匱乏，按國際標準，一個碼頭泊位需要後勤用地為 25 公頃，香港則只有 11.6 公頃。業界希望在葵青區能找出閒置土地，以便有更多後勤用地進行集散。如果土地不足，會影響貨物落貨上貨效率，損壞效益。前立法會議員劉健儀說，由她上任至現任航運交通界易志明議員都在找土地，港府調撥土地的效率實在不夠。

勞動力下降

　　香港貨櫃碼頭商會主席鍾惠賢說，碼頭需要大量司機在碼頭內搬運貨櫃，現在不少是五十歲以上的司機，再過五年退休後便會出現勞動力不足情況。據港府統計顯示，香港人口老化，長者佔人口 16%，至 2018 年勞動人口便開始下跌。可以預期，如果港人一再抗拒外來移民，香港經濟將在人手短缺下難以支撐。

科技落後

　　貨物運輸有賴精密的資訊科技處理錯綜複雜的物流程序。香港在科技應用方面世界領先，但貨運代理行業大有改良效率的空間。以香港為總部的 Freightos 公司行政總裁 Zvi Schreiber 接受媒體訪問時說，國際貨運報價如人手操作可能要一至四天，但如把貨運路線和價格的運算自動化，即使包括海、陸、空運輸的複雜細節，也可協助物流供應商及付貨人在幾秒內便可預訂全部的貨運服務。香港作為全球貨運樞紐，加快革新東西貿易模式，可提升效率，時間便是金錢。

　　至於貨櫃上落貨的報批、繳稅手續繁複，須向不同部門提交達 50 份文件。香港貨櫃碼頭商會期望政府加快實施「單一窗口」運作，即是成立一個政府電子貿易平台，為貨主提供一條龍服務。只需向一個對口單位辦理處理出入口貿易的通關及繳稅手續。單一窗口剛於 2016 年 7 月完成諮詢，政府將於 2018 年推出第一階段措施，預計最快於 2023 年才可全面實施。業界認為，簡化手續有助提升香港航運的吸引力，但政府科技意識落後，遲遲落實，無助挽救行業頹勢。

擔心香港航運樞紐地位不保

最為擔心的是，如果內地貿易持續下滑，沿海運輸權進一步放寬，香港運貨量持續惡化起來，一旦失去了規模臨界點（critical mass），船公司認為效益不足，陸續取消航班，那麼，香港作為航運樞紐的光環便失去。

總結 —— 利用香港優勢轉型

香港貨櫃吞吐量於 2004 年以前十多年來高踞全球冠軍的寶座，之後下滑至 2015 年第五位，航運地位拾級而下。現時上海已成為全球航運第一，香港應更好與珠三角合作以加強效率及競爭力。

正如中大前校長劉遵義教授指出：「香港經濟已面臨轉捩點」[1]。由他率領團結香港基金撰寫的研究報告建議，應加快啟動及推進廣東——深圳——香港——澳門自由貿易區試點計劃，可聯合進行貨物關檢工作，又可利用先進的射頻識別技術（RFID）簡化識別標記，容許貨物及服務在自貿區試點內自由流動。

展望未來，內地經濟轉向內需市場，其進出口的增長將會放緩；再說，隨着內地港口崛起，加上內地放寬國內航權，原由香港進出口的貨源將逐步遷移到內地。如香港不盡快採取補救措施，處理貨櫃的總量持續下滑，一旦往來香港的國際貨輪航班遞減，香港便失去航運樞紐的地位。

與此同時，香港發展應盡量發揮「一國兩制」優勢，利用香港作為國際金融中心、國際專業服務中心，為其他行業作為助力。面對香港港口吞吐量下滑的挑戰，本港作為國際航運中心的角色須予轉型，應及時利用金融、法治及稅務等優勢，積極發展船舶融資、海事保險、船舶登記、管理、海事法律及仲裁業務等與海運相關的高增值服務，以建立新優勢。為鞏固香港國際航運中心的地位，我們不宜只依賴物流運輸業，而是轉型為航運商業服務，使香港呈現經濟增長的新焦點。

注釋

1　團結香港基金發表名為「發揮香港潛力、再創經濟奇蹟」報告，頁 17。

第十四章

粵港航運業應携手打造 「一帶一路」航運中心

劉洋

香港禮德齊伯禮律師行航運部高級律師

自 1841 年開埠以來，香港的航運業發展至今已經有 100 多年的歷史。而早在上世紀 70、80 年代，香港就已經獲確認為國際航運中心之一。隨着中國內地經濟騰飛、對外開放的不斷深化，香港作為過去幾十年中國走向世界的橋樑和紐帶作用逐漸減少已經成為無可爭議的事實。雖然依舊被視為國際貿易中心和國際航運中心，但隨着珠三角港口的崛起和生產製造業的轉型升級，香港出入口貿易和航運業的光芒逐漸暗淡下來。雖然外界環境不濟固然影響香港航運業近幾年的發展，但港府原本秉持並墨守「小政府、大市場」理念任由市場自由發展，在面對周邊其他國家和城市的政府大力扶持航運業發展的情況下，包括新加坡、上海、廣州和深圳等，香港航運業競爭力不斷下降甚至被指是「夕陽行業」也就顯得無可奈何。就像時任政務司長的林鄭月娥女士在 2016 年 11 月 28 日參加論壇致辭時所指出的那樣，作為香港傳統四大經濟支柱之一的物流航運，港口輸送量已經由過去全球第一持續滑落至目前的全球第五。

　　所幸，特區政府逐漸意識到了不作為是各項經濟事業出現問題的根本原因，逐步調整經濟策略採取更加進取的適度有為促進經濟發展。自 2013 年以來，香港特區政府一直都將促進高增值航運服務發展作為鞏固和提升香港國際航運中心地位的努力方向。在 2016 年 1 月公佈的《施政報告》中，特區政府決定成立香港海運港口局，為發展高增值航運服務業全方位推動人力培訓、市場推廣宣傳及研究發展事宜，協助政府制定策略和政策，提升香港的國際航運中心地位，尤其是推動海運服務業群的進一步發展 [1]。

　　另外，在 2016 年 3 月全國「兩會」上通過的「十三五」規劃中，除了再次明確支持香港鞏固和提升國際金融、航運和貿易三大中心地位，還強調深化內地與港澳合作，支持香港參與國家雙向開放和「一帶一路」建設。此外，國務院總理李克強在 2017 年的《政府工作報告》中明確提出，「要推動內地與港澳深化合作，研究制定粵港澳大灣區城市群發展規劃，發揮港澳獨特優勢，提升在國家經濟發展和對外開放中的地位與功能」[2]。這是「粵港澳大灣區」首度寫入國務院《政府工作報告》，也是繼 CEPA、泛珠三角區域合作之後，內地再度向香港提出的經濟合作計劃，也是在國家「一帶一路」倡議的大背景下提出的。

因此，香港航運業應該把握重大機遇，利用與內地經濟密切聯繫的市場優勢，聯手內地航運港口城市，擴展和提升航運服務業的功能和品質。

作為香港近鄰，由廣州南沙新區片區、深圳前海蛇口片區和珠海橫琴新區片區組成的中國（廣東）自貿試驗區於 2015 年 4 月 21 日正式掛牌成立。根據國務院在 2015 年 4 月發佈的《中國（廣東）自由貿易試驗區總體方案》，廣東自貿區將依託港澳、服務內地、面向世界，目標是建設成為粵港澳深度合作示範區、21 世紀海上絲綢之路重要樞紐和全國新一輪改革開放先行地。在這三個區域中，廣州南沙和深圳前海的發展與香港經濟發展最為密切。其中，廣州和深圳都不約而同地將航運業作為未來發展的着力點。2014 年底，廣州市宣佈要在廣州南沙建設國際航運中心。而 2016 年 10 月，深圳市則在其《深圳市現代物流業發展「十三五」規劃》（下稱《深圳物流規劃》）中提出充分發揮香港在航運服務業和深圳港遠洋集裝箱運輸優勢，深化深港合作，建設成具有深港合作特色的國際航運中心 [3]。

在狹小的珠江三角洲地區，香港和廣州、深圳在發展港口和航運業方面充滿競爭。國家在「十三五」規劃綱要提及支持香港鞏固和提升國際金融、航運和貿易三大中心的地位。再加上全球經濟中心東移、中國內地經濟發展在「供給側改革」後繼續發力，以及配合國家提出的「一帶一路」倡議，無疑為香港與廣東的航運和物流服務帶來更多發展機遇與合作空間。對於香港來說，無論是在星港還是滬港的雙城競爭中，還是在「紐倫港」的金融中心的比拼中，珠江三角洲都應該是香港得天獨厚的「地利」。香港能夠依賴廣州和深圳不斷發展的港口和物流業以及兩座城市龐大經濟腹地，拓展自身高增值航運服務業市場。同時，廣州和深圳也能借助香港提升自身綜合競爭實力，並取道拓展東南亞市場。因此，只有找準合作方向與目標，才能避免零和競爭，並在合作中實現共同發展。

港深聯手打造國際超級大港

毫無疑問，廣東自貿區的成立會進一步促進珠三角地區的對外貿易，並便利該區域內的貨物流轉，整個華南地區都將會得益

於此。但是，隨着自貿區愈來愈開放的經濟政策，包括未來逐步放寬，甚至取消沿海運輸權限制，那麼就意味着懸掛外國船旗的貨輪就可以獲允許在內地港口展開轉口業務。一旦如此將使原本掛靠香港港口的船舶直接選擇到內地港口，從而削弱香港作為中轉港口的作用，勢必會對香港港口業帶來嚴重影響。

在廣州自貿區的三個片區所涉及的城市中，香港與深圳的聯繫最多。自上世紀 80 年代初，香港招商局集團在深圳蛇口開發建設港口開始，深港兩地港口合作已經有超過三十多年的時間了。經過多年快速發展，深圳港早已成為世界最領先的集裝箱大港之一，在 2013 年更是一舉超越香港成為全球第三大集裝箱港並連續蟬聯四年。與香港相比，深圳港在成本、發展空間、接近貨源等方面具有一定的優勢，但在航線覆蓋面、航班密度、管理和服務水平、口岸條件，以及金融和商貿環境等方面和香港港口還有一定差距。因此，從總體上看，珠江三角洲目前依然是以香港國際航運中心為龍頭，但是過去深圳港和廣州港等珠江三角洲港口為輔助和補充的分工格局，已經開始發生顯著的變化。

首先，珠江三角洲特別是深圳港的發展改變了香港一港獨大的狀況。隨着近年來深圳以及廣州港口的崛起和珠江三角洲其他港口的快速發展，珠江三角洲港口集裝箱運輸已經由香港一元結構改為香港和深圳二元結構，並正在向香港、深圳和廣州三元結構變化。

其次，珠江三角洲港口間的競爭日益加劇。事實上，對深圳港構成嚴重威脅的並非香港，而是廣州港南沙港區的建設。廣州市政府近些年來對南沙港區的扶持力度，採取了包括以較低價格提供更大面積的港口用地、提供內貿中轉費優惠、免徵或少徵港口建設費、對來往碼頭的貨櫃拖車減免過路費等措施。這些措施使深圳港集裝箱碼頭相對於香港的費用優勢蕩然無存。原本深圳港的貨源向南沙港區分流，也就在所難免。

從競爭層面看，香港和深圳港口在珠江三角洲的貨源將無疑受到廣州港以及其他城市港口的蠶食，而主要競爭對手將是廣州港。由於規模上的差距、腹地的經濟發展特性以及深入內河的地理位置等原因，廣州港目前還難以在集裝箱運輸方面與深圳和香港展開全面的競爭。但是，隨着南沙港區集裝箱運輸的超常發展，待全面建成投產、合資各方原有集裝箱運輸資源配置完成後，對深圳港沿海內貿集裝箱運輸帶來較大衝擊。

因此，當務之急是找出適合的方案令港深兩地可以取長補短，相輔相成，使各自的優勢得以盡量發揮。從合作層面看，香港、深圳、廣州三地港口均有各自的發展空間，各自具有難以替代的核心競爭力，互相難以取代。因此，香港、深圳港和廣州港應根據各自特點實行有重點的錯位發展、錯位競爭，以優化資源配置，共同降低交易成本，並且向船東及付貨人提供差異化的服務，以價值行銷代替價格競爭，從而實現利益最大化，這樣將對各自的持續發展更加有利。

前述《深圳物流規劃》中明確提出要深化深港港口合作，將創新深港港口快速通關模式，形成自貿試驗區與香港間的直通物流大通道，努力推動深港兩地港口物流服務一體化，探索建設深港組合港。事實上，香港港口和深圳港擁有共同的廣闊腹地，即以珠江三角洲為基礎，覆蓋整個華南地區並延伸到珠江和西江流域，具備發展腹地型的國際港口條件。同時，這兩個港口又是中國乃至亞太地區最具有積聚效應和規模效應的港口群，而這兩種效應就會使這兩個港口在長時間內擁有對東南亞國家乃至「海上絲綢之路」沿線國家和地區的貨物中轉優勢，也就有條件發展成為中轉型的國際港口。因此，香港—深圳組合港顯然可以成為一個腹地型和中轉性相結合的港口，有條件發展成為華南地區區域性外貿樞紐港和「海上絲綢之路」的轉運中心，從而最大程度地發揮各自在自然和經濟上的優勢。

港深共同打造海事物流仲裁中心

中國是正在崛起的海洋大國，隨着「一帶一路」倡議的公佈，許多關於香港如何利用自身優勢，發展成為區域性航運樞紐的議論紛紛湧現。香港除了扮演「超級聯繫人」角色，協助中國企業通過併購「走出去」，並將西方跨國企業「引進來」之外，還可以通過利用其制度與歷史優勢，發展成為一個國際海商事仲裁中心。

國際商貿界對香港的法律和解決爭議制度一直給予高度肯定。在英國倫敦瑪麗皇后大學於 2015 年 10 月公佈的《國際仲裁調查》中，香港獲排行為全球第三最受歡迎的仲裁地，排名僅次於倫敦和巴黎。在仲裁機構方面，香港國際仲裁中心在全球最佳

仲裁機構排名中同樣排名第三位，更被評為亞洲最受歡迎的仲裁機構[4]。2012年，香港國際仲裁中心共處理272件仲裁案件，其中18%涉及海事爭議。除此之外，眾多國際知名仲裁機構在香港都設有辦事處，包括國際商會國際仲裁院和中國國際經濟貿易仲裁委員會及中國海事仲裁委員會等。

作為一個極具吸引力的仲裁中心，香港仲裁的聲譽也獲得全球司法界的廣泛認可。2015年，英國高等法院在審理 *Shagang South-Asia (HK) Trading Co Ltd v Daewoo Logistic Corporation* 一案時明確指出，香港是進行有關仲裁的切實可行的司法管轄區，因為「毫無疑問，香港的地理位置方便，而且是一個享負盛名及備受人們尊重的仲裁地，並向以中立見稱，特別是其監督法院」[5]。英國法院的這一認可清楚表明香港不但是一個獲得公認、具有良好聲譽的仲裁地，而且也具備良好條件足以成為進行國際海商事仲裁的合適地方。

雖然香港具有成熟的條件可以充分扮演仲裁樞紐的角色，但切不可自滿和故步自封。除了確保香港法制的中立和公正性外，在制訂強而有力及具連貫性的海事仲裁策略方面，各持份者（包括香港政府、法律界人士、享用該等仲裁服務的企業等）都應該扮演積極的角色。

因此，除了爭取國際社會對香港國際仲裁中心的認可，香港更應該放眼神州，將內地視為自身仲裁服務的最大腹地，在內地企業中間贏得更為廣泛的聲譽和信任。香港應該主動和積極地向內地推廣自身作為一個國際仲裁中心的地位，積極且廣泛地參與「一帶一路」。例如，香港可以積極促進中國內地和香港的企業在「一帶一路」建設有關的涉外合同中，加入適用香港法並在香港進行仲裁的標準格式爭議解決條款。如果將香港推廣成一個理想的仲裁地，無論是中國的當事方或其涉外合作方都能同樣受益。此外，就與亞洲基礎設施投資銀行及絲路基金有關的合同及協議所進行的談判而言，由於中國在當中所擁有的相對實力，因此香港應爭取在這些協議中，載入於香港進行仲裁的爭議解決條款。此舉將可使中國當事方在爭議解決過程中得到實質性的便利，而外國當事方亦能在香港這個具有良好聲譽的仲裁地尋求有效解決辦法。

此外，值得注意的是，爭取《深圳物流規劃》還提出，要利用香港國際航運服務業的優勢，加強深港在航運及衍生服務業的深度合作。其實，在高端航運服務業方面，由於地理位置便捷港深兩地在海事仲裁領域已經打開了合作之門。

在國家「十三五」規劃的〈港澳專章〉中，中央政府明確支持香港建造為亞太區國際法律及爭議解決中心。香港在《基本法》框架下，沿用國際商貿界熟悉的普通法制度，特別是與「一帶一路」沿線部分國家和地區的法律體系相近或相同，在「一帶一路」建設上可以發揮國際仲裁中心的獨特角色。2016 年張德江委員長在香港出席「一帶一路」高峰論壇上提及香港的服務業專業化優勢時，特別提到香港是全球最受歡迎的仲裁地之一，中央政府支持香港加強與內地合作，在支持香港的專業服務和國際化人才方面深化與沿海省市的合作，創新合作模式，共同開拓「一帶一路」市場。因此，當內地企業進行跨境商貿和投資活動時，香港可以協助企業處理相關的法律風險，解決跨境商業和投資的正義。在這種大環境下，深港兩地在國際仲裁及其他正義解決方面就有很大的合作空間。

2015 年 5 月 20 日，深圳國際仲裁院在前海自貿片區成立了華南（前海）海事物流仲裁中心，成為首個在自貿區設立的海事物流專門仲裁機構。依據有關規定，深圳國際仲裁院超過三分之一的歷史和仲裁員來自境外，在目前大約 870 名仲裁員當中有 146 名來自香港。2016 年 10 月 26 日，深圳國際仲裁院發佈相關國際仲裁指引，明確規定如果當事人沒有選定仲裁地，仲裁地就是香港。

這種創新型合作顯然可以最大程度上發揮深港兩地各自的疊加優勢。對香港來說，這種合作無疑將會增加以香港為仲裁地的仲裁案件，在鞏固香港作為亞太地區國際仲裁中心地位的同時，也增加了香港法律界的業務量，使得香港律師有更多機會處理涉及內地和海外的國際商貿糾紛與爭議。對於深圳來說，通過與香港的合作，就有機會將自身打造成為具有全國影響力和國際公信力的海事物流仲裁高地，成為中國海事物流企業解決糾紛的中心平台，幫助航運、船舶、物流供應鏈等企業提高走出去的能力和對抗風險的水平。

穗港應加強航運金融合作

　　金融和航運在歷史上是相伴而生的。航運業是資金密集型產業，金融服務發展源於航運業的需求，而航運發展又離不開金融的支持。航運金融通常是指航運企業運作過程中發生的融資、保險、貨幣保管、兌換、結算、融通等經濟活動而產生的一系列與此相關業務的總成。航運金融是現代國際航運服務業的核心，不僅在國際金融市場具有舉足輕重的地位，而且對國際航運市場的發展具有重要影響。航運金融的發展和國際航運中心的建設相輔相成，有着密切的聯繫，例如倫敦、紐約、香港和新加坡等，既是國際或區域性的航運中心，又都因其金融服務業高度發達而成為全球重要的航運金融中心。

　　為了與中國其他航運中心城市錯位發展，廣州一直將發展航運金融服務作為其建設國際航運中心的工作重心。廣州南沙地處具有「全球製造業基地」之稱的珠江三角洲的地理幾何中心，具有承載粵港澳產業合作的良好區位優勢。南沙是中國的第三大造船基地，並且具備水水聯運和水鐵聯運的優勢。同時，南沙的海運服務業已經初具規模，包括船舶代理、船舶管理、外輪理貨、船舶交易市場等業務在最近幾年都有長足發展。因此，在珠江三角洲各大港口中，南沙具有發展航運金融的相對優勢。

　　2012 年 9 月 6 號，國務院正式批覆了《廣州南沙發展新區規劃》，其中就廣州南沙如何發展航運金融做了較為詳盡的說明：「按照與港澳功能互補、錯位發展、互利共贏的原則，積極發展科技金融、航運金融等特色金融業，不斷完善珠三角金融綜合服務體系。依托香港國際金融和國際航運中心，推動粵港澳金融服務合作，鼓勵和支持港澳企業和金融機構積極參與組建航運產業基金、航運金融租賃公司、航運保險機構，提高航運金融資源的集中度與配置效率。」此外，在廣州市政府於 2015 年 8 月 31 日印發的有關《建設廣州國際航運中心三年行動計劃（2015-2017年）的通知》中，明確提出要加快廣州南沙的航運金融保險創新發展。因此，將香港的金融優勢和廣州南沙的政策優勢結合到一起，才更可以實現穗港兩地航運金融的互利雙贏。

　　作為國際金融中心，香港幾乎聚集了全球所有重要銀行和金融機構，其中包括眾多大型國際船舶融資銀行，可以為亞太區域內的船東和船廠提供專業且全面的船舶融資服務。航運企業在全

球範圍內開展業務，需要有金融機構為其進行貨幣保管、兌換和結算。作為全球第三大金融中心，香港早已形成包括銀行體系、外匯市場、貨幣市場、證券市場在內的金融運作系統。因此，香港在很多行業和領域都已經成為亞太地區的資金結算中心，其中就包括航運資金結算。無論是資金結算的便捷程度，還是自由程度，香港相對於區域內其他金融港口城市來說都有很大優勢，使香港設立的航運企業在海外運費的結算、資金的歸集和調配方面極為靈活方便，從而也降低了經營成本。香港的這些航運金融優勢正好與廣州南沙對接，因其主打臨港先進船舶製造業和現代航運服務業等產業經濟，正好需要大量資金支持。航運融資能夠為航運業提供巨大的資金支持，解決航運企業資金不足的問題，從而支持並促進航運產業的發展。

此外，國際航運價格衍生品是航運業、與海運相關的石油和大宗商品等行業規避海運價格風險的工具。隨着中國在國際航運和貿易市場利益的不斷擴大，極需增強在航運價格衍生品方面的競爭力。相對於內地，香港在美元計價與清算結算、應對複雜國際金融衍生品運行架構，以及語言和國際操作慣例等方面具有明顯優勢。雖然與倫敦、新加坡和上海同為國際航運中心，但新加坡在今年 8 月成功收購了成立超過 200 年的倫敦波羅的海交易所之後，香港就成為唯一沒有設立航運交易所的國際航運中心。

因此，加強穗港航運金融合作，其中一個重點是合作發展廣州航運交易所。成立於 2011 年的廣州航運交易所，服務範圍包括船舶交易、拍賣、航運人才、信息服務、大宗商品交易、航運金融、保險、法律等服務，以及珠江航運指出的編制和發佈。因此，香港應主動尋求與廣州航運交易所合作，大力探索、拓展航運價格衍生品的開發和創新。為了充分發揮香港航運金融的優勢，主動承接香港國際航運中心和金融中心的輻射帶動功能，廣州南沙應該將穗港共建廣州航運交易所作為發展航運金融的一項核心工程，通過引入香港有國際影響力的策略性股東及香港的會員，借鑒香港和國際的管理經驗，借助香港航運金融的市場網絡，做大做強廣州航運交易所，使廣州航運交易所發展成為「21世紀海上絲綢之路」的一個重要航運金融平台。例如，港交所與廣州航運交易所應該聯合嘗試設計和發佈具有國際認受性的「一帶一路」航運運價指數，在成為國際航運業乃至全球經濟的「晴雨錶」的同時，為航運企業增加金融避險工具的選擇。

與此同時，在發展穗港航運金融合作時，要以廣州航運交易所為核心，大力引進香港及國內外航運金融機構，包括船舶金融租賃、航運保險等專業性金融機構，在航運金融、航運交易、船舶租賃、航運保險、海事法律服務和教育培訓等領域與香港展開全面合作，為香港航運服務業向內地延伸拓展空間，並加強航運金融在南沙的聚集，以形成與區域性國際航運中心相匹配的支撐能力和較強資源配置能力的現代航運金融服務體系，將南沙新區建設成為具有顯著特色的航運金融中心。同時，廣州南沙應加強與香港航運金融方面的合作，共同開發一些人民幣和美元的長期避險產品，以降低銀行船舶融資的風險。

港穗深聯手打造珠三角郵輪經濟圈

中國內地的郵輪產業自 2006 年起步，十年來發展迅速，目前已經成為僅次於美國的全球發展最快的郵輪旅遊市場。通過郵輪出行已經成為內地客戶出境旅行的時尚選擇。香港的維多利亞灣緊靠市區，擁有兩個郵輪碼頭，分別是尖沙咀的海運碼頭和舊啓德機場跑道南端的啓德郵輪碼頭。再加上香港的現代化基建、毗鄰極具發展潛力的內地市場，匯聚中西文化等，香港具備發展郵輪旅遊的先天優勢和條件。然而，深圳和廣州對郵輪港的大力發展無疑會對香港造成影響和衝擊。

2016 年 10 月竣工的深圳蛇口太子灣郵輪碼頭擁有 17 個可停泊 15 萬噸郵輪的泊位，加上內地四通八達的高鐵網絡，更容易吸引泛珠三角乃至西南和華中地區的郵輪遊客。另外，廣州南沙郵輪碼頭預計將會在 2019 年之前建成。而廣州的《南沙新區發展規劃》更是明確提出發展郵輪、遊艇等航海休閒旅遊。可以預計的是，一旦深圳和廣州的郵輪碼頭及配套設施和服務日臻成熟，對於內地遊客來說選擇從這兩個郵輪碼頭出行將更加經濟便捷，那麼無疑對香港郵輪碼頭造成分流客群的影響。因此，港穗深發展郵輪業務，應該避免「零和」競爭自相殘殺，而是應具備區域一體化的思維和視野，聯合制定市場發展策略，充分考慮珠三角、西南和華中潛在客源。

根據香港特區立法會經濟發展事務委員會披露的《香港旅遊發展局 2015–2016 年度工作計劃》中，涉及「郵輪旅遊政策及簽證便利措施」提及：「中央政府允許內地旅行團乘坐郵輪從香港到台灣後，繼續乘坐該郵輪前往日本或韓國，在返回內地的措施，有助香港開發更多樣化的郵輪旅遊品，吸引內地旅客來港乘坐郵輪旅遊。」[6] 2016 年 11 月中旬，深圳太子灣郵輪港正式投入使用，並獲正式授予中國郵輪旅遊發展實驗區。隨後，雲頂香港麗星郵輪「處女星」號載着第一批遊客從太子灣開啓了新航程，意味着內地與港澳郵輪旅遊携手並進的序幕被緩緩拉開。

事實上，亞太地區是重要的郵輪旅遊市場和基地，內地與港澳郵輪旅遊合作空間和潛力都十分巨大。一是內地郵輪旅遊市場規模擴充快速，是香港郵輪旅遊重要的潛在客源市場。二是在內地加快郵輪旅遊發展過程中，可借鑒香港郵輪旅遊人才培育和管理等經驗。三是內地與香港在郵輪旅遊產品上具有很強的互補性，開發「一程多站」旅遊線路具有很強的現實意義。四是澳門將進一步承接乘郵輪入境粵港國際遊客的岸上服務。目前，國家旅遊局正在牽頭編制《全國郵輪旅遊發展總體規劃（2016-2025）》，初步提出了「五群一帶」的郵輪旅遊發展總體格局，以粵港澳為重點和輻射中心的珠三角郵輪旅遊港口群就是其中之一。另外，2015 年廣東省政府公佈的《廣東省參與建設「一帶一路」的實施方案》提出，推進「一帶一路」戰略將突出與港澳合作，重點建設粵港澳大灣區，在廣州、深圳設立國際郵輪母港，在珠海、汕頭、湛江等市啓動郵輪旅遊開發 [7]。

因此，如何利用國家的支持，從而推動內地與港澳的郵輪旅遊合作，實現郵輪旅遊優勢互補、合作共贏的整體格局，應該成為未來粵港兩地政府積極研究並採取措施的着力點。為了實現粵港郵輪合作，粵港兩地政府部門應該從豐富聯通廣東與香港的郵輪旅遊航線，促進廣東與香港口岸通關便捷高效，加強郵輪旅遊人才培養和郵輪旅遊標準化領域合作，共同推動郵輪製造業發展提升合作，加強郵輪物資採購體系領域合作等六方面採取措施，實現支持和推動廣東和香港的郵輪旅遊合作發展。

香港應繼續有為發展航運業

在回歸 20 周年的重要時間節點，特區政府應該擇善固執、繼續有為，加強香港在航運方面的全球競爭力，促進本港航運業的持續發展，才能成為港穗深三地航運合作的旗艦。

管治新風促發展

海運港口局的成立普遍獲得了港航業界歡迎，而且確實在一定程度上起到了推廣香港高端航運服務業，以及推動航運業群發展的效果。但是，由於該局並非法定機構亦沒有獨立資金來源，因此缺乏足夠且有效的措施和手段解決業界發展難題。從長遠發展的眼光來看，特區政府理應尋求將該局改為一個獨立運作的法定機構，並允許該機構廣納賢能，用人唯才，吸引更多業界翹楚和人才加入其管理層及參與日常運營，以代表香港航運業群內的不同專業界別及其整體利益。

同時，考慮到航運業自身具有高度全球競爭性的特點，特區政府有必要在充分徵詢各界意見的前提下，考慮分拆目前的運輸及房屋局，從而使得運輸和房屋這兩項基本不相關但又各自對香港的極為重要且複雜的領域能夠由不同的政策局專門處理、推動和落實相關政策。當然，無論政府架構是否能夠很快重組，特區政府都應該努力從政策制定者和行業監管者的角度，利用海運港口局作為法定或諮詢機構的優勢，例如香港船東會等具有廣泛代表性的行業協會，一起成為香港港口業和高端航運服務業的組織者、推廣者和促成者。

資源善用助進步

船舶註冊一直是香港航運業的一大優勢和亮點。回歸將近 20年，香港註冊船舶數量從 400 艘左右增長到超過 2,500 艘，而註冊總噸位更是已經達到 1.72 億噸，穩居全球第四大船舶註冊地（前三位都是方便船旗國家）。這一驕人成績與香港海事處和船舶註冊處的先進管理規範和卓越服務水平息息相關。

隨着註冊船舶噸數增加，每年通過船舶註冊費貢獻給政府庫房的財政收入自然也是水漲船高。但是，這項收入並未直接分配

給海事處和船舶註冊處增加其工作資源，用以應對由於註冊船舶數量遞增而與日俱增的工作量。顯而易見，如果海事處和船舶註冊處因為得不到足夠資源支持而導致工作捉襟見肘，那麼影響的將是其對註冊船舶提供全球服務的質量，最終就會導致船東用腳投票，不再選擇繼續在香港註冊船舶。

因此，特區政府有必要考慮將此項財政收入「取之於航運，還之於航運」，包括將船舶註冊費、港口使費等航運收入直接分配給海事處和船舶註冊處，增加其人手，提高工作效率，更新管理規範，從而維持領先的服務水平。同時，這筆收入還應該作為營運海運港口局及未來航運法定機構的專項資金，使其在推廣香港船舶註冊，發展高增值航運服務業，提升香港國際航運中心地位，以及推動海運服務業群的進一步發展時能夠遊刃有餘。

此外，在國際航運市場長期持續低迷的情況下，如果特區政府能夠策略性地通過稅收優惠政策，為本港航運企業雪中送炭，適當適時減輕稅務負擔，無疑將會緩解香港航運企業的經營困境，並在一定程度上提升國際競爭力。除了短期稅務優惠之外，特區政府還應該着眼長遠，吸引和鼓勵本地和海外船東和船舶運營商在香港建立地區總部或運營中心。

培育人才創未來

香港航運業發展面臨的一項嚴重瓶頸是人力資源短缺，而人才又是支撐一個行業的根本。為了支持香港海運和航空業的長遠發展，政府在 2014 年成立了一個一億元的海運及空運人才培訓基金，希望優化現行培訓和獎學金計劃，從而建立具有競爭力的專業和技術人才庫。這是一個非常好的開始，但在面對香港國際航運中心從傳統資本密集型向高級的知識密集型轉變，着力打造航運軟實力的發展過程中，依舊有很大的改進空間。

特區政府應該考慮積極推出優惠政策，營造吸引高端航運服務相關人才的良好環境，鼓勵優秀航運人才向香港航運業集聚，構築香港航運人才高地。同時，政府更要重視本地航運人才的培訓工作，盡快制訂鼓勵本港年輕人才加入航運業的方案，包括加強向中學宣傳的力度，讓更多青年學生更深入了解海運、物流、港口及高端航運服務對經濟、貿易所起的作用與貢獻，增加學生對航運業的認識和親切感。例如，許多港口碼頭和海事服務業都

需要本地新血加入參與經營管理，在運用高科技和諮詢網絡來拓展新業務方面可以讓青年發揮所長。通過政策引導和資金投入，不斷提高現有高校和職業學校的教學水平，同時聯合包括香港船東會在內的本地航運物流協會探索與境外航運專業院校和機構建立聯合培養機制，提供獎助學金，吸引更多有志青年投身航運業。

港穗深三地航運合作前景無限

自 2013 年上海自貿區運行試水以來，截至到目前經中央政府先後批准設立的自貿區已經達到 11 個，希望透過更多優惠稅務和開放的政策措施促進行業和經濟發展。在這 11 個自貿區中，由於地理、文化、語言和傳統經濟往來等因素，廣東自貿區無疑是與香港關係最為密切的一個。《中國（廣東）自由貿易試驗區總體方案》將廣東自貿區定位為實現粵港澳深度合作前提下加強對外開放，營造國際化、市場化、法治化、投資貿易便利、輻射帶動功能突出、監管安全高效的自由貿易園區。因此，廣東自貿區可以利用靠近香港的優勢，推動貿易自由化，粵港高端服務的合作等。不僅帶動整個珠三角發展，也會對香港的未來發展帶來重大影響。穗深兩地自貿區可以將香港的自由港政策優勢、高端航運產業優勢與自身的資源優勢整合，推進粵港航運服務行業管理標準和規則互相銜接，將前海和南沙打造為內地和香港航運服務示範區。

另一方面，作為自由港的香港，在《基本法》和「一國兩制」原則的保障下，可以通過與廣東自貿區的合作更大程度地充分發揮其簡單稅制、高效通關、健全法制等優勢，依託廣州南沙和深圳前海在港口、航運和物流等方面各自的特點，提供包括船舶買賣、租賃、登記、融資、海事保險以及相關的海事仲裁法律服務等在內的高端綜合航運服務，從而實現鞏固和提升香港國際航運中心的地位。其中，無論是加強港口基礎設施建設，還是促進航運服務業高端轉型並與內地實體航運業發展，一項重要因素就是特區政府持續適度有為。只有政府聯合航運業界找準定位，才能將香港高端航運業的發展和中國從海運大國向海運強國的轉變相融合，有機會實現作為「超級連絡人」角色下的大有作為。

當然，説易行難，構建港穗深「一帶一路」航運中心還面臨許多挑戰，例如粵港兩地相互獨立關稅區、不同的法律制度，人員和資金尚未實現自由流通，航空網絡與港口群因缺乏協調還存在競爭，跨境的溝通機制和經濟體制亦未能對接，這些問題都是有待中央、廣東省和港穗深政府和港航業界需要用創意規劃，用智慧解決的。無論如何，隨着中國經濟健康穩步發展以及「一帶一路」倡議的實施和推進，國家戰略為廣東和香港都提供了良好的發展機遇。港穗深三地政府與航運業界應該携手合作，進行功能互補，錯位發展。可以預見的是，在充分利用地緣優勢及市場化因素，並充分發揮相關科技業、金融和專業服務等各自優勢的情況下，港穗深三地是有可能共同打造世界級的港口群和物流樞紐，並成為「海上絲綢之路」乃至亞太區最大的高端航運服務業群，共同為國家的長遠戰略服務。

注釋

1 香港特區政府：《二零一六施政報告》（香港，2016）。

2 中國國務院：《政府工作報告》（中國，2016）。

3 深圳市交通運輸委員會：《深圳市現代物流業發展「十三五」規劃》（深圳，2016）。

4 The School of International Arbitration, 2015 International Arbitration Survey: *Improvements and Innovations in International Arbitration* (London: Queen Mary University of London, 2015).

5 *Shagang South-Asia (HK) Trading Co Ltd v Daewoo Logistic Corporation* [2015] 1 Lloyd's Rep. 504，paragraph 34。

6 香港旅遊發展局：《香港旅游遊發展局 2015–2016 年度工作計劃中》，（香港，2016 年）。

7 廣東省市政府：《廣東省參與建設「一帶一路」的實施方案》，（廣東，2015 年）。

第十五章

高鐵時代粵港合作的挑戰和機遇

方舟

一國兩制研究中心研究總監

圖 15.1　與珠三角及香港相關的主要高鐵線路

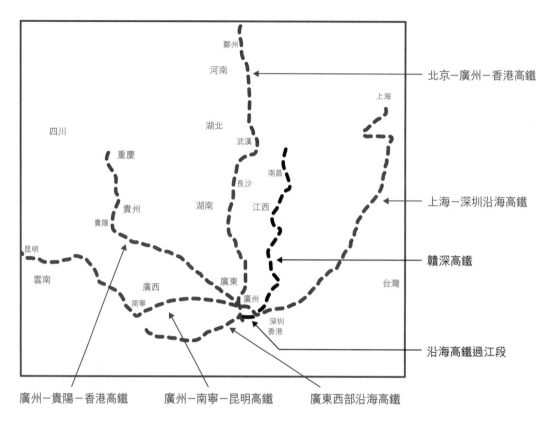

圖片來源：一國兩制研究中心。
説明：綠線標誌的是已建成的鐵路，黑線標誌的是仍在建設的或即將動工的鐵路。

粵港之間的三層級鐵路衙接

　　以城市群模式來推動城鎮化發展，是中國的一個主要策略。
過去幾年間，中國連續發佈了近二十個城市群發展的戰略規劃。
每個城市群都有 3,000 萬到 5,000 萬人口，涵蓋十幾個城市。貫
穿這些城市群交通網絡的核心便是高速鐵路和城際快速鐵路。大
珠三角地區在這方面發展迅猛，已逐漸形成了全國性的高速鐵路
網、珠三角的城際快速鐵路、各城市地鐵網絡的三個層次鐵路系
統，讓「一小時生活圈」的概念逐步走向現實。

　　三個層次的鐵路系統中，第一層面是國家高速鐵路網。國家
現在每年對鐵路投資規模約七八千億，建設速度很快。珠三角現
有多條已建成、或興建中的輻射全國的高速鐵路（見圖 15.1），
由東往西分別是：上海 — 深圳沿海高鐵、贛深高鐵、北京 — 廣
州 — 香港高鐵、廣州 — 貴陽 — 重慶高鐵、廣州 — 南寧 — 昆明高

鐵、廣東西部沿海高鐵（含沿海高鉄過珠江口段）等，基本覆蓋泛珠三角區域的大部分省份，將來還可能延伸到東南亞國家。其中大部分鐵路已經建成通車。廣東西部沿海高鐵江門至茂名段預計 2018 年通車，仍在建設中的是贛深高鐵，即將動工的是粵西沿海高鐵過珠江口（深圳—江門）段。

二是區域層面的珠三角城際快速鐵路。廣東「十三五」規劃提出「形成珠三角城際軌道交通網，構建城市群內部一小時交通圈」。鐵路設計時速為 140 至 200 公里，列車營運模式分為只停大站和經停多個小站兩種。目標是拉近珠三角城市的時空距離，主要市鎮之間的行車時間都縮短至一小時以內，形成出行時間上的「一小時生活圈」。

三是各城市興建的地鐵。現在廣州、深圳、東莞、佛山都在不斷完善地鐵網絡，其中廣州和深圳正在建設和規劃的地鐵網絡規模都已遠超香港，而且各城市的地鐵都有互相接駁的規劃，廣州和佛山之間還有三條跨城市的直達地鐵線路，深圳、東莞、惠州之間也有地鐵接駁的規劃。

粵港鐵路銜接的挑戰和機遇

從香港的視角出發，若要在整個鐵路網絡中承擔重要角色，必須做好與珠三角每個層次的鐵路銜接的策略性規劃。

廣深港高鐵「一地兩檢」通關安排

香港目前全速推進的廣深港高速鐵路，全長 142 公里，其中香港段 26 公里。預計通車後，會連接總長超過 20,000 公里的國家高鐵網絡，使來往內地各大城市的時間大大縮短，加強香港與內地各方面的連繫和民眾交流往來，並促進經貿、旅遊及專業服務的發展，帶來龐大的經濟與社會效益。香港鐵路有限公司（港鐵）訂購了 CRH380A 高速動車組來營運此段鐵路，但要充分體現高鐵的高速度，能否實施「一地兩檢」是其中的關鍵。

如果無法實現「一地兩檢」，那麼只能採用「兩地兩檢」的模式。在此條件下，只能在靠近香港的城市如廣州或深圳設置口岸（內地大部分城市的高鐵站並沒有預留設置出入境口岸的空

間），在兩地完成出入境手續後，再轉乘其他班次高鐵完成餘下旅程。在這樣的情形之下，高鐵將喪失高效準時的獨特優勢，廣深港高鐵被迫與全國高鐵網絡分割變成兩段鐵路，而其中香港出發的高鐵因路線太短，無法發揮高鐵的速度優勢，只成了來往於兩地的接駁車。來往於內地和香港的旅客，必須先在廣州或深圳辦理出入境手續，然後候車、換車前往目的地。這個過程的時間難以估計。由於到達廣州、深圳的旅客辦理完出入境手續後，還需要轉車，無法實現高速便捷、直通直達的目標。此外，雙方前期投資約 1,000 億建設費用，但預期中的經濟、社會目標卻無法實現，是難以預計的損失。

目前香港社會各界對廣深港高鐵「一地兩檢」的通關安排存在較大的爭議。

其實早在深圳灣口岸，已經有實施「一地兩檢」的成功先例，當時全國人大常委會通過了《全國人民代表大會常務委員會關於授權香港特別行政區對深圳灣口岸港方口岸區實施管轄的決定》，授權該口岸所設港方口岸區依照香港特區法律實施管轄，並由香港特區對港方口岸區實施禁區式管理。在「一國兩制」的制度下，深圳灣口岸「一地兩檢」完成了在不同法律框架下、共同為過境旅客提供高水平服務的一次實踐，其旅客優先、土地租賃、虛擬隧道、執法範圍、執勤條件、後勤供應等成功理念和實踐，都為廣深港高鐵提供了經驗。

但是，若情況相反，允許在香港的某個特定區域實行內地法律，就引起社會的極大爭議。香港部分人士引用《基本法》第 18 條規定：「全國性法律除列於本法附件三者外，不在香港特別行政區實施」，指出若授權香港特定區域實行內地其他的法律，即是違反《基本法》。泛民主派人士以此作為反對的理由，讓廣深港高鐵「一地兩檢」成為高度敏感的政治問題，尤其是在近年漸趨緊張的政治氣氛下，很容易變成一個政治炒作的議題。

香港不同人士就高鐵的通關安排提出了不同的方案，簡要梳理如下：

第一，「車上檢」的方案。內地執法人員先駐在列車，當列車進入內地司法管轄區後，即進行檢查。但因來往香港至深圳福田的車程僅 14 分鐘，車上檢查時間不足，所以以福田站為目的地的

乘客仍沿用下車後在車站做檢查的辦法。至於以廣州南站或其他城市為目的地的乘客，則由駐在車上的內地官員檢查。

第二，由內地授權港方的人員，如港方的政府人員或者香港中旅社代行檢查權。比如，現在香港居民往來內地所使用的回鄉證，理論上是由內地公安機關出入境部門發的，但是實際上由香港中旅社代行發給香港居民，它也有權拒絕發給某些香港居民。這裏中旅社代行了內地公安機關的職能，屬於委託執法。

第三，允許內地政府人員進入香港的西九龍總站的特定區域進行執法，但執法權只限內地有關出入境、海關、檢察檢疫三項權利相關的法律（中國檢驗檢疫，China Inspection and Quarantine），不實施內地其他法律。

第四，實行深圳灣大橋口岸「一地兩檢」的模式。這個模式是劃出特定的區域，即到達九龍站之前 26 公里的隧道內部、西九龍總站內部劃定特定區域，由內地進行執法。

上述方案，從具體可操作性的層面，應是介乎三和四之間。這兩個方案在國際上都有先例可循，外國已有發展成熟的航空及高鐵「一地兩檢」口岸管理模式，其運作方式以及不同國家之間的合作機制亦值得我們參考和借鑒。

國外經驗 —— 美加模式 VS 英法模式

美國與加拿大之間的「境外入境檢查」（preclearance），允許從加拿大出發前往美國的旅客，在加拿大機場提前接受入境美國所需的相關審查，包括入境證件查驗、海關檢查以及檢驗檢疫。這一檢查程序由美國海關及邊境保護局管理，相關檢查均由入駐加拿大機場的美國執法人員進行。美國執法人員有權拒絕不符合規定的人員和貨物入境。

美國和加拿大通過制定雙邊協議的方式，將「境外入境檢查」安排正式化。現時的運作，基於兩國在 2001 年通過的《航空境外入境檢查協議》（Aviation Preclearance Agreement Between the United States of America and Canada），該協議基於互惠的原則以及 1999 年加拿大通過的《境外入境檢查法案》（Preclearance Act），更新了雙方在 1974 年制定的原版協議。加拿大的《境外入境檢查法案》明確指出，在加拿大境內檢查區所實施的美國法律，不得違背加

拿大相關法律的宗旨。該法案規定了美國執法人員在加拿大境內檢查區域中所具有的權限，明確規定美國的執法人員不具有逮捕權。當航空器尚未離開加拿大時，加國對於完成美國入境檢查的旅客仍擁有法律上的司法審判權。

美國與加拿大之間的「境外入境檢查」安排始於 1952 年，加拿大的多倫多機場是首個實施該項安排的交通樞紐。此後，美國的「境外入境檢查」陸續擴展到加拿大境內的其他地區，包括溫哥華、渥太華、愛民頓等多個城市的國際機場，以及溫哥華跨境列車車站和多個港口。由於該計劃在美國和加拿大之間的順利實施，目前美國已將相關安排擴展至巴哈馬、百慕達、阿魯巴、愛爾蘭、阿聯酋的阿布扎比等 6 個國家的 15 個國際機場。從 2015 年開始，美國計劃將「境外入境檢查」擴展至更多的地區，其中包括阿聯酋的迪拜以及日本的成田國際機場。

美國「境外入境檢查」的實施，為美國和其他國家之間的人員、貨物往來和交通運輸提供了更佳的便利性。提前完成的入境美國檢查，一方面便於旅客在到達美國後直接中轉前往美國國內的其他城市以及前往第三國，免去行程中多次的出入境手續；另一方面，可以提升交通運輸的通達程度，縮短了旅客在繁忙的大型國際機場內的過關候檢時間，減輕了機場的人流壓力，以及使得更多的區域性機場毋須設置口岸查驗設施即可開通國際航線。隨着該安排的實施，美加之間的旅客流量大幅度提升。根據多倫多國際機場的統計，每年約有超過 1,000 萬人次的旅客通過該機場前往美國境內 46 個目的地。

英國和法國及比利時之間亦有類似的「並置邊境檢查」（juxtaposed controls）。在這一安排下，通過英吉利海峽往來英法比的跨境旅客，需要在行程開始之前於指定的車站和港口提前進行入境身份檢查，途經歐洲隧道的行程亦需要提前進行入境海關查驗。與美加模式不同的是，英國相關法例規定，在英國和法國境內指定區域執法的對方國家執法人員可以就出入境管理的目的對旅客行使逮捕和拘留權。

英國與法國和比利時之間的「並置邊境檢查」亦通過簽署互惠協議以及制定國內法例的形式被正式確認。英國與法國之間的「並置邊境檢查」始於 1994 年，該安排的設立旨在提升通過英吉利海峽往來兩國行程的便利性，之後，為解決大量無合法身份者

湧入英國尋求庇護的問題，2001 年之後「並置邊境檢查」被擴展至「歐洲之星」列車在法國和比利時的啟程車站，2003 年亦被擴展至法國北部的渡輪碼頭。目前，英國在法國和比利時境內的七個地點進行「並置邊境檢查」。

「一地兩檢」的美加模式和英法模式證明不同國家之間可以在互惠的原則之下就相關安排達成共識。各國均根據現實需要通過制訂協議和法例文本的方式，確定境外執法人員的相關權限。這種安排對兩國的交通網絡更加緊密銜接至關重要。而這些實施「一地兩檢」的城市，無一例外地提升了作為區域交通樞紐的地位。這些國家合作的經驗，對於今日的香港非常重要。其中英國和法國分屬普通法和大陸法體系，歷史上曾經是世仇。「歐洲之星」高鐵開通時倫敦的始發站是滑鐵盧車站，就是以紀念打敗法國拿破崙之戰役命名的，但兩國都能以務實的方法作出「一地兩檢」的安排。

阿聯酋經驗值得關注

阿聯酋的經驗，亦十分值得香港關注。阿聯酋的迪拜和阿布扎比機場，近年在全球機場排名中進步非常快。與美國達成「一地兩檢」的安排，使得阿聯酋可以與美國沒有海關的內陸機場建立直航聯繫，對於提升它們在全球航空樞紐地位是顯而易見的。兩國之間的制度、文化和宗教差別很大，但仍能不為政治噪音所擾，實施「一地兩檢」的安排。香港和內地是同屬一個主權國家下實行不同制度的地區，在相關問題的協調和探討方面較不同國家之間的安排應更具有優勢。

「一地兩檢」無論在物理形態和硬體設施上，都不是難題，最主要是雙方有高度的互信。此外，「一地兩檢」的通關模式之下，異地執勤面對的問題，比如通訊、生活，以及對非法人員的截留等方面，需要雙方有針對性地進行協商。在中國的高鐵網絡中，香港因為地理區位，本身已經處於「盡頭站」，而不是多條線路交匯的「中樞站」。如果不能在九龍高鐵總站有效實施「一地兩檢」，香港在中國高鐵網中將完全淪落到「盲腸」的地位。如果不能有效實行「一地兩檢」，香港的高鐵就不能與全國絕大部分城市直連直通，只能作為一條支線將旅客送去深圳或廣州轉車，自動放棄香港交通樞紐的地位。

圖 15.2　羅湖連接線

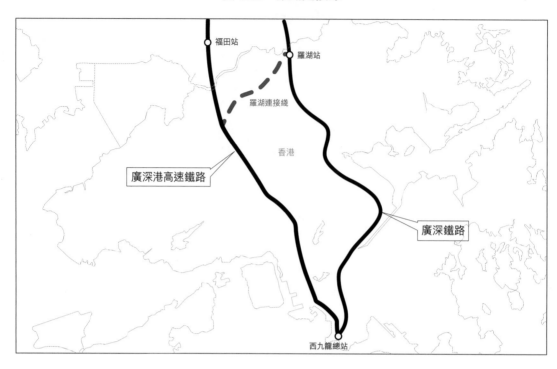

福田站

羅湖站

羅湖連接綫

香港

廣深港高速鐵路

廣深鐵路

西九龍總站

圖片來源：一國兩制研究中心。

羅湖連接線

　　從長遠規劃來看，香港在未來亦可考慮增加一條連接線，將廣深港高鐵香港段延伸至羅湖，跟現有的廣深鐵路連接起來（見圖 15.2）。因為現在的廣九直通車廣深段是用現有的廣深四線，而進香港之後則必須借用東鐵的路軌，這樣會導致本港的內部通勤地鐵和跨境火車混行，因明顯減速而降低效率。廣九直通車全程共兩小時，其中廣州到深圳一小時，深圳到香港亦一小時，其實後者是短很多的。如果增加一條連接線，讓和諧號動車可以用高鐵香港段的專用軌道，而無須再和東鐵線共軌，相信能有效提升香港段的效率和紓緩東鐵線的壓力。根據未來規劃，東鐵線將延伸至港島變成沙中線，但因為月台的限制，要由現在的 12 節車廂變成 8 節車廂，載客量減少，理論上發車的密度要增加，這亦會與混行的跨境火車構成矛盾。如果能有一條連接線供直通車使用，將對兩地都較為有利。

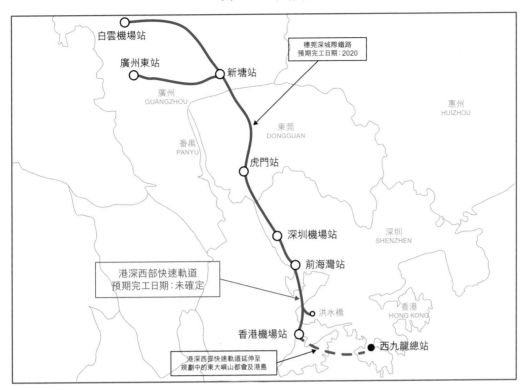

圖 15.3　西部快速鐵路

圖片來源：一國兩制研究中心。

1. 粵港城際鐵路的銜接

近幾年，珠三角地區鐵路的規劃和發展突飛猛進。對於積極推動粵港合作的香港，眼光不能僅停留在推進廣深港高鐵香港段的工程，更要及時把握珠三角鐵路的發展，為真正實現「一小時生活圈」，提供交通基建上的支持。

其中有一條涉及粵港合作的重要城際鐵路，曾在香港政府《施政報告》，甚至「十二五」、「十三五」規劃中都提及過，即西部快速鐵路（見圖 15.3）。這一條鐵路原來的設想是連接香港國際機場和深圳寶安國際機場，主要是為兩個機場的轉機旅客服務，但是後來基於成本與效益考慮，有關方案被暫時擱置。

隨着粵港澳大珠三角灣區發展到新階段，對這個項目的定位、成本和建設方式都有必要重新考量。由於香港和廣東各方城市規劃的不斷發展，未來這條鐵路可以被重新定位。香港方面，未來會在大嶼山展開多項發展計劃。政府正研究在機場北商業區及港珠澳大橋人工島上發展酒店、購物、餐飲娛樂和其他多元化

商業用途。連同東涌新市鎮的擴建、欣澳的填海發展，將有助大嶼山發展「橋頭經濟」。中長期來說，政府亦計劃在交椅洲填海約 600 公頃，建設東大嶼都會，發展一個新的商業中心。隨着香港北大嶼山新市鎮的開發和東大嶼山都會區的啟動，該鐵路從長遠角度看，可以繼續向西南延伸，途經東大嶼山填海區域後再連接港島的中環或上環，連通整個香港島。

深圳方面，隨着外向型經濟的發展和國際化水平的提高，之前深圳機場「主內」、香港機場「主外」的定位已經發生變化。另外，前海在深港現代服務業合作區的基礎上進一步升級成為自貿區，必將更加受益於該條鐵路。該鐵路向北與廣東在建的穗莞深城際鐵路（廣州—東莞—深圳）在深圳機場連接；向南可與香港內部至香港島相連，進而成為連通廣州天河東站和廣州白雲機場—廣州新塘—東莞虎門—深圳機場—前海—香港機場—東大嶼山—香港島的珠三角最為重要的城際鐵路。屆時深港西部快速軌道將同時承擔三類服務：（1）珠三角城際客流、（2）珠三角前往香港機場以及深圳機場的客流、（3）線路途徑各城市的西部快速鐵路服務。因此，這條鐵路除了可以承擔兩地機場轉運客流以外，還向南北各自延伸，服務整個珠三角，成為區域快線的一部分。

2. 粵港城市地鐵網的接駁

粵港未來在城市地鐵網接駁方面，仍有很多合作空間。以港深兩地地鐵與口岸的銜接合作為例，目前已有兩處對接。深圳地鐵 4 號線（龍華線）是深圳城市軌道交通網絡中南北走向的一條骨幹線路，南起港深邊界的福田口岸，與港鐵落馬洲站對接。深圳地鐵 1 號線（羅寶線）羅湖站亦與港鐵羅湖站，隔羅湖口岸相對。若要實現兩地地鐵的無縫對接，無疑對兩地通關口岸的便捷性有更高的要求。

其中羅湖口岸是目前深港流量最大的口岸，也是世界最大的陸路口岸，其綜合配套也是深港通關口岸中最完善的，這得益於羅湖口岸的升級改造。福田落馬洲口岸可以借鑒羅湖口岸改造經驗，借助深圳地鐵 10 號線途徑這個機會對口岸交通做整體的規劃，向綜合型交通樞紐口岸方向發展，建設成為具有國際水平的立體化綜合交通樞紐。將福田口岸的多元交通方式合理組織，建

圖 15.4　深港兩地地鐵口岸銜接

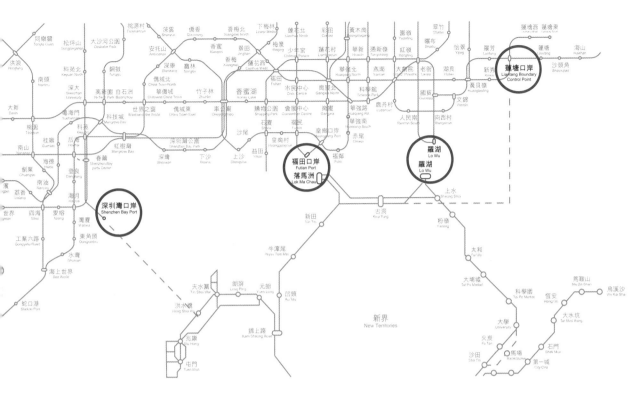

圖片來源：一國兩制研究中心。

設立體化、多層面的交通換乘樞紐，結合口岸上蓋物業開發，為公眾提供人性化便捷通關服務，形成有序高效接駁的一體化綜合空間體。

　　未來深港之間還存在建設兩個新的地鐵銜接口岸的可能性（見圖 15.4），一個是東面的蓮塘香園圍。香港政府現決定對新界北做大規模的規劃，在坪輋、打鼓嶺地區興建一個容納幾十萬人口的市鎮，並初步考慮將北環線，即東鐵線和西鐵線延伸到打鼓嶺地區，實際上就是延伸到蓮塘香園圍口岸香港的一側。在規劃上，雙方預先做好銜接是非常重要的。另外是一個西面的深圳灣口岸，深圳已規劃將石岩線延伸到深圳灣口岸，香港也初步考慮，在西鐵線的洪水橋站預留站位與深圳的站線路相連接。

　　此外，深圳灣口岸也須作為綜合交通樞紐口岸進行改造。隨着港深「一小時生活圈」的發展，兩地之間以消費、休閒旅遊和探親訪友為目的的旅客人次明顯增加。深圳灣口岸原來設計的日通關車流量為 5 萬、客流量為 6 萬，而如今車流日均僅為 1 萬，

而人流達到 16 萬。據估計至 2030 年，深圳灣口岸跨境旅客日均流量將達至 25 萬人次。深圳灣口岸深圳方面目前經常面臨交通擁擠的問題，如能借助地鐵建設的機會，如深圳南山區地鐵 11 號線與香港洪水橋之間地鐵銜接的可行性對整個綜合的交通做全面改造，將對提升通行能力有極大的幫助。港深政府應積極推動兩地地鐵對接，完善基礎設施網絡，充分協調口岸能力，形成合理的客貨流佈局，推動無縫對接和通關便捷。

結 語

多層次的鐵路網絡，是構建珠三角「一小時生活圈」最重要的基礎交通設施。但鐵路網絡的硬件，僅僅提供物理層面的交通連接基礎。轉變為實際意義上的經濟社會民生紐帶，方便市民出行往來，取決於粵港兩地政府的協調合作，在通關安排、口岸規劃、各類交通工具銜接等多個政策領域做好組織安排，才是真正的關鍵。

第十六章

港珠澳大橋跳出「單 Y 陷阱」變「實質雙 Y」的修補方案

劉瀾昌

香港資深傳媒人

全球矚目的港珠澳大橋海底隧道最後一節沉管於 2017 年 3 月 6 日成功安裝，標誌大橋主橋隧道工程已全線貫通，主體工程進入「收官之戰」。大橋香港段，香港路政署表示，仍維持 2017 年底完工的目標。也就是說，2018 年可實現通車。但是如何發揮這條在珠江口連接東西兩岸的大橋的功能，避免成為港人擔心的「大白象」的難題，還是深深壓抑在有關當局和有識之士心頭。簡言之，這座大橋如果流量不足，就有可能成為「風景橋」，而不是連接粵港澳大灣區城市群以至南中國的一個重要交通樞紐。

為甚麼車流量不足？

歸根結底，是因為當初確定大橋放棄「雙 Y」，採取「單 Y」。

平實研究來說，「單 Y」也不全錯，有其合理性。但是，一定影響車流量。

不過，有補救的辦法，就是將大橋實質變回「雙 Y」。固然，「單 Y」米已成炊，但是，還可以想法使其還「雙 Y」之實，而且也不難。

這樣做，不但能盡快提高大橋的效能以及收回投資成本，而且更重要的是，不必等到幾十年後香港特區與內地的車輛通行限制大幅度放寬之後，這條港珠澳大橋就可以和虎門大橋、深中通道一起成為橫跨珠江兩岸的連接南中國東西兩翼的重要交通樞紐。

「單 Y 陷阱」令車流量永遠徘徊在低水平

血管是人的生命線，血的流量關係到生命的質量。港珠澳大橋建成之後，車的流量多寡也就是關乎大橋的功效以及巨額投資的回本。本來，流量從不是問題，因為在港珠澳大橋的上游並於上世紀 90 年代建成的虎門大橋，以每年 10% 的速度增長，目前每日車流量高達十萬架次，並且還擁擠不堪，但是最後定案的港珠澳大橋由「雙 Y」變為「單 Y」，也就是說由原來連接珠江東岸的香港、深圳和西岸的珠海、澳門，變成了在東岸只有香港一個落橋點，大橋難成為溝通東西兩岸的樞紐。再加上，粵省當局迫不及待馬上連接深圳到中山的深中通道，也必然分薄港珠澳大橋的車流量。所以，港珠澳大橋通車之日，必定就是苦於車流稀少之時。

出於加快工程上馬的原因，粵港澳三地專家一直高估大橋通車後的流量，因為中央也不會允許大橋成為「大白象」。2005年，三地政府委託的顧問曾預測，大橋通車初期每日交通量約一萬架次。2009年，香港政府方面估算大橋通車首年車流量每日可達9,200至14,000架次。近年，三地政府再委託專家預測行車量，假設跨界私家車配額制度不變，私家車仍然是主要使用者，佔五、六成車流。通車首年，大橋每日交通量為9,200架次，到2035年會增至每日35,700架次。如果到2035年，也就是大橋使用17年之後，通車量也才不到四萬架次，不及虎門大橋一半，那麼這條橋的功用就可想而知，而大橋的回本更別提。過橋費如果收得貴，車流量就更少。因此，已經有內地有關人士說，按國家之前定下的20至25年收費營運期，根本沒有可能收回投資成本。故此，專家建議大橋專案有必要「特事特辦」，將收費期延長至50年。國務院批准成立由國家發改委、國務院港澳辦、交通部牽頭的港珠澳大橋專責小組。組長張曉強曾表示，大橋投資龐大，回報週期長，收費期可以允許40年甚至50年。至於收費標準，既要考慮車主的承受能力，也要考慮投資方的回報效益，在兩者之間選擇一個合理的平衡點。不過，還是有專家講，按照這個流量，100年可能也收不回成本。

那麼，到底是甚麼因素影響大橋的流量呢？

如果大橋是「雙Y」，即深圳也有落橋點，過往的內地車輛不必受香港對內地車輛的配額限制，如同過往虎門大橋和深中通道一樣的便捷，那麼，港珠澳大橋的車流量是不用擔心的，有可能一通車就直追虎門大橋的流量，逢年過節，流量再翻倍，每日20萬架次都是有可能的。

如果，每輛車過橋費為200元人民幣，每日流量十萬架次即可收2,000萬人民幣，一年可回本72億人民幣，25年則至少有1,800億，那麼大橋回本是可在預期內的。但是，如果長期日流量才一萬多，則是還利息也不夠。然而，未來大橋通車後，即第一時間落入「單Y陷阱」；如果不克服「單Y陷阱」，車流量則永遠徘徊在低水平，可能連一萬架次也達不到。

具體分析一下「單Y陷阱」：繼續保持目前大橋東岸只在香港有落橋位的現狀，還有目前難以改變的過境車輛配額制度，可在大橋行駛的車輛，將只有如下：一、領有粵港兩地牌照的貨櫃

車；二、領有粵港兩地牌照的客運巴士包括大巴、中巴和小巴；三、香港領有粵港兩地牌照的私家車；四、內地領有兩地牌的私家車；五、香港可領一次性入內地的私家車；六、香港到澳門沒有牌而又願停澳門落橋點的停車島再轉乘澳門巴士入內的私家車；七、香港沒有兩地牌願停珠海停車島再轉乘的私家車；八、澳門願停香港落橋停車島的私家車；九、內地愿停香港落橋停車島的私家車。

第一、香港貨運量是下降的趨勢，大橋主要通行到香港貨車的設想令大橋車流量難以增加。

毋須諱言，大橋由「雙 Y」變為「單 Y」，是大橋利益攸關方博弈的結果，而中央的拍板是從照顧香港的利益出發。只不過，香港以及其他各方都忽視精確計算大橋的車流量。1983 年由時任香港合和集團主席胡應湘提出設想，到 1993 年時任珠海市委書記梁廣大報中央方案，構想的是興建伶仃洋跨海大橋，並在 1997 年獲國務院批准立項。當時建議的走線是從珠海金鼎出發，經過淇澳島和內伶仃島，直達香港屯門爛角嘴，後來澳門、深圳和粵省提出也要有落橋，即「雙 Y」。但是討論進展緩慢，由於費用分攤和利益分配關係，香港方面不太熱衷，後來上海港集裝箱運輸量超越香港，鹽田、南沙港也直追，香港才積極並贏了「單 Y」方案，大橋也定名為港珠澳大橋而不是粵省力爭的粵港澳大橋。國務院港珠澳大橋專責小組組長張曉強明確表示，港珠澳大橋建成後，受益最大的是香港。根據專家的經濟效益量化分析，香港的受益佔 64%，廣東受益佔 26%，澳門受益佔 10%。

可見，吸引珠江西岸的貨物會否走香港，是香港方面的主要着眼點。但是，這個算盤忽視了貨物「就近運輸」的基本原則。在改革開放初期，廣東方面的港口建設沒發展，珠江東西岸的貨物都只能走香港，但是，東面的鹽田港，汕頭港、北面的南沙港、西面的高欄港，以至江門港、湛江港，急起直追之後，珠江兩岸的貨物，都必然「擇近而走」。還需要強調的是，由於香港實行「一國兩制」、有獨立的海關，走香港的貨物還須經驗關收費及麻煩的程序，自然也影響內地貨物走香港的意欲。事實上，內地陸路經港的貨運量近年持續下降，當年胡應湘任港口及航運局主席時鼓吹興建的 10 號貨櫃碼頭，特區政府已在 2014 年《施政報告》發表中表示不合乎經濟和成本效益，正式擱置。

目前，香港約有 13,000 輛貨車有跨境牌照，內地則有 800 輛貨車有兩地牌可進入香港，香港政府已初步決定這些車輛可使用大橋來往兩地。不過，澳門政府已表明不容許香港跨境貨車駛經大橋進入澳門市區，需於口岸裝貨及卸貨。這樣，即使現有 13,800 輛貨車每天開工，能走大橋不過 7,000 輛左右，實際上可能不到三分之一，因為主要的貨源還是在珠江東岸。

　　不過，由於大橋直達香港國際機場，大橋通車後必然刺激來自珠江西安的航空貨運量以及客運量。香港的航空公司，未來將大大得益於港珠澳大橋。但是，這方面的競爭也是激烈的，珠江西岸的珠海機場，澳門機場，湛江機場也會努力的。

　　無論如何，僅以貨運計，因為「單 Y 陷阱」，港珠澳大橋的車流量增長總是受到局限；而破「單 Y 陷阱」，變為「實質雙Y」，內地車輛無限制通過大橋，則大橋的車流量增長是無可限量，甚至迅速達到飽和。

　　第二，在香港、澳門和內地三地互進受限制條件下，私家車上橋不可能大幅增加。

　　香港和澳門地域狹小，是絕對不能承受外部車輛無限制的駛入。於是，香港很明確地指出，大橋通車後，內地私家車除了原先領有兩地牌的不能駛入，澳門的私家車也不能駛入香港，須停泊在落橋位專為泊車而設的人工島的停車場上。澳門也同樣，香港及內地的外來車也不可駛入澳門而是泊於人工島。

　　那麼，內地是如何對待港澳的車輛呢？理論上，內地幅員遼闊，是可以容納港澳車輛的。目前，珠海市也逐步放開澳門私家車到橫琴島。而且，內地放寬港澳私家車入內，是利大於弊，及活躍粵港澳三地人員來往，方便經濟活動，內地也可以增加路橋費的收入。不利之處，則是增加擁堵以及出現交通事故處理的糾紛。但是，總趨勢應該是愈來愈寬鬆愈來愈便利。歐盟國家自由通行，就是很好的典範。

　　然而，目前制度下，港澳私家車自由通行內地還是奢望。就香港而言，分為粵港車牌的常設配額以及粵港自駕遊。香港領有粵港兩地過境牌照的私家車約有近 2.8 萬架，內地領有兩地牌的私家車則約有 2,800 架。香港私家車領取兩地牌，條件異常苛

刻，不是一般人可以申請，即使申請到，費用也昂貴（據說數十萬），至於炒賣更是天文數字，不是平民百姓負擔得起。

至於粵港自駕遊一次性配額，即「港車北上」，首階段自2012年實施以來，一直反應欠佳，一年全年平均只有200多宗申請，僅及每月約1,500個配額的14%。

顯然，若然這種車牌政策不變，即意味着大橋通車後只容許少部分香港「貴族私家車」使用。也許有人不同意，認為粵港澳三地沒有過境牌的私家車雖然不能入境，但是也是可以使用大橋，只不過要停泊在人工島再轉乘。的確，粵港澳三地政府目前的構想正是如此。

在大橋香港，澳門和珠海的落橋口岸旁都修有大型停車場。澳門一側，停車場容量7,500輛，其中2,000個車位留給澳門本地汽車，5,500個車位留給香港和大陸汽車。香港和珠海各自也都有類似停車場，乘客停泊好自己的私家車後改乘當地接駁巴士入內。

試想一下，對香港人來說，開車走這座橋完全是雞肋。過橋聲稱只要30分鐘，那只是通過大橋和引橋的時間，從香港或九龍的市區到大橋入口處還有幾十公里呢，全程跑下來要一個多小時，也只能到達珠江西岸的橋邊口岸。接着，在口岸人工島停車場寄車，然後走出停車場，轉乘澳門本地計程車、或者賭場的接駁巴士入澳門市區。這樣走，比起坐一個小時快速船到澳門費時費錢兼麻煩。同樣，香港開私家車到珠海，也要泊車在人工島再轉車入內，也不如坐船到九州港方便。因此，香港人開私家車走大橋，可能只有一兩次參觀旅遊的興趣，而沒有將此作為通往澳門和珠海捷徑。

同理，澳門私家車和珠江西岸的內地私家車，也不會視港珠澳大橋為進入香港的捷徑。不過，相信珠江西岸的內地人，若要搭乘香港國際機場的航班，走大橋是一個好選擇，但是數量還是有限。

很現實地看，香港目前一共有機動車輛70萬架，私家車50萬輛左右。囿於香港的地理環境，未來也不會大量增加，更不會有大量私家車過大橋。因此，如果不能吸引內地車輛走大橋，大橋必定是「大白象」。

第三，客運大巴將是大橋主力，但是車流量依然有限。

由於私家車受限於兩地牌以及需要轉乘的限制，領有過境牌的巴士、中巴以及出租房車，應該受到一定程度的歡迎。粵港澳三地政府已建議以穿梭巴士作主要交通工具來往口岸，並容許跨境巴士、出租房車通行大橋。

香港運輸署建議參考目前皇崗口岸的「皇巴士」安排，以穿梭巴士作為大橋不同口岸的主要交通工具，提供往來香港和珠海以及香港和澳門的接駁服務。乘客到達口岸後再利用當地公共交通前往目的地，繁忙時間及非繁忙時間的基本班次分別為每 5 分鐘及每 10 至 20 分鐘一班，穿梭巴士的運作將由一個由粵港澳三地企業組成的聯營公司自負營虧，營運牌照設五年期限，最多續期一次。

除穿梭巴士，亦建議容許跨境巴士、提供點對點服務的跨境出租房車，其中巴士及出租房車均設配額，服務班次及車輛數目與配額數量掛鈎，配額亦設期限；跨境巴士的票價由營辦商自行決定。由於跨境大巴不需要旅客在落橋位人工島接駁當地交通，可直接過境，只要收費有競爭力，還是可以吸收客源。但是，由於路程和時間的原因，不可能完全替代跨海客輪。

不過，政府表示，通車初期粵港澳三地政府會一共批出 300 個跨境巴士配額，每日可提供 600 個班次往來香港和澳門、內地。另外，香港政府還計劃批出 250 個跨境計程車的配額。

相信擁有更大潛力的應該是香港經過大橋到珠江西岸更遠地方的巴士，例如到湛江、廣西北海等地八小時車程以內的班車。當然，要比航空客運便捷才有競爭力。另一方面，粵西來往香港這部分的巴士客源是不會長久的，因為深茂鐵路也就是深圳到茂名的鐵路通車後，這部分將轉取鐵路來港。

然而，扳起手指一數就清楚，客運巴士服務再繁榮，增加大橋的車流量還是有限，不足以破除「單 Y 陷阱」。

「單 Y 陷阱」源於香港經濟轉型

事實上，「單 Y 陷阱」，直接的原因是受制於香港的地理環境，不可能容納內地很多車輛入內。而從根本來說，是受制於香港 730 萬人口的規模以及經濟模式。香港經濟走向以金融、服務

業為主，製造業式微並帶動轉口貨運下降，香港必須正視這個現實。2007 年通車的深圳西部通道，原來預估每日車流量可達 6 萬架次，但是通車初期的 2007 年的每日平均流量為 3,103 架次。到 2016 年，落成九年後，每日車流量仍只有 10,534 架次，僅為預測的六分之一。為甚麼估算錯誤，根本方面是對香港經濟發展模式和趨勢估計錯誤。

那麼，到底應該如何破除港珠澳大橋的「單 Y 陷阱」？

既然「單 Y 陷阱」是由香港的結構性矛盾決定，那麼要破除這個陷阱，必然要跳出香港尋找解決之道。也就是說，通過香港自身去增加車流量是杯水車薪，自駕游一次性簽證問津者稀就是明證。於是，還是要將目光轉向內地。一句話，還是要在「雙 Y」上動腦筋想辦法。

筆者認為，港珠澳大橋擺脫「單 Y 陷阱」，實際上是使到內地的車輛可以不受制於進出香港海關的麻煩，較便捷地行駛於大橋。那麼：

第一，在大橋靠近東岸的非香港海域依然可以修築一條連接橋，直通深圳前海地區落橋。從圖中可以看到（圖 16.1），這條連接橋可以先到內伶仃島，再到前海，但是長度在 20 公里左右。不論採用橋或是隧道，還是橋隧並用方式，幾乎是再修一條深中通道。因此，廣東和深圳方面必然不作此想，香港也不能建議對方建設。

由此也可以看到，港珠澳大橋當初拍板「單 Y」，也是有一定的合理性，就是少了落腳深圳，可以減少近 20 公里的珠江海面上的橋隧的作業，的確可以節省很多投資成本和建橋的時間。

第二，則是利用粵港曾經構想的港深機場連線（見圖 16.2）。這條鐵路，原擬定主線路由深圳寶安機場至香港國際機場，經停前海灣站，並分設一條支線至新界西北洪水橋，連接香港西鐵，全程 41 公里。該鐵路曾設想，為方便港深機場客人通關，採用全封閉的方式。

筆者的設想是，借這條鐵路的建設，加插一段連接港珠澳大橋與深圳的高速公路，可以公路在上，鐵路在下，或公路與鐵路並行。於是，等於港珠澳大橋在香港落橋後即接上一條全

圖 16.1 港珠澳大橋圖則

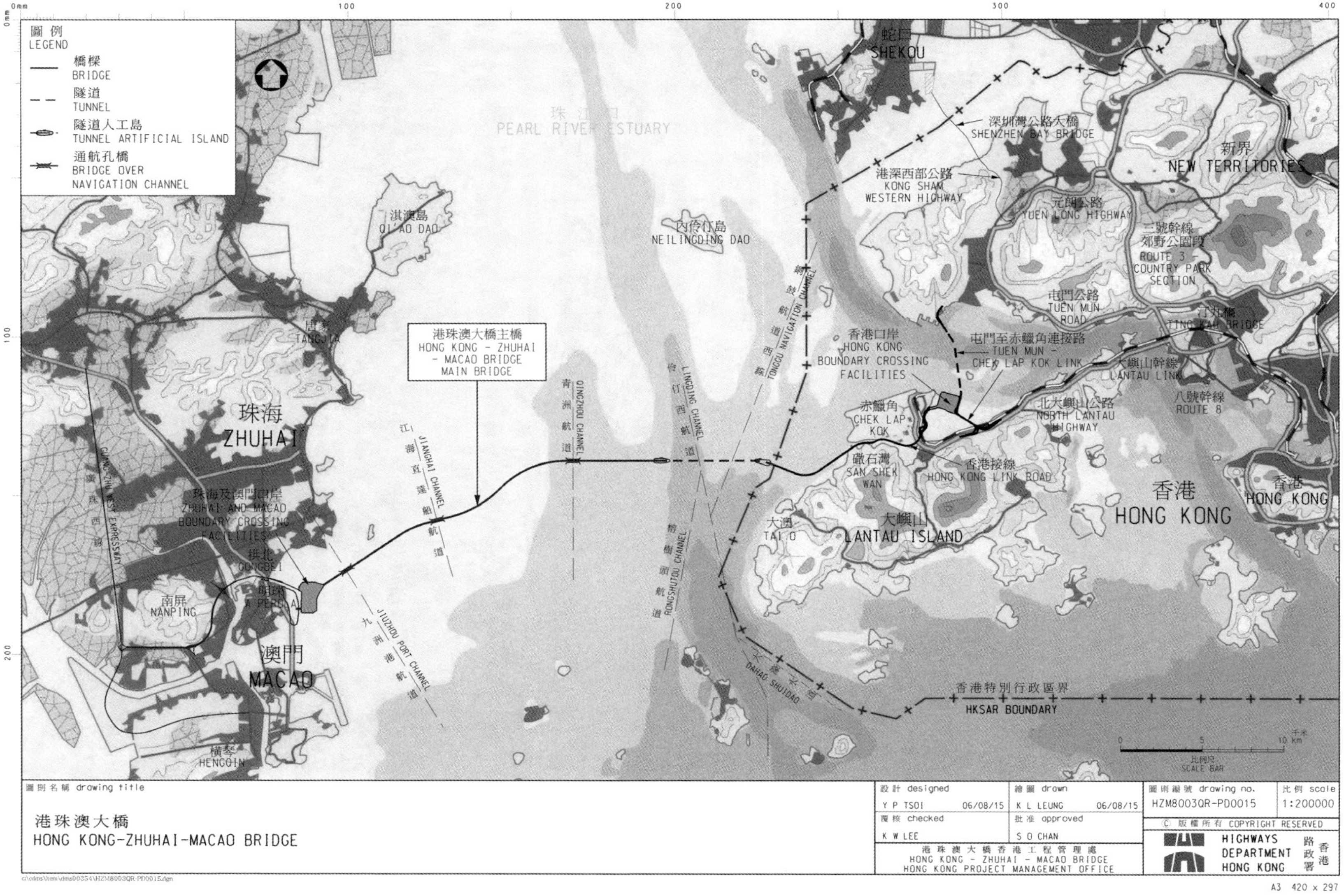

圖例 LEGEND

橋樑 BRIDGE

隧道 TUNNEL

隧道進入人工島 TUNNEL ARTIFICIAL ISLAND

通航孔橋 BRIDGE OVER NAVIGATION CHANNEL

NEW TERRITORIES 新界

SHEKOU 蛇口

PEARL RIVER ESTUARY 珠江口

深圳灣公路大橋 SHENZHEN BAY BRIDGE

港深西部公路 KONG SHAM WESTERN HIGHWAY

港深西部公路 SHENZHEN WESTERN HIGHWAY

元朗公路 YUEN LONG HIGHWAY

屯門公路 TUEN MUN ROAD

屯門至赤鱲角連接路 TUEN MUN – CHEK LAP KOK LINK

香港特別行政區界 HKSAR BOUNDARY

北大嶼山公路 NORTH LANTAU HIGHWAY

香港接線 HONG KONG LINK ROAD

三號幹線 列嶼公園段 ROUTE 3 COUNTRY PARK SECTION

八號幹線 ROUTE 8

香港 HONG KONG

大嶼山 LANTAU ISLAND

赤鱲角 CHEK LAP KOK

磯石灣 SAM SHEK WAN

大澳 TAI O

大澳水道 DAHAO SHUIDAO

香港口岸 HONG KONG BOUNDARY CROSSING FACILITIES

銅鼓航道 TONGGU NAVIGATION CHANNEL

伶仃航道 LINGDING CHANNEL

榕樹頭航道 RONGSHUTOU CHANNEL

內伶仃島 NEI LINGDING DAO

青洲航道 QINGZHOU CHANNEL

江海航道 JIANGHAI CHANNEL

九洲港航道 JIUZHOU PORT CHANNEL

青洲島 QIAO DAO

港珠澳大橋主橋 HONG KONG – ZHUHAI – MACAO BRIDGE MAIN BRIDGE

珠海 ZHUHAI

澳門 MACAO

珠海及澳門口岸 ZHUHAI AND MACAO BOUNDARY CROSSING FACILITIES

拱北 GONGBEI

南屏 NANPING

橫琴 HENGQIN

廣珠西線高速公路 GUANG-ZHU WEST EXPRESSWAY

圖則名稱 drawing title

港珠澳大橋

HONG KONG–ZHUHAI–MACAO BRIDGE

設計 designed	Y P TSOI	06/08/15	繪畫 drawn	K L LEUNG	06/08/15	圖則編號 drawing no.	比例 scale
覆核 checked	K W LEE		批准 approved	S O CHAN		HZMB0030R-PD0015	1:200000

© 版權所有 COPYRIGHT RESERVED

HIGHWAYS DEPARTMENT HONG KONG

路 香
政 港
署

港珠澳大橋香港工程管理處
HONG KONG ZHUHAI – MACAO BRIDGE
HONG KONG PROJECT MANAGEMENT OFFICE

A3 420 x 297

圖片來源：香港路政署。

圖 16.2　港深機場連線構想圖

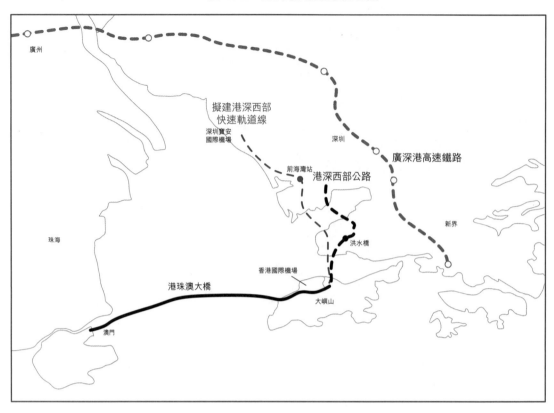

封閉的免經海關的陸上通道，變相使到大橋由「單 Y」變成了實際「雙 Y」。

由於這條全封閉的陸上通道是搭載在「港深西部快速軌道」之上，當然會降低成本，有好的經濟效益。但是，香港方面認為該鐵路預算耗資甚巨，其中深圳段造價 104 億元人民幣，香港段造價則達 470 億港元。雖然時任深圳市長許勤先後多次到香港游說，但港府不為所動，不將該項目納入《鐵路發展策略 2014》規劃內，即香港至 2031 年之前都不會發展這條鐵路。因此，此路在短期也不通了。

第三，也就是以救急計，還可以打還在修建的港珠澳大橋「赤鱲角連接屯門高速公路」的主意（見圖 16.3）。這條連接路既能提供另一條到香港國際機場的道路，也能夠提供來往新界西北與大嶼山最直接的路線，更可以連接港深西部公路，直通深圳。

圖 16.3　修建的港珠澳大橋「赤鱲角連接屯門高速公路」構想圖

2008 年 6 月香港暴雨，北大嶼山公路被完全淹浸接近一整天，機場對外交通只能依靠鐵路。2015 年 10 月 23 日，受汲水門大橋封閉事件影響，汲水門大橋須全線封閉以進行緊急檢查，令大嶼山對外陸路交通一度完全癱瘓數小時，市民只能依賴渡輪服務出入大嶼山。可見，這條連接路對鞏固香港國際機場作為國際及區域航空樞紐的地位有重要意義，同時這也是珠江西岸經港珠澳大橋進入深圳的必經捷徑。

香港當下值得考慮的是，是否可以趁着這條公路還沒有完成定型前，對其功能進行提升，也就是在這條連接路以至港深西部通道，闢出一條全封閉的道路，供內地車輛無需通關便捷通過。這樣，香港要更投入於對赤鱲角連接屯門高速公路和港深西部公

路改造，相信可以要求廣東和深圳共同分擔，因為他們能夠從中得益。

如果這一構想實現，原先港粵澳三地對港珠澳大橋的利益分配就不再是 64:26:10 的格局，廣東方面應該上升為大頭，可以多承擔些費用。而實際上，香港則可以從大橋增加流量，赤鱲角連接屯門高速公路增加流量而得益。

2017 年 3 月 5 日，國務院總理李克強在第十二屆全國人大五次會議上做政府工作報告提出，要推動內地與港澳深化合作，研究制定「粵港澳大灣區城市群」發展規劃，發揮港澳獨特優勢，提升在國家經濟發展和對外開放中的地位與功能。恐怕，要港珠澳大橋擺脫「單 Y 陷阱」，進行變「實質雙 Y」的修補工程，粵港澳三地當局，還需要認真思考李總理的要求。

港深合作——共融共贏

第十七章

深圳與香港合作
粵港關係的「前沿『觸點』」

何亦文

香港時事評論員

三年後的 2020 年，香港與深圳在彼此的關係中各居甚麼位置？是繼續冷漠相待，還是取長補短，成為一種利益共同體？

回顧歷史，1997 年前的 20 年間，深港兩地是「前店後廠」的互補關係，香港提供資金、技術以及國際貿易渠道，在深圳投資辦廠；深圳則以廉價的土地、勞動力吸引香港投資。這是一段兩地合作的黃金蜜月期。

三十餘年間兩地關係的變遷

1997 年後，隨着中國成為世界貿易組織的成員，深圳慢慢地跳過香港與國際市場建立直接地聯繫。隨着人民幣不斷升值、人工、土地成本的增加，對港商而言，深圳的投資吸引力愈來愈低。2000 年前後，港人北上深圳購物消費一度成為「熱潮」。不過好景不長，2003 年「非典」（SARS）以及緊隨其後「二十三條」立法所引發的政治風波，深圳對港人的吸引力下降。為救香港經濟之急，內地居民香港「自由行」一時人丁興旺，深圳居民更享受「一簽多行」所帶來的往來兩地的便利。未料物極必反，從天而降、無處不在的內地游客觸發香港「反自由行」、「反水貨」行動，壓力之下，深圳居民的「一簽多行」改為「一周一行」，兩地網民在互聯網上展開罵戰。

2017 年隨着粵港澳大灣區再次提出爭持已久的河套 87 公頃土地使用達成協議，深港兩地間的合作再次提上日程，這種「政治掛帥」（出於政治目的）式的合作推動能否把兩地帶入一種「雙贏」的狀態？或者最終只是一場泡影？

全國人大委員長張德江在 2017 年 3 月的「兩會」期間向港區政協委員表示，深圳將會在未來兩年內超過香港，說 2016 年香港經濟總量為 2.3 萬億港幣，深圳為 1.9 萬億人民幣，提醒香港把經濟放在首位。有分析稱，如果不是 2016 年人民幣貶值 6.67%，深圳很可能已經超過香港。

有人將深圳和香港稱為「雙城」，表示二者是互為補充、互為依托的密切關係。在內地五個經濟特區中，深圳能夠一騎絕塵處於領先位置，無疑是受益於香港這個好「鄰居」。然而，斗轉星移，深圳這個昔日作為香港「後花園」的年輕城市，已經成為

一個人口過千萬的大都市，經濟實力與北京、上海、廣州齊名，一併被稱為「北上廣深」的一線城市。

深圳今天的自信，來自它走出一條與北京、上海、廣州完全不同的發展道路。北京、上海是共和國的「愛子」，中央在資源上給予充分支持。廣州是省會城市，在廣東享有獨一無二的優先位置。更重要的是，近年深圳科技創新在全國獨領風騷，華為、騰訊等國際知名公司的出現，令深圳獲確認為中國最適合創業、有利於高新企業發展的「土壤」。

得益於科技創新

在深圳「十三五」規劃中，「創新」和「質量」兩詞多次出現，「強化企業創新主體地位」、「完善綜合創新生態體系」、「提升創新發展能級」、「構築人才高地」的詳細論述，給人留下完整構思規劃的印象。

令深圳驕傲的是，自己成為中國第一個「國家創新型城市」——全社會研發投入佔 GDP 比重達 4.05%，國家超級計算深圳中心、國家基因庫、大亞灣中微子試驗室等國家級重大科技基礎設施在深圳建成使用，利用「孔雀計劃」（人才引進計劃）形成63 個創新團隊，PCT 國際專利申請量超過五萬件，連續 12 年居全國之首。目前，深圳在第四代移動通信、基因測序、超材料、新能源汽車等領域技術水平居全球前列。「加快國際科技、產業創新中心，打造全球領先的創新之城」是深圳未來的發展方向。

按照深圳的計劃，直到 2020 年培養過萬家國家級高新技術企業如果進入國家級高新企業名單，將獲得包括 10 至 30 萬元的區級政府獎勵，深圳市政府也將給予稅收優惠。創客是深圳創新科技的一項特色，政府計劃到 2020 年新增創客平台 40 個，新增創客空間 200 個。

引進海外人才是深圳，以至廣東省的一項難題。深圳提出「到 2020 年新引進海外高層次創新團隊 100 個、海外高層次人才2,000 名」，卻沒有就實現目標說明。

「價廉質差」是中國產品在國際市場上給人留下的印象。鼓勵和支持參與國際國內標準制定，加緊創建一批國內領先、國際先

進的深圳標準，使深圳製造成為產品高端、技術先進、管理卓越和服務優質的品牌象徵。

深圳未來的變化會給香港造成潛移默化的影響。深圳創新科技若繼續發展提高產品質量水平，勢必會擴大兩個城市間的實力落差，城市規模擴大會對香港構成環境壓力。與深圳的複雜關係中，前海自貿區與河套港深創新及科技園和香港的關係最直接和密切。

按照深圳「十三五」規劃，2020 年深圳 GDP 將達到 2.6 萬元（人民幣，下同）。張德江提醒，深圳將超過香港，這會否出現，取決於未來三年人民幣是否繼續貶值，深圳又能否如期實現年均 8.2% 的增長計劃。

除了創新科技，深圳給外界留下的另一個印象是在內地各城市中遙遙領先的樓價，由此產生爭論 —— 議題之一是深圳會不會像今天的香港，成為只有金融和地產的「空心」城市？

反對者認為不可能。因為深圳遠超過香港的產業種類和規模，以及內地沒有像香港那樣有一條有形的邊界。更重要的是，深圳不時提醒自己 —— 不能重蹈香港的覆轍。

深圳「十三五」規劃第九章「建設更具競爭力影響力的國際化城市」中的第二節，是攜手推進粵港澳大灣區建設。建設成為粵港澳大灣區的戰略樞紐城市，是深圳在這項龐大發展計劃中的自身定位，具體表述是：「以世界著名灣區城市為標杆，立足深圳、攜手港澳、協同珠三角，打造高端產業形態，強化要素配置能力，促進基礎設施建設互聯互通，彰顯城市國際化風範。加快粵港澳大灣區建設，提升灣區經濟能級發展，在更大範圍集聚資源、拓展市場、外溢發展，努力建設創新能力卓越、產業層級高端、交通網絡發達、幅射功能強大的全球一流灣區城市⋯⋯推進粵港澳優質生活圈建設，完善深圳與中山、珠海、香港、澳門的快速直達航線，實現與粵港澳灣區城市一小時通達。」

規劃中的對外開放和區域合作部分，香港被多次提及 ——「全面提升深港合作水平」的最終目的，還是為港澳長期繁榮穩定發揮重要作用。

深圳提出加快建設大型邊境免稅購物中心和區域性進口商品展示交易中心，將直接影響香港零售業。土地匱乏是深圳未來發

展面臨的一大難題。按照「十三五」規劃，該市除去通過土地整備（對零散土地進行整合）提供 50 平方公里土地，另一條出路是填海：「以前海、大鵬東西兩翼為重點，以深圳灣、大鵬灣、大亞灣、珠江口灣區為核心，打造濱海城市空間形態。」

去年深圳市政府發出公告宣佈，到 2020 年耗資 273 億元人民幣，填海 55 平方公里平均每平方公里近五億元。

深圳的交通規劃也將對香港產生直接影響 —— 加快 20 萬噸級集裝箱泊位和航道建設，佈局覆蓋全球的航運航線網……到 2020 年集裝箱吞吐量達到 2,800 萬標準箱、提升深圳機場國際樞紐功能……推進深圳寶安國際機場第三跑道、T4 航站區一期工程建設，實現雙跑道獨立運行，到 2020 年機場客運吞吐量達到 4,800 萬人次。在過去的國家級規劃中，香港的定位是「國際樞紐機場」，深圳是「幹線機場」。不過現在深圳已將自己提高到與香港平行的位置 ——「國際樞紐機場」，興建第三跑道應當就是實現這個目標的具體行動。

有統計稱，2016 年香港的集裝箱吞吐量在全球排名從第五降至第七，深圳則維持在第三位置，兩者相差 660 萬 TEU（20 呎標準貨櫃，物流單位）。

「到 2020 年，全市人口發展預期目標為 1,480 萬人」。這是 2016 年深圳「十三五」規劃所寫的。然而，2015 年底中共深圳市委在「十三五」發展規劃建議中提出計劃建設 2,000 萬人口的「超大城市」。甚麼原因使正式規劃減少 520 萬？有說法是中央不希望再有「超大城市」出現，也有議論說是廣東方面擔心如果深圳繼續擴大，勢必超過廣州，脫離廣東版圖的可能性愈來愈大。無論原因如何，2020 年之前深圳升格為直轄市的可能性大大降低。

除了將自己發展成為人口「超大城市」，深圳正在進行的另一個重大動作是「深中通道」（深圳至中山）的興建。這座長達 12 公里的大橋計劃在 2020 年竣工通車，建成後深圳對粵西的經濟幅射將大大增強，同時對港珠澳大橋形成正面衝擊。

2009 年 12 月 15 日的港珠澳大橋動工儀式上，時任國務院副總理李克強與時任香港特首曾蔭權、時任澳門特首何厚鏵面對鏡頭春風滿面，頻頻向鏡頭揮手致意；其時身為廣東書記的汪洋卻

神情肅穆。當時媒體的解讀是，從汪洋的表情看到「單 Y」「雙 Y」爭論留下的陰影。

幾年過後，深圳連接中山的「深中通道」（又稱「深中大橋」）可行性報告不但獲得國家發改委的立項，而且開始先期施工，據稱五年後（2020 年）建成通車。那時，伶仃洋上將出現港珠澳大橋和深中大橋「8」字型交織的壯觀場面，兩座大橋車流量的多寡，不僅是投資回收之爭，也意味着那時的珠三角經濟格局出現重大變化，誰持粵港澳大灣區（廣州、深圳、珠海、佛山、惠州、東莞、中山、江門、肇慶和香港、澳門）11 個城市群之牛耳將一目了然。

河套是「兩制」合作的試驗

2017 年 3 月，公共專業聯盟政策召集人黎廣德和創新及科技局長楊偉雄在報章上有一場爭論。黎先生擔心位於河套的港深創新及科技園變成「港人付鈔、深圳收益」的怪胎，甚至成為衝擊「一國兩制」的缺口。楊偉雄先生則強調，任命權百分之百是在香港一方。他更樂觀地預測：「港深創新及科技園可為本港經濟每年貢獻約 570 億元，並創造約五萬個職位。」

如果說「一國兩制」尚處於實踐階段，那麼「兩制」之間的合作就更是空白。有人主張用增進兩地融合方式加強對「一國」的認同，也有人強調以隔離保證香港的「高度自治」。2017 年初，香港與深圳就河套 87 公頃土地合作使用達成協議，是一件值得珍惜的事情，表明中央希望避開政治爭議，以共同發展科技的方式為「兩制」合作尋找道路。

科技創新對於深港兩地而言各有優劣。香港完善的法律體系和對海外人才的吸引力令深圳可望而不可及。深圳十餘年來在科技創新的努力碩果纍纍，傲視內地其他省市。一個連接龐大的海外市場，一個能夠把新技術轉化成產品，最終成為商品的內地腹地。

論及香港和深圳的決策方式，前者必須經過廣泛社會諮詢和立法程序，後者則在高層決策取得共識後自上而下貫徹執行，兩者在社會認同、決策程序（效率）上採用完全不同的方式。

深港兩地怎樣利用河套解決「兩制」合作難題？會不會應驗黎廣德的憂慮：香港方面不但賠錢，還成為衝擊「一國兩制」的缺口？楊偉雄先生的樂觀預期來自哪裏？筆者認為，當下應當放下「兩制」的心結。試想，若不是在「一國」架構下，這塊「業權歸深圳，管理權歸香港」的土地怎麼可能最終成為「土地及項目的業權、發展權及管理權全屬香港？」

深港創新及科技園董事局十名成員的任命權由港方掌握。由深圳方面提名的三名董事，特別是雙方提名的三名董事，如果雙方產生爭議，港方會不會不理會對方予以否決？這是一個頗具挑戰的難題。香港方面提名的候選人可能具有環球視野，熟悉海外法律制度、熟識金融運作，不過在科技創新有些陌生；深圳方面的人選很可能是在某個科技領域頗有專長，而且在開拓市場上有成功經驗，但行事作風有些武斷。

接下來的問題是關於公司的進駐。華為、騰訊等深圳公司可能會以成功者的強勢角色進入園區。香港科技研發的特點是有「綠洲」沒「綠野」。香港 2017 年初獲得 11 項國家科技研發獎，獲獎者主要是大學，由此可以看到在「產學研」三位一體中的失衡。已經取得成果的香港各大學試驗室，會不會借這個介於兩地間的便利之地，尋求由研究成果向成品最終成為商品的轉化。香港台灣工商協會副會長陳自創認為，香港企業在科技方面的創新多為軟件公司，有些公司已經取得成功。例如一家名為「天開」（TFI），提供視訊串流科技，現在已經是微軟、亞馬遜的合作者。這類公司面臨的是香港缺乏人才方面的壓力。

關於河套園區的功能，深圳民間評論人士金心異講得很透徹：「必須做那些香港本土做不到，在深圳本土也做不了，只有在河套才能做好，充分利用深港兩地優勢的事情。」

總之，兩地間利用港深創新及科技園合作，前景有着無限想像空間，也可以預見到一些由於兩地間制度不同形成的障礙。如果無損於「兩制」，又可能讓兩地互利，不妨一試？

內地與香港未來能否進入經濟相互融合的關係，粵港澳大灣區的實質推進是關鍵因素。粵港間合作的關鍵又取決於香港與深圳，特別要看河套科技能否提供一條以科技創新為主的新路。前十年北京推動的 CEPA 收穫有限，從反面說明傳統方式的無效。

第十八章

從國家戰略層面
打造「一國兩制」框架下的
深港合作區

黃揚略

全國政協委員

本文建議以高起點、高端服務、高附加值的前海合作區為引擎，以深圳南部和香港北部為共同平台，在「一國兩制」的大框架、粵港合作的大背景下，全面啟動金融、科技、文化、教育、醫療、環保等領域全方位深度融合發展的深港合作區建設，以促進香港進一步繁榮穩定，並逐步建立珠江三角洲乃至亞洲最具活力和輻射力的經濟文化開放合作地區，使之成為代表中國參與世界競爭的「國家隊」。這樣，一可使香港全面直接接上中國腹地之「地氣」，加快香港北部開發與發展，增強香港經濟活力與港人歸屬感和祖國認同感；二可使深圳廣東及泛珠三角地區直接借助香港的金融、科技、教育、衛生、環保、資訊等方面的優勢和先進的管理經驗，加快發展及創新。

　　鑒於這一設想對於貫徹落實「一國兩制」方針、打造新時期的廣東乃至泛珠三角地區的發展新引擎，以及更好地發揮經濟特區的示範帶動作用、繼續推進我國改革開放事業具有重大意義，建議把建設深港合作區納入國家發展大戰略，在下一個五年規劃和國家中長期發展規劃中加以明確，從國家戰略層面予以謀劃並積極推動。

可行性

　　深港合作是一個老話題。改革開放以來，特別是香港回歸祖國後，兩地合作發展勢頭強勁，經濟、科技、文化、人員等方面的融合程度不斷深化，你中有我，我中有你，同城化、一體化發展勢頭愈來愈明顯。近些年來，兩地社會各界對深港合作提出許多展望，包括「深港經濟共同體」、「深港同城化」、「深港創新圈」、「深港都市圈」等設想，均引起了不少迴響。但是至今尚未形成理念清晰、內涵明確、具有較強號召力和操作性的戰略定位。

　　當今之中國，已躍居為世界第二經濟大國，需要把建設世界級大都會作為國家發展戰略，以參與全球競爭，推動區域經濟發展。深港各具獨特優勢，最具條件發展成為佔據世界城市體系頂端、發揮強大國際影響力、輻射力的世界級都會區。建設這樣的一個世界級都會區，對於落實和發展「一國兩制」方針政策、保持香港回歸以來的良好發展勢頭，維護港澳地區長期繁榮穩定，

特別是增強港人對國家的認同感、提升凝聚力和榮譽感，最終實現人心的回歸，具有相當重要的意義。

資料顯示，2012 年香港和深圳經濟總量相加，大約相當於 30,000 億人民幣，比照不久前中國各地公佈的 2012 年度的經濟資料，「深港雙子城」可在全國所有城市的經濟總量中當之無愧地名列第一，無一地區能及，遠超上海市的 20,101 億元、北京的 17,801 億元、廣州的 13,501 億元。即使從省級區域來說，港深經濟合作圈的經濟總量，也可以排行全國第四位，僅次於廣東、山東、江蘇、浙江四個省級區域，這是港深經濟合作區的經濟能量。世界上很少有兩個城市，會像深圳和香港一樣，在 3,000 餘平方公里的狹小空間內，社會制度不同但兩城唇齒相依，演繹着令世界注目的中國傳奇，成為大珠江三角洲地區、泛珠三角地區甚至全國最大的經濟增長與輻射地區。

而從深圳的發展態勢來講，昔日的華南邊陲小鎮經過改革開放的催生與洗禮，已經一躍成為中國南方最具發展活力的現代化都會。港深兩地到 2 月底，均公佈了 2012 年度的經濟發展資料。按當年價格計算，香港 2012 年的經濟總量是 20,401 億港元，而深圳則達到 12,950 億人民幣。由於匯率差異，深圳 2012 年 GDP 大約相當於 16,188 億港元，比香港 GDP 只差 4,100 億港元左右，正在日漸追近香港。若按照兩地現在的經濟增速計，深圳很有可能在未來三年之內追上香港的經濟總量。而從全球範圍來看，深圳去年 GDP 約排在全球城市第 27 位，僅次於三藩市、伊斯坦布爾等城市。而人均 GDP 則接近兩萬美元，按照 IMF 的資料，相當接近去年韓國的水平。

從這個意義上講，可以説深港強強攜手、加快融合，共建合作區、打造雙子城，毫無疑問構成最具實力代表國家參與世界區域競爭的「國家隊」，也完全有可能在「一國兩制」的框架下，在 10 至 15 年內建設成亞洲最具活力與競爭力的世界級大都會。在某種程度上，深港合作區建設也是「一國兩制」政策能量在空間上的放大，這是中國改革開放 30 年之後逐步收穫的紅利。更為重要的是，從政治和全域考量，這對於拓展香港發展腹地、提升香港全球競爭力、維護港澳長期繁榮穩定，以及推動「一國兩制」成功實踐，也具有重大意義。

具體建議

從國家戰略層面建設深港經濟文化合作區，打造亞太地區最具活力的國際大都會，需要在以下幾個方面大膽探索，先行先試。

重大基礎設施對接

推進深港兩地的合作和重大基礎設施的對接是當務之急。兩地應進一步完善跨境基建專案聯席會議制度，統籌、規劃和加快跨境專案的推進，並加強發展戰略的研判。對於專案所需要的資金，可由深港兩地政府組成金融控股公司，由該公司為兩地大型跨境基建提供融資。

具體來説，以下幾個項目應盡快推進。

第一，推進跨境通道建設。加快東部過境通道和蓮塘/香園圍口岸的建設，實現「東進東出、中進中出、西進西出」的深港跨境公路交通總體格局。同時，結合郵輪港口建設，改善蛇口口岸；結合機場擴建，建設新的水運口岸；結合東部地區旅遊發展，盡快啟用和建設大梅沙、西湧和南澳水運口岸；結合深港機場連接線建設，在前海建設城市航站樓，使前海具備航空口岸功能。

第二，推動兩地機場更緊密合作，共同發展成為國際航空樞紐港。加快建設連接深港兩地機場的軌道連接快線，加強與機場銜接的軌道、道路、公交場站等交通系統建設，提高機場的輻射能力。要特別注意的是，政府要加大研究力度，在連接跨界運作模式方面，確保過境旅客及托運行李無縫對接。同時，充分考慮把深圳機場與香港機場軌道連接線和兩地本地軌道網絡聯繫在一起，擴大軌道連接線能覆蓋的潛在市場。

第三，進一步加強口岸合作，簡化人員貨物通關手續。目前，深港各通關口岸中，僅深圳灣口岸實現「一地兩檢」，而且這「兩檢」並不同時進行，過境旅客僅需兩邊排隊。筆者建議各口岸雙方同台查驗，簡化查驗手續，真正變「兩檢」為「一檢」。同時，對於兩地出入境的貨物，也通過加強 RFID、GPS 等先進技術手段的運用，試行「單邊驗放」。

打造深港跨境合作區

1. 前海現代服務業合作區是新時期深港合作重要引擎

15 平方公里的前海被稱為「特區中的特區」，是深港合作的重大平台和重要抓手，亦是我國新時期改革開放的重要舉措。2010 年 8 月 26 日，國務院正式批覆了《前海深港現代服務業合作區總體發展規劃》。2011 年 3 月，國家正式將深圳前海開發納入「十二五」規劃綱要。按前海規劃，前海將以「創新、市場化、與國際接軌」為指導思想，堅持「開放合作、互利共贏、體制創新、科學高效、高端引領、集約發展，統籌規劃、輻射示範」的原則，在「一國兩制」框架下，努力打造粵港現代服務業創新合作示範區。前海的功能定位為現代服務業體制機制創新區、現代服務業發展集聚區、香港與內地緊密合作的先導區、珠三角產業升級的引領區。前海應重點發展金融、現代物流、資訊服務、科技服務及其他專業服務四大產業。到 2020 年，建成基礎設施完備、國際一流的現代服務業合作區，具備適應現代服務業發展需要的體制機制和法律環境，形成結構合理、國際化程度高、輻射能力強的現代服務業體系，聚集一批具有世界影響力的現代服務業企業，成為亞太地區重要的生產性服務業中心，在全球現代服務業領域發揮重要作用，成為世界服務貿易的重要基地。

前海既是深圳的前海，也是香港的前海。作為中國最先進的現代服務業集聚區，港深兩地經過三十幾年的產業合作和經濟融合之後，目前香港的優勢產業正是現代服務業，前海因應趨勢，正成為香港優勢產業的延伸之地，是香港優勢在「一國兩制」的框架下在空間上的擴大。通過前海，香港的優勢產業在經歷了低端產業轉移之後，又一次對內地輻射。這次所產生的效果，和 30 年前發端的產業轉移不同，香港優勢產業的腹地，將會大幅度衍生，而不是區區的 1,000 平方公里。

然而，僅一個 15 平方公里的前海，不僅地域狹小，而且產業亦主要聚焦於現代服務業。相對於天津濱海新區的 2,270 平方公里、上海浦東新區的 1,200 平方公里、廣州南沙新區擴容後的 800 平方公里，從中長期發展考量，前海的面積一定要向縱深擴容，產業合作的領域也一定要從單一的現代服務業向全方位、多領域延伸。因此，前海的發展應該從長計議，在加快開發建設的基礎上，應該加緊打造若干深港跨境合作區。

2. 加快香港新界東北開發，推進深港河套地區建設

梁振英當選為香港第四任行政長官之後，提出了發展香港新界東北的設想。這既是為解決香港發展空間的一大佈局，同時也因應了深港經濟一體化和同城化的趨勢。

因為歷史原因，港深一直存在一條制度性的邊界。儘管歷任特首都在通過邊境開發推進深港的兩地合作，但對深港邊界的開發，一直是雷聲大雨點小。為此，筆者建議香港特區政府應當加快新界東北的發展，盡快釋出邊境土地，同時對深港河套地區的功能盡快達成共識，使之與前海功能相搭配，加快開發建設。如果說前海是香港進入內地的跳板，而河套地區則可以打造成為內地企業「走出去」的橋頭堡，形成一個內地企業在香港的地區總部圈。在兩地土地「寸金尺土」的今天，這種盤活深港邊境土地資源存量，大膽制度創新之舉，必然會為兩地發展注入活力。

深港邊境的河套地區，是深圳河在落馬洲和皇崗口岸的河段截彎取直之後形成的。深港雙方對開發這一地區，無論是在民間層面，還是在政府層面，前前後後不知議論過多少次。但由於河套地區涉及土地屬權和邊境管治問題，一直是議而不決，迄今沒有能夠形成一個雙方認可、可以兼顧各自利益的解決方案。

深港雙方對河套的兩權分離，其實是有共識的，並曾形成過約定 —— 業權屬於深圳，管理權屬於香港。這意味着在河套地區實行香港的社會經濟制度，並不存在障礙。這一障礙消除之後，確定河套地區的土地用途，自然成為關鍵性的問題，這是落實河套地區開發方案的前提。深港雙方其實都認可特殊的地理位置和兩權的分離，使河套地區的開發具有特殊的價值，也具有其他地區所無法取代的優勢。

筆者建議河套地區可以採取「境內關外」的模式，將之打造成為內地企業在香港的地區總部圈。因為香港和深圳實施不同的社會制度，在維持海關概念的同時，淡化邊境的概念，河套地區可以定位為「境內關外」，是國境之內深圳海關之外的特殊協作區，在「一國兩制」的框架下，思考新的流通模式，進行制度創新。

就人員進出而言，無論河套開發未來採取何種模式，因為河套的屬權歸深圳，邏輯上內地人憑身份證即可自由進入河套地

區，並不需要辦理港澳通行證；而香港人進入河套，亦將更為寬鬆，只要不進入深圳其他地方，亦不需要辦理入境手續。而就資金、財物的流動而言，則可視為保稅區。香港和國外企業進駐河套，就等同內地的企業，可享受國民待遇。同時，內地的企業進入河套，也就如同設立在香港，可享受關稅方面的優惠。

概言之，深港間邊境線綿延，合作空間非常大，在「一國兩制」的框架下，通過「先行先試」，將河套地區打造成為內地企業在港地區總部圈。這一旦可行，內地在香港設立地區總部的數量將會有突破性的增長，同時可以有效地盤活港深邊境土地資源存量，也整合港深兩地的經濟利益，對兩地的深度融合起到不可估量的帶動作用，可以作為在「一國兩制」框架下打造亞洲最具活力和最具實力的港深經濟合作圈重大突破口。

3. 依託二線關，把深圳南部規劃為深港合作的戰略縱深區

在前海合作區、香港新界東北以及河套地區等地發展的基礎上，可進一步探索，將過去「二線關」內的深圳南部，即深圳原特區內四區，規劃為深港合作的戰略縱深區。條件成熟後，按照「管住二線，放開一線，區內自由」的原則，跨境合作區與香港的人員和貨物可自由流動。如此一來，最直接的作用是可以減輕香港接待購物「自由行」人群的壓力。

在戰略縱深區內，不僅可以與香港展開深度的產業合作，借鑒香港的稅收和經濟制度，打造國際化營商環境，而且可以深化改革開放，更全面借鑒香港行之有效的法制制度、社會管理制度和行政績效管理制度。比如，借鑒香港廉政公署的做法與經驗，在核心合作區建立專門的反貪反腐機構，為國家反腐倡廉制度建設先行探路；借鑒香港的行政績效管理制度，建立政府決策、執行、監督三方面相對分離的行政體制，進一步減少行政層級；借鑒香港的社會管理和服務制度，創新深圳的社會建設等。

共建優質生活圈

隨着深港合作的日趨緊密,「雙城生活」(工作在這城,生活在那城) 成為許多兩地居民的選擇。打造深港特別合作區,需要兩地共建優質生活圈。

教育領域合作

深圳高等教育資源不足,而一河之隔的香港有多所世界排名較前著名學府。筆者建議加大兩地教育合作,一為「深港人才培養計劃」。該計劃主要是香港對深圳開放教育資源,令更多深圳學生更方便地入讀香港的大專以上院校,相當於深圳學生赴港「留學」。另外,探討在 CEPA 的框架下,准許港深兩地在教育合作方面有靈活的機制。目前香港的教育機構一律被視為海外教育機構,不能直接在深圳辦學。筆者建議通過有效途徑尋求國家支持,爭取國家對香港教育進入深圳作出特殊安排,允許香港大學在深圳獨立辦學。

醫療領域合作

在深圳生活的香港居民越來越多,深港醫療服務水平存在差異,香港的保險機構不認可深圳醫院資質,在香港購買的商業醫療保險無法兌現。筆者建議推動香港醫療機構在深圳註冊成立分支機構,補充深圳現有的醫療服務體系,方便在深香港居民,也讓深圳市民享受到更高水平的醫療服務。

在港大深圳醫院的基礎上,鼓勵更多香港公立醫院與深圳合作開設分院,或允許香港醫生掛牌在深圳公立醫院,在作為香港居民就醫定點醫院的同時,也可為深圳市民提供服務。積極推動兩地醫療專業資格互認,並逐步納入 CEPA 合作範疇。

環保領域合作

加強環保合作,確保「生活圈」環境優美是推進深港合作必不可少的一環。

首先，兩地應聯合起來，摸清家底，建立深港甚至粵港生態環境資源帳戶，作為規劃、區域佈局和建設專案立項的重要依據，以提高生態環境資源的利用效率與效益。其次，雙方共同開展治污行動，特別是要開展水污染和大氣污染的治理。目前，深圳區域內有不少粵港兩地牌汽車、香港貨櫃車在行駛，深港兩地應加強合作、研究，對這些汽車廢氣排放進行監督、管理。在水污染治理方面，雙方應合力治理並開發深圳河，使其成為港深之間一道獨特的風景。同時，深港兩地具有不少具生態價值的跨境生態線，需要好好保護。可考慮在邊境劃出「跨境不發展區」，在海洋劃出「跨境鯨豚保護區」，保護生態環境。

保障措施

深港合作的層次與水平不斷提升，打造深港特別合作區，將其建設成為亞太地區最具活力的國際大都會。這不僅事關深圳、香港、廣東的長遠發展，而且關係到兩城兩地 2,000 多萬居民的福祉，更有利進一步激發「一國兩制」的制度活力，有利維護香港的長期繁榮穩定，有利提升粵港區域和國家的競爭力。因此，必須從國家發展戰略的層面加以謀劃，長遠考量，綜合施策。

為推進深港特別合作區建設，筆者建議（1）國家有關部門牽頭，研究制定深港特別合作區發展戰略規劃，從國家層面明確合作區戰略定位和重點，加強政策指導和引領；（2）成為香港、廣東和深圳市共同參與的深港特別合作區建設發展協調委員會，定期研究合作區建設的重大事宜，加強政策研究協調，並向國務院報告；（3）建立相關機制，吸納專業人士和民間的智慧，為深港特別合作區建設凝聚力量、達成共識；（4）從政府和民間層面，強化深港特別合作區的國際推廣，擴大其國際影響力。

第十九章

論港深合作的進與退

王玉清

中國人民大學經濟學院教授

説中國的開放始於港深合作，似乎並不誇張。北京的開放政策出台當然涉及幾大部委的對外經貿許可權，但是真正如火如荼地啟動各地的開放熱情和多種經濟模式的探索，無不始於深圳特區的建設，而深圳特區的成功，最重要的一點就是其毗鄰香港的地理位置。

　　自上世紀 80 年代「三來一補」加工貿易在深圳興起，香港接單深圳製造，不僅給香港帶來了巨額利潤，也給當年一窮二白的深圳和更為廣闊的內地提供了利用土地和勞動的機會，形成了原始積累。港深合作在過去近 40 年中，有加工貿易、口岸建設一類的合作共贏；有深交所設立一類的學習共進；有港大深圳醫院一類的服務業合作嘗試；還有航空服務類的競爭式合作。隨着深圳的快速發展和結構升級，香港內部的停滯與爭拗不斷，兩地的合作近年來經常出現雷聲大雨點小的情況，科技合作、金融合作，特別是前海的合作，都處於艱難前行的地步。港深合作經歷了 30 多年的突破式合作共贏之後，在兩地經濟發展水平不斷趨近，甚至短期內就有此消彼長態勢的情況下，再加上合作模式愈來愈需要符合國際商業規範，兩地如何在未來的發展中發揮各自優勢，實現優勢互補，將是共同面對的問題。

航空業 —— 從經港飛到經深飛

　　在各行業的合作中，粵港之間合作格局的逐步演化表現最為明顯的就是以港珠澳大橋為代表的基建合作；而港深之間合作的演化，最為明顯的則是航空服務業方面的合作。

　　珠三角方圓 200 公里範圍內聚集了廣州、香港、澳門、深圳、珠海五大機場，而若算上湛江、汕頭、梅州、佛山等地的支線機場，則更是多達 12 個，在世界上非常罕見。其中又以廣州、深圳和香港這三大機場為主。由於三大機場距離太密，在建設初期一直被外界指將不利發展。

　　然而，在過去十多年中，不僅穗深機場擴建跑道和修建航站樓以應對日漸增加的客流和貨流，連填海建成的香港赤鱲角機場也動用各種力量，不惜天價成本，要繼續填海建造第三條跑道。

雖然有分析認為，珠三角的機場密度遠高於國內平均水平，但這是按單位面積計算的分佈密度，而不是以人口計算的密度。就後一種來說，珠三角的機場密度不僅相對於倫敦地區、洛杉磯地區、紐約地區和歐洲許多地區的機場密度不算高，甚至尚未達到國內的平均水平。事實上，以機場建設和使用為主要指標的航空業，在珠三角區內的競爭一直強於其他地區。

仍以機場為例，隨着內地航空業的快速發展，特別是京滬穗國際樞紐機場地位的形成和不斷提升，香港機場曾經作為進出內地的國際門戶機場的地位已經消失，並且其輻射力逐漸縮減到華南，甚至珠三角地區。

香港的優勢在國際航線，深圳則在國內航線密度上佔優。由於深圳機場比香港機場擁有更龐大的內地航線網絡和更高的航班頻率，再加上相對低廉的票價，使香港旅客多年以前就開始不斷地經深圳進出內地，從而導致香港機場的內地航線網絡始終徘徊不前。再加上作為香港 ── 內地航線上主要客源之一的台灣旅客，由於兩岸直航而不斷減少，未來香港機場在開拓內地航線上將比以往任何時候都艱難。

深圳機場的競爭環境也不遑多讓。國際航班有香港競爭，國內航線被廣州壓迫。隨着珠三角龍頭地位的確立，廣州機場發展戰略逐步明確，基地公司 ── 南方航空公司正在迅速做強，基本完成了網絡結構戰略轉型，在華南地區航空資源和空域資源等方面處於有利的戰略位置，有利於在有限範圍內的爭奪。自 2004 年轉場以來，白雲機場旅客輸送量六年實現「三連跳」，成為近年來全球進步最快的機場之一，近幾年發展勢頭仍然持續。

穗深之間為爭搶珠三角其他城市的客源，展開更為激烈的競爭。廣州機場在區域內已經開通了 17 個城市候機室，而深圳機場更以開通 20 個城市候機室予以還擊。特別是深圳機場還在香港的港島和九龍開通了城市候機室，並通過深航聯合粵港運輸公司開通七座商務車往來香港市區 ── 深圳機場的接送服務，以吸引高端客源，與多年前的「經港飛」同出一轍。

航空業的競爭中航空公司也是不容小覷的變數。除了三大機場的基地公司之外，還有海航集團有限公司。它是唯一在珠三角三大機場都擁有始發經營權的航空公司，還招安了香港的香港航

空和港聯航空。一旦海航旗下公司能夠高效協同運作，將會對珠三角航空業產生可觀的衝擊。

國內經濟發展引發航空服務需求快速上漲。針對潛在的需求，各航空中心自然要未雨綢繆，以保持自身的競爭優勢。這不僅是城市形象，也是實實在在的利益。機場建設、航空公司、航線密度、客貨運輸，甚至飛機維修等，都是利益的載體，還不要說周邊居民出行便利帶來的城市效率提升。前幾年穗深機場的大肆擴建就說明了這種趨勢。但是在這樣的競爭格局中，筆者認為香港的航空業對於自身未來的優勢把握，有些重規模輕效益之嫌。

在上述競爭不斷強化的背景下，香港航空業應該分析和建設自身未來能夠持續保有的競爭優勢。這個優勢應該是源於擴建和優化基建設施，還是通過向知識型、高增值轉變提升服務結構。香港政府於去年 8 月 1 日為機場第三條跑道舉行工程啟動儀式，機管局亦於同日開徵機場建設費。香港有史以來最昂貴的基建動工，政府卻罕見地拒絕傳媒出席，其背後的爭議可想而知。

事實上，香港機場為了捍衛珠三角的客源，不僅將作為臨時建築的機場海天碼頭改建為永久性設施，更將船班航線增加至七條，其中往返深圳蛇口碼頭的船班頻率為每小時一班。同時，由於香港的自由港制度，香港機場還繼續為乘船中轉的旅客提供行李直掛和即時還返 120 港元離境稅的服務。另外，香港機場還開通了 35 條往返廣東、廣西以及福建的陸路大巴，其中前往深圳的班次達到了 15 分鐘一班。

在優化香港的基建設施方面，政府已經表示會加強各項海、陸、空交通運輸設施和不同設施之間的銜接，以提升香港國際機場的能力和效率，為香港航空提供優良配套。這方面不僅有預計於 2016 年建成的港澳珠大橋，還有航空運輸方面的第三個機場空運貨站。同時為了應付中短期的航空交通需求，機場管理局正展開機場中場範圍第一期發展工程，提供額外 20 個飛機停泊位，也在 2015 年分階段完成。此外，機管局亦在西停機坪分階段興建了 28 個停機位。

儘管香港機場的第三條跑道規劃先聲奪人，但仍有不少人士質疑它的效益問題，特別是航空服務業內的專業人士。優秀人才與管理質素是航空業持續發展的先決條件。為支持業界的長遠發展並向高增值的航運服務業進發，香港政府已經成立「海運及空

運人才培訓基金」，並獲立法會撥款一億元支持這個基金，吸引更多年青人接受相關的技術訓練和升讀專業學位課程，投身航空航運業界，以加強香港作為國際航運中心的競爭力。但從筆者接觸的專業人士來看，這些都有些捨本逐末。

事實上，航空服務業是一個龐大的系統，不僅有機場和運輸服務，還有飛機維修等與高端製造業相關的服務。在很多研究航空業的項目中，多數集中在航空運輸的服務業研究方面，或是關於機場等基礎設施的建設和管理研究，而對於專業技術性強、投資規模大、服務附加價值高的飛機維修業卻一直少有關注。而這一領域，正是香港擁有的高效率、專業和全面的航空服務內容之一。

作為亞洲最早發展起來的航空中心，香港的飛機維修業在國際上具有相當明顯的領先優勢，並且已經在內地建立了多個維修基地，同時憑藉先行的技術和人才優勢，還向亞洲其他地方輸送高端人才和設備，是該領域當之無愧的領頭者。幸運的是，在經濟發展委員會屬下的航運業工作小組的支持下，香港政府已經開始研究成立民航訓練學院，以進一步提高香港及區域內航空業人員的知識技術和專業質素，並為航空業培養多元人才，以提升航空運輸的安全水平和管理效率。但尚嫌不足的是，對於未來香港在航空業各個領域中的優勢，應該是繼續與周邊地多人多的其他中心進行基建競賽，還是通過結構升級，將本有的專業技術優勢發揚光大？佔領高增值服務先機卻似乎不夠明確。

而更深入地看待這一問題，還不只是各地競爭策略的優劣，而是在競爭中缺少合作的觀念，沒有發揮協作競合的區域合作理念。這就特別反映在港深空港一體化的止步，也間接反映出兩地合作近年來不進反退。

事實上，對於珠三角的三大機場來說，特別是香港機場，如果從國際樞紐機場地位的角度來看，不僅需要面對區內其他機場的強勁競爭，更需要與內地京滬兩大樞紐機場和台灣的台北桃園機場爭搶客源。同時，還要面對他國樞紐機場的競爭，如東京、首爾、新加坡和曼谷等。相比於國內默許的廣州機場作為華南的樞紐機場，香港機場未來的前景只能依靠市場競爭優勢來保有自身的地位。這樣的背景下，香港機場的未來用腹背受敵來形容並不為過。

因此，通盤考慮嚴峻的競爭態勢和自身條件明顯的限制性特徵，香港航空業的發展絕對不應該是基建方面的競賽，而應該在管理和技術方面強化優勢，同時通過合作輸出技術和人才，夯實自身在技術和管理方面的領先優勢。

就機場合作而言，目前香港機場已經全面接管珠海機場，與深圳機場的合作在某些方面進展也較為順利。如果説對珠海機場的接管是香港機場管理模式和方法的輸出，珠海機場因此成為香港的另一條跑道和備用基地，那麼港深機場的深度合作則更具戰略意義，是香港機場和航空提升長遠競爭力的重要組成部分。其實香港方面早就意識到了內地市場對於其航空業發展的重要性——運輸署曾在其《鐵路發展策略 2000》報告中提及修建由香港機場前往邊境口岸的赤鱲角線和后海灣線的長遠方案 [1]。2007年《建構港深都會研究報告》中，此鐵路升級為港深機場鐵路，探討實現「港深超級空港」的構想 [2]。但港深機場都是業內的佼佼者，都掌握着獨特的優勢資源，要想相互妥協並讓渡部分優勢資源展開合作並非易事。時至今日，卻由於方方面面的原因，該計劃已完全擱淺。如果港深機場及其他航空服務領域的合作還能重覓新機，或許更符合香港的競爭優勢，也更容易達至區域共贏。

港深合作、進可雙贏、退則雙輸

有內地機構公佈城市競爭力研究的排名，深圳居於香港之前。儘管可以懷疑這一結果，但其表現出來深圳城市競爭力的大幅度提升確是不爭的事實。至少港深兩地間互有不同優勢，應該已是無可爭議的事實。

筆者較多往返港深之間，對於兩地各自的狀態頗有感觸，深信如果深圳能夠在發揮自身優勢的同時吸收香港經驗，在前海等建設項目中實現優勢集成，廣東自貿區的成就自然會在這裏首先達至目標。而蛇口片區又是由招商局主導，如獲成功，也可以為香港提供商界主導經濟社會發展的參考模式。

從筆者的切身經歷來看，在香港，往來於商務區和普通住宅區，你完全可以依賴公共交通。在這些區域，無論是行走、乘車、就餐或是購物，大家都會自覺排隊等候，秩序井然。而在經過邊境過關之時，各種隊伍標誌清楚，周邊的工作人員會注意你

的行動，但不會像是怕有漏網之魚似的，對於每一位旅客都要求行李過機，過度查驗。

到了深圳一側，當然要看你走的是哪一個關口。落馬洲的過關人數明顯增多，排隊時經常因為各色人等，你可能會突然向前，也可能前面的人突然招手過來幾個同伴；如果是羅湖，人數不會增加，但如果你拿着行李箱，無論如何你的箱子會被要求過機。總之，如果你有兩地牌的私家車，才會便利地通過關口，繼續深圳的行程。邊境工作人手調配如何改善，似乎是一個無人關注的議題。深圳市內的公共交通已經有了很大改善，但是如果要去前海等地，依賴公共交通還是費時，而且有諸多不便。內地的公共管理和公共服務，對於便利普通人士的小事，似乎從來不是當局考慮的重點事項。這些貌似小事，卻關乎商業的便利性，也應該是深圳提升城市競爭力不可或缺的內容。

相比其他內地城市，深圳的優勢在於其地理位置臨近香港；相比於香港，深圳的優勢在於與內地沒有絲毫的阻隔。沒有了行政的阻隔，文化上更不會有自我隔絕的傾向。所以，在深圳市區，你不用擔心會有抵制外來港人或是其他地方旅客的示威，更不可能出現騷亂。

香港一直以自由港地位自居，但在開放問題上，深圳其實更具優勢。深圳不僅對港台、新加坡等亞洲近鄰榜樣開放，對於歐美發達社會和全球精英也一樣開放，其中包括內地各省的優質資源。可能是本土人士勢力太過微末，這裏完全沒有本土化的氛圍，就連俄羅斯和東歐中亞，以及拉美非洲各國的人士，也能感覺到這裏對他們的開放與善意。當然，這種開放局限於對於優質資源的青睞，只不過在深圳，這個任務由價格來調控，而不是示威甚至無理的謾罵與騷擾。

深圳的開放，和對內地其他生產基地以及消費市場的無阻隔，又造就了它對全球技術，特別是華人技術開發的集成優勢。比如源自香港，成於深圳的大疆無人機的傳奇。其他新技術企業在深圳崛起的例子更是不勝枚舉。

而筆者認為深圳最為重要的優勢在於它的憂患意識，其對產業結構、地價過高、教育與公平等的憂患，推動着政府不斷進行長期的思考，支持着這個城市不斷地自省、自知和不斷地學習先進調整優化。

城市發展路徑可以千差萬別，但是，缺乏有競爭力的產業，一切只能是空中樓閣。一個有競爭力的產業，會有極大的影響力，不止就業和產值，還有產業集聚與產業提升。產業的發展需要有技術優勢，而技術開發的投入和風險，只有領先企業或是互動組合良好的產學研機制，才有實力和魄力承擔，在不斷的試錯中尋求突破，把握新的方向。企業或是機構的這種探索，又會對一個城市的政策和人文科技環境提出更高的要求。

未來的發展中，如果兩地能夠多方面展開合作，深圳繼續發揮毗鄰香港的優勢，率先突破高科技企業的在港融資，為企業的境內外投融資開拓新路，不僅對於全國的資本市場開放探索道路，也為深圳的科技與金融相互促進提供更為優越的條件。目前，深圳的高科技企業在港上市融資的都不多，其他創新性的投融資服務空間就更大。對於香港而言，與深圳的合作當然可以更便捷地進入內地市場，為內地市場提升公共管理服務。在經濟發展差距日益縮小的背景下，放低身段，把自身的管理優勢嫁接到內地城市，追求本土技術突破和領先的同時，塑造培育人才的教育體制和社會氛圍，以更為人性化的社會管理，和更為優越的商務環境吸引高端人才服務香港。在與深圳和內地其他城市的合作中，以先進而包容的城市文化成就自身的經濟發展和社會自由，而不局限於不切實際的割裂和規模比拼。總之，兩地進一步拓展合作，才是謀求雙贏的合理性選擇。

如果兩地以鄰為壑，對於香港而言，不僅不利於短期內的商貿發展，致使從業者和投資者受損，也使中期內的金融發展失去大量需求和創新動力，更不利於長期的經濟結構優化。對於深圳而言，不僅失去了金融改革中的重要地位，也使當地企業少了利用國際資金和國際技術的機會，特別是，沒有與香港的緊密合作，單憑自身計劃單列市的行政資源，在內地逆水行舟不進則退的區域競爭中，對於各種資源的吸引力會大大降低，更加難以保持自身的優勢。

但是，正如本文之前所述，兩地的合作已經不是早年前店後廠式的簡單合作，要在國際規則下平等地開展合作，短期的經濟利益一定不是最重要的推動力量，企業間的合作也已經不足以支撐新發展條件下的港深合作，比基建更為宏大的社會發展規劃設計和長期結構調整內所包含的潛在競爭和超越自身和彼此的動

力，都隱藏在兩地的合作之中。如何在博弈中前行，在發展中保持和適度培育自身的競爭優勢，都是雙方不得不面對的選擇。基建合作中，港深有過高效的合作樣板，比如羅湖口岸的規劃和建設；也有過束之高閣的規劃，如本文中提及的港深機場快軌連接。未來更為廣泛的合作，甚至兩地競爭力的升降，都是值得各方關注的內容。

注釋

1　香港運輸局：《鐵路發展策略 2000》（香港：香港運輸局，2000），引自：www.thb.gov.hk/tc/psp/publications/transport/publications/rds.pdf。

2　智經研究中心：《建構港深都會研究報告》（香港，2007），引自：www.bauhinia.org/index.php/zh-HK/research/40。

第二十章

從深圳河套發展突破
看香港的新機遇

曾淵滄

香港城市大學商學院工商管理碩士課程主任

香港回歸以來，不斷有人談粵港合作。實際上，粵港合作早在英國人取得香港時就已經開始。英國人取香港做為殖民地的目的不是將英國人搬到香港來住，而是利用香港與中國做生意。而最方便的做生意地區自然是廣東省。早在 400 年前，葡萄牙比英國更早地佔領了澳門，也利用澳門與中國做生意。從滿清皇朝到中華民國，再到中華人民共和國，粵港之間的貿易關係沒有改變。改革開放之後，香港人得近水樓台之便，大量投資於廣東省，而廣東省則為不少香港人帶來了財富，那是自然發展的結果，沒有、也不必有任何官方的鼓勵與協議。

香港回歸初期，在「一國兩制」的理念下，香港一直被當成是一個「境外」之地，香港與廣東的合作和新加坡與廣東的合作沒兩樣；香港與廣東的合作和與福建的合作也沒有分別，沒有特別的優惠或特別的合作協議。情況要等到 2003 年，香港經濟陷於低潮之後，才出現了自由行。第一期的自由行就是由廣東省的四個城市開始，這也許是粵港官方合作的先鋒。同年開始的 CEPA 沒有指定由廣東省先行，不過很自然地，因為廣東毗鄰香港，CEPA 項目便由廣東省開始。

粵港要進一步合作，必須解決交通問題。因此，港珠澳大橋、深港高鐵先後開工。開通之後，相信粵港合作自然會進一步加深。

粵港合作關係是互惠互利的。香港人到廣東省開工廠，香港廠商賺到錢，同時也為廣東省帶來資金與技術，協助廣東省經濟技術向前大步邁進，更培養了大批廣東本土的企業家，吸引了全國精英到廣東省創業，特別是深圳，成了今日中國的 IT 之都。

經過許多年的發展，粵港兩地的經濟現況出現了很大的變化，其中最顯著是廣東省的經濟發展，遠比香港快。其經濟實力不但追近香港，科技能力，特別是 IT 科技更超越了香港。今日的香港，金融業一枝獨秀，全民皆炒 —— 炒樓、炒股、炒匯。可惜，市場炒作畢竟只有寥寥數人能真正賺到錢，無法為大部分人改善生活。另外，樓價上漲的幅度遠超過工資增長的幅度，年青人感到前途暗淡。

似乎，香港已經到了不能不改變的階段，不能再只靠金融業、地產業、旅遊、零售、專業服務維生。香港也需要搞科技，使經濟發展更全面。但是香港的確缺乏 IT 科技人才，輸入人才

引起的政治爭論與阻力也不小。要尋求突破,也許要有新思維與創意。

近幾年,香港有許多人談論創新科技,政府編制的 2017 至 18 年度的《財政預算案》再一次提到創科創投基金,用 20 億元投資於創新科技。不過,20 億元只是很少的金額,作用畢竟有限。香港政府應該大膽一點增加投資,善用上年度高達 928 億元的財政盈餘 [1]。固然,投資創新科技有風險,但是,就算是將 20 億元增加至 200 億元,金額也相對減少。看看新加坡政府,每年投入創新科技的資金額數字驚人。如果沒有政府的投資,新加坡的科技也不可能達到今日的水平。而且,香港的鄰居深圳政府投資創科也是毫不吝嗇。過去香港的官員不敢談投資,因為投資有風險,賺了錢自己分不到花紅,蝕了錢人人要他們問責。這種因循守舊的官場文化必須被改變。

河套區的開發也許是一個契機。河套區應該允許深圳人才以簡易的方式進出,理由是河套區本屬深圳,現在由香港與深圳一同管理,而土地主權屬於香港,套用香港法律,相信會是一個好的開始!另一些類似的地點,也許是深圳的前海、廣州的南沙、珠海的橫琴,也有很大的粵港合作空間。不過,前海、南沙、橫琴的具體政策的落實,中央政府似乎依然舉棋未定,大家只能耐心等待。

2017 年 1 月 3 日,港深兩地簽署《關於港深推進落馬洲河套地區共同發展的合作備忘錄》。香港和深圳將在佔地 87 公頃的河套地區共同發展「港深創新及科技園」。園區土地面積是整個科學園的四倍,是香港歷來最大的創科平台。「港深創新及科技園」計劃建立重點創科研究合作基地,以及相關高等教育、文化創意和其他配套設施,吸引港深兩地及其他國內外的頂尖企業、研發機構和高等院校進駐,會為港深兩地的創科帶來前所未有的發展空間和機遇。「港深創新及科技園」的建立,同時解決了深圳河 1997 年裁彎拉直後河套地區的土地利用問題。

河套區擁有位置優勢,靠近深圳福田商業區及香港新界北部具開發潛力的地區,將來可與這些鄰近地區的開發發揮協同效應。透過高等教育和高新科技的注入以及加強交通聯絡等,河套地區擁有可成為區域合作樞紐的位置優勢。此外,深圳皇崗口岸

和香港落馬洲口岸旅檢實行 24 小時通關，是深港出入境的首個「不夜口岸」，這也增加了河套地區的位置優勢。

1997 年，深港合作治理深圳河，將彎曲的河床拉直，用泥沙填平，「造出」一塊面積約 96 公頃的河套地區。該地區位於深圳河幹流中游，北鄰深圳市皇崗口岸的貨運停車場，南抵香港新界西北區的落馬洲，東臨上步碼頭，西至皇崗口岸大橋下。經過河道拉直，原屬於深圳管轄的河北河套地區變成如今的河南地帶，並納入香港版圖，處在香港的管轄範圍內。然而，該區的所有權一直爭論不下，也就一直影響了這塊地的開發。蹉跎了 20 年，終於有了結論，可謂不易。

現在，終於明晰河套區的土地業權歸屬香港政府，深圳市政府與香港特區政府共同開發。因此，這片土地必將成為香港特區中的特區。

河套區的開發將類似香港現有白石的科技園。不過，河套區的土地面積是白石科技園的四倍，將來全面開發之後，工作人口眾多。根據備忘錄，這片土地不是地產項目，不會建住宅。因此，將來眾多的工作人口勢必居住在河套外，即新界北面，而且港鐵也一定會在西鐵線上增加分線到達科技園。有興趣做長線投資的人，可以開始考慮購買新界北區由元朗至天水圍的住宅；沒有足夠資金的，可以考慮購買在新界有大批農地的地產股，其中估計恒基地產擁有的農地最多，目前全香港各區住宅呎價低過一萬元者大概只剩下天水圍。

2017 年 1 月 18 日，特首梁振英發表任內最後一份《施政報告》。許多人認為梁振英任期只剩下不足半年，施政報告的建議很難實行，我的看法不一樣。我認為，施政報告內有關長遠的土地、道路交通規劃，基本上是公務員做的，不論誰當特首，都不會有重大改變，唯一的改變應該只是速度的改變。比方說，每年供應 85,000 個單位的樓房可以改為供應 43,000 個。43,000 也好，85,000 也好，哪裏尋找到土地，全是公務員研究所得。尋找土地、土地規劃需要投入大量人力與時間，絕對不是特首即興而定。

翻看歷史，1997 年董建華的「八萬五」，土地規劃早在特區成立前已經由殖民時代的公務員完成。因此，梁振英於 2017 年 1 月 18 日《施政報告》中提到的香港長遠土地規劃，實際上也是特區政府公務員在過去一段很長的時間研究所得，由梁振英公佈 [2]。

今年的《施政報告》中，有關土地發展規劃最值得留意的地方是特區政府將在新界北部開發工商科技業。換言之，新界北部將有大量土地預留給工商業、科技園使用。有了工商業，有了科技園，就有人在那裏工作，這將大大改變目前新界北沒工作機會，人人得花許多時間到港島、九龍工作的情況。有了工作機會，就有人選擇居住在工作地點附近，因此會全面改變土地、樓價的趨勢。

顯然，香港新界北的規劃與河套區發展科技園是互相關聯的。河套區的土地歸香港特區，管理也按照香港的法律進行，深圳的科技人才可以通過簡易方法進入科技園工作。這將提高河套區土地的價值及寫字樓。為了配合河套科技園發展，梁振英最後一份施政報告還將香港鄰近的蓮塘、香園圍口岸附近一幅 50 公頃的土地發展成邊境科技園，並採取措施方便深圳人才進入該區工作。

還有，《施政報告》也提出在洪水橋、古洞北、粉嶺北、元朗南及東涌等地區發展，也將提供總額 867 萬平方米的工商樓面的土地。其中洪水橋最多，達 637 萬平方米工商樓面，並預期七年後首批居民可以入伙。筆者很肯定，將來洪水橋及洪水橋附近的土地及樓價會上升。

河套區的土地面積是目前馬料水科技園的四倍，加上 50 公頃的蓮塘土地及施政報告中提起的 867 萬平方米樓面的新界北部其餘供應，相信十多年後新界北部將耳目一新，大量工商樓宇會出現，與深圳南部連成一氣。目前，深圳最繁華的地帶是南部，但是香港最北部、與深圳相連接的地帶卻是荒野。期待這個困局很快將改觀。

附帶說一下的是，內地地產商以超高價取得香港土地發展，引起公眾討論的問題。對此，香港首富李嘉誠也對記者說不該只做地產生意，理由是參與者很多。近幾年，傳媒也經常報道內地地產商到香港買地的事，而早期只有香港地產商到內地買地。在內地地產商海航集團以超高價取得啟德兩幅土地更是引起眾多的討論。有記者問我，是不是應該限制內地地產商來港投地，我覺得這個問題真是莫名其妙。

過去許多年，也經常有香港人批評香港只有極少量的地產商，形成寡頭壟斷。現在來了大量內地地產商，打破壟斷，理應是好事，真想不到還會有人說應該限制內地地產商來香港買地。

有人說，多了內地地產商搶貴了土地，令樓價也貴了，這也是錯誤的看法。地價與樓價根本沒有直接的關係，地產商絕對不會因為買地成本低而低價出售樓房，不論成本高低，地產商永遠只會根據樓盤推出市場時的市價開售。

事實上，內地地產商搶高地價，令有大量土地儲備的本地地產商得益不少。在香港，擁有最多農地儲備的應該是恒基地產。這些農地大都靠近新界北部，有些也接近深圳。河套地區的發展也會影響這些地價上升，難怪李兆基本人也不斷地回購增持恒地股票。現在李兆基持有的恒地股票的比例已經接近75%上限，李兆基知道恒地已立於不敗之地。

啟德多幅土地招標，香港數家最大的地產商都沒有中標，相信他們只是本着不妨參與的態度投標，絕無高價搶地之意。內地地產商或者說全部的企業家，基本上仍是創業的第一代，因為真正的改革開放只有20多年歷史，第一代創業者的冒險精神肯定特別強，他們本着富貴險中求的精神創業，才有今天成就。數年前，中國海外集團以當時的高價買下「港人港地」的啟德一號，現在推出，獲利甚豐。深圳由一條小漁村變為中國內地排行前列的一個大都會，靠的就是吸引海內外資金源源不斷的湧入，香港的再起飛難道要拒絕發展資金流入嗎？

當河套區科技園全面開發之後，鄰近地區也一定會出現商業區，會有寫字樓、商場，改變了新界偏遠地區的面貌。將來的天水圍肯定不再是所謂的「悲情城市」。還有，當河套區成了香港特區中的特區，河套區的北岸，即依然是深圳市政府管理的土地，也必定興旺，有興趣在深圳買樓的人也可以考慮這個地區的機遇。

目前，政府開發河套區的新聞稿並沒有詳細說明將來在河套區工作的深圳居民是不是一定要住在深圳，或者允許他們居住於香港。這些人是否允許居住在香港，將決定深圳河南北岸住宅需求。還有，在河套區工作的內地人是否需要香港的入境工作證？工作滿七年是否會變成香港永久居民？這些細則的安排也將決定香港將來人口的增長速度及人口結構的改變。

如果河套區的開發成功，香港特區政府會不會考慮將目前新界與深圳交接的大片禁區土地，也變成類似的河套特區？當然，我說的暫時只是「幻想曲」，但香港已回歸 20 年，今日還有多少人會由深圳經過新界禁區偷渡到香港？當年用來阻止內地人偷渡到香港而設的禁區還有作用嗎？因此，天馬行空的想像並非完全不可能。若真有可能，新界北部樓價又將三級跳。

注釋

1　香港特區政府：《二零一七至二零一八財政年度財政預算案》（香港：香港特區政府，2017）。

2　以下有關《施政報告》的資料，均參見：香港特區政府：《二零一七施政報告》（香港：香港特區政府，2017），載於 http://policyaddress.gov.hk/。

第二十一章

港深河套開發
粵港科技協同創新的試驗田

陸劍寶
中山大學粵港澳發展研究院研究員

2017 年 1 月 3 日，特區政府與深圳市政府舉行了《關於港深推進落馬洲河套地區共同發展的合作備忘錄》簽署儀式。對香港來說，這無疑是踏入回歸 20 週年的第一份厚物。落馬洲河套地區清晰地定位為「港深創新及科技園」（下稱創科院），佔地 87 公頃，是目前香港科學園面積的四倍，亦是香港未來最大的科技創新平台。

港深河套協議 ——
「一國兩制」下粵港深化合作的又一制度創新

在 CEPA 和廣東自由貿易試驗區等一系列着力促進粵港澳深化合作的制度創新實踐中，港深河套協議無疑是繼澳門大學橫琴校區後的另一具有里程碑意義的制度探索。國務院在 1997 年 7 月 1 日頒發第 221 號令，就深圳河的河套區權屬問題作出澄清，規定業權仍歸深圳所有，而香港則擁有該區域的管理權。廣東省人民政府《粵港合作框架協議》2015 年重點工作中着重提出「在尊重歷史、尊重現實的基礎上，以共同開發、共用成果為原則，加快推進深港落馬洲河套地區的開發建設。」是次港深河套協議的簽署確認了香港對河套地區享有土地業權，適用香港法律和行政制度；專案以公益為主，港深雙方不從中謀利；雙方以共同協商，互利共贏的精神處理各項事務。這無疑體現了中央、廣東省、深圳市各級人民政府對促進香港經濟發展的大力支持。採取兩地共建創科園的模式，不僅為香港提供發展科創產業的空間，帶動深圳 R&D 水平的提升，亦同時解決了深圳河 1997 年裁彎拉直後河套地區的土地利用歷史問題。由此可見，這次深港合作的制度創新探索將利大於弊。

創科園的戰略意義

創科園成為探索兩地科技創新合作模式的重要平台

內地與香港的合作重點體現在深港合作。前海自貿片區定位為「深港現代服務業合作示範區」，有利於香港拓展金融業、物流業、專業服務業等傳統優勢產業；落馬洲河套地區定位為創科園，有利於香港拓展具有厚實科研基礎的高新技術產業。「西有前

海，東有河套」的深港協同創新格局得以形成，這無論對「珠三角大灣區」建設還是「雙自聯動」機制構建都提供了核心基礎。如果說深圳大疆無人機是港深科技合作的市場主導型典範，創科園則可以看作是港深科技合作的制度層面創新樣本。香港基礎研究成果卓越，香港大學、香港中文大學、香港科技大學等多所高等學府的電子工程系、電腦科學系、數學系、化學及化學工程系、醫學系、物理及天文系等領域的學術成就均達到領導全球的水平。然而，香港在科研成果轉化和科技產品製造環節一直有缺失，對比之，深圳科技創新能力發展迅猛，企業的應用研究成果卓越，並湧現出世界級的知名科創企業，如騰訊、華為、大疆、中興等等。但是，深圳本土科研型高等學府缺乏，基礎研究是深圳的短板。如兩地能優劣互補，以地理位置得天獨厚的落馬洲河套區為平台，着力發展和完善科技創新產業鏈，必定能進一步提升兩地的協同競爭力。

創科園肩負香港發展科創產業的重任

一直以來，香港金融、貿易、會計律師、醫療等優勢服務業所產生的「虹吸效應」擠佔了科技產業的發展要素，令其起色不大。另一方面，香港也由於土地和環保等制約不能大力發展應用型科技產業。有鑒於現時香港的科技基礎研究優勢和學術成果轉化的不足，港府專門成立了創新及科技局（下稱創科局）力推香港科創產業的發展。而目前香港科學園（22公頃）、數碼港，無論從土地發展空間還是研究成果轉化率來看，均不能肩負發展香港科創產業的使命。港深創新及科技園除了土地空間足夠外，還可以讓香港通過與深圳科技產業、珠三角製造產業的「近水樓台」對接，找到更多的科研成果轉化機會。作為香港促進科創產業發展的專門機構，香港科技園公司將成立附屬公司，專門負責創科園的上蓋建設和運營。園區重點發展香港最具優勢的基礎研究和文化創意產業。一旦香港的科技創新環境營造起來，將有更多港青年投身到科創產業，也獲得更多的發展機會和回報。

創科園有望刺激新界北的經濟活力

港島區和九龍區是香港的商業中心，四大支柱產業基本集中於此，土地嚴重不足抑制了香港產業的做大作強。新界擁有香港

最大的土地儲備，並與深圳商業中心（福田、羅湖）、前海自貿片區相連，具有廣闊的拓展空間。相對於深圳河北岸的深圳濱河帶高樓林立，深圳河南岸的香港新界卻由於各種發展阻力而活力不足。河套地區的建設將有望帶動新界新一輪的經濟發展，同時亦能為港九區傳統優勢服務業減輕土地壓力和拓展市場空間。首先，以河套區為核心工作區，以東鐵線和新田公路為樞紐，將形成環繞元朗—落馬洲—深圳福田—上水等地區的「港深半小時」工作生活圈。其次，以創新科技為核心的產業將帶動餐飲住宿、零售商貿等配套服務業，解決新界西北非技術勞動力的就業。最後，集中於港島區的金融業、貿易物流業，會計律師廣告等專業服務業將延伸至新界北。

港深河套開發定位與速度

創科園的定位 —— 堅守「創新科技」

關於 87 公頃的河套地區到底需要如何發展，在 1997 年深圳河裁彎拉直形成河套地區開始已經有人評論。一種意見是官方和媒體炮製的「再工業化」。這種意見甚至還成為了《施政報告》在媒體上宣傳。這個觀點除了可笑之外，還有誤導之嫌疑。對香港工業發展史有深入了解的人士都很清楚。香港發展工業不具比較優勢：包括過去、現在和未來。第一，世界上沒有哪個發達國家和地區是靠製造業支撐的。第二，製造業對香港經濟的貢獻在歷史上最高峰也僅佔 GDP 的 13% 左右。第三，香港製造業從一開始就依靠內地特別是珠三角的 OED 工廠協作。第四，香港現在寸金尺土，工業佔地面積大不符合集約化原則。第五，香港是否再工業化與香港勞動力就業已經關係不大。一是香港的失業率一直很低，不存在依靠提供製造業崗位解決就業問題；二是現在連內地的製造業都廣泛採用自動生產，工業對就業消化力減弱；三是香港高等教育入學率的提升弱化青年人從事製造業的動機和意志。另一種意見是民間專業和非專業人士的「畫大餅」。諸如跨境商貿城、世界一流大學、世界一流醫院、世界一流寺廟、世界一流博物館、世界一流圖書館等，想像力豐富。然而，87 公頃土地面積並不大，產業定位一定要具備「帶動性、集約性、環保性、高端性」。因此，河套地區的「創新科技」定位要堅定。

創新科技涉及細分領域較廣，那麼河套地區應發展甚麼領域？創科局署理局長鍾偉強稱，河套園區主要發展四大領域：機械人技術、生物醫藥、智慧城市及金融科技。這值得商榷。一是概念不清晰。何謂智慧城市？智慧城市概念明顯就是一個系統創新工程，並不是一個科技發展領域。何謂金融科技？是發展金融後台技術？還是支撐科技的金融工程？是「金融+科技」還是「科技+金融」？作為產業定位，這些都是需要釐清的。二是定位不科學。創新及科技局自 2015 年年底成立以來，是否組織過全港科研機構優勢學科及科研成果的摸底和大數據分析？如果沒有的話，機械人技術和生物醫藥的產業定位支撐理由從何而來？

因此，創科園的定位在沒有對香港科研情況和市場需求的充分了解基礎上沒必要「劃地為牢」。一是「四個一批」的目標要明確。吸引一批像深圳騰訊、華為、大疆等大型科創企業在園區設立研發中心和大數據中心；帶動一批國際性科創企業在園區設立中國區研發總部；孵化一批細分市場型的新興中小型科創公司；衍生一批圍繞科技創新的高端生產性服務企業。二是沒必要人為縮窄產業領域。科技產業本身就具有佔地面積不大，污染程度低的天然優勢。因此，創科園一開始對進入園區的科技及相關企業可以「來者不拒」，增加企業數量。然後「評級甄選」，提升品質。三是對香港科研機構進行排查摸底。由創科局牽頭組織力量對香港八所高等學府及相關科研單位進行「香港科研力量和科研成果資料庫」建設，引導本地強勢學科在園區設立研究院/所。同時，對香港八所高等學府的理工類專業財政傾斜投入和加強科研成果轉化評估。四是充分掌握市場對科技的需求點。由科技園公司牽頭對香港本土和內地消費市場需求進行調研，如參加深圳高交會等高新科技展覽，再把市場需求與科學研究對接。

創新及科技園的開發 —— 學習「前海速度」

香港科技園公司行政總裁黃克強表示新園區第一座大廈落成會在七年半後。如此的開發進度不僅錯失大量科技成果轉化機會，還可能面臨兩屆特首的政策銜接問題。環保方面，河套地區本是沖積平原，因此不存在環保阻力，當局也達成園區內樓高不超過 12 層以保障周邊視野和對流的共識。立法會方面，涉及開發撥款時如需協調立法會成員達成共識，便加快協調速度和加大商議頻率；另一方面，通過其他管道募集資金，直接投入到園區，

啟動土地平整工程。開發管制方面，香港之前開發較大型土地作發展用途，一般要進行規劃和工程研究，加上城市規劃程式中的變更土地用途等其他法定程式，整個過程動則需時 11 至 14 年，這無疑於「作繭自縛」。反觀一河之隔的前海，經常往返深圳灣的港人無不驚嘆其「一天一個樣子」。前海自貿片區是內地城市開發的一個縮影，其成功經驗是：「排除萬難，埋頭苦幹，集中一切力量，動用一切資源」。「深圳速度」讓深圳抓住了香港產業轉移、商貿轉移和科技創新發展的機會，按照前海目前的建設進度，又將牢牢抓住現代服務業的發展機會。若果香港還被自設的條條框框限制，儘管是地理位置得天獨厚的河套地區，也將隨時移世易而優勢全消。

很多內行人都一致認為：一直以來，由於內耗和不作為，香港已經錯失了很多大好的發展機遇，前兩次科技發展浪潮的機會都白白錯失了。這次港深河套地區對重新拓展香港科創產業，謀求新的經濟增長點提供了良好的平台。「萬事俱備，只欠東風」，新一屆港府班子應排除萬難，全力加快河套地區的開發速度，否則又將失去一次大好機會。

堅持科創投入與慎防「地產專案」導向

由此可見，河套地區被賦予了發展香港科技創新產業、深化深港創新合作的重要使命。儘管河套協議為深港科創提供「入場券」，但能否上演好這場「科創秀」尚需時日。相較於服務業明顯的短期效應，科技創新產業前期投入多，產出週期長甚至不確定。這就需要兩地政府有「媳婦熬成婆」的決心，特別是港府方面，要轉變思想，着力加大應用型研究的持續性投入。對於香港發展高新科技不具有優勢的爭議，不應成為河套地區發展定位的阻礙。首先，河套地區面積並不大，除了知識密集型的創新科技產業，發展其他行業都不具有集約優勢、環保優勢和疏流優勢。其次，香港的基礎科研成果是有目共睹的，長期以來創新科技產業發展不起來，科研成果轉化環境不具備都是重要的原因。只要香港的基礎研究和深圳甚至珠三角地區的產業結合，肯定可以挖掘到更多創新空間。最後，河套地區發展創科產業可以帶動新界北的青年人改變其職業發展模式，帶動其父母的就業，有利於新界東西北地區的經濟發展和社會和諧。

此外，有人質疑，河套地區發展不好的話會淪為地產專案。港府應明文規定河套地區不能建設超過 12 層的樓宇和不能發展商業住宅專案，牢牢緊記國外、國內、本港某些科技園區發展的歷史經驗教訓，慎防又一次陷入「地產專案」的迷途。

第二十二章

「深港通」不只是「通深港」

李曉莊

《台商》雜誌社長兼總編輯
全國台企聯文宣委員會副主委

導言

先看三則「短訊」

一、2017年1月中旬，對很多「對賭人民幣貶值」的國際炒家來說，有些人可以用「損失慘重」來形容，因為在這段時間內，人民幣的離岸匯率和在岸匯率都暴漲，其中1月18日人民幣離岸匯率暴漲600點，已經突破了6.8大關，漲勢如虹，這讓之前做空人民幣的空頭寒意陣陣。同日，人民幣在岸匯率也大漲400點，突破了6.86，已經創下了兩個月的新高，導致在岸和離岸匯率倒掛了500點。人民幣匯率中間價下調了118點，至6.8874，降幅為一周以來最大。這是2017年入年以來，國際資本大量的空頭做空人民幣，認為人民幣在年初將快速跌破7的背景下，人民幣匯率連續兩次出其不意的暴漲。

二、國防大學少將喬良說，不了解金融，就不了解美國人的國家生存方式，最終就無法理解美國人的戰略意圖。不了解美國的戰略，你就不知道對手真正想要幹甚麼。換言之，懂金融，才能「知彼」，而知己知彼，才能知道自己該做甚麼。

三、2017年3月5日上午，第十二屆全國人大五次會議在人民大會堂開幕，中央政治局常委、國務院總理李克強在大會上作政府工作報告時指出，要推動內地與港澳深化合作，研究制定「粵港澳大灣區城市群發展規劃」。

以上三則「短訊」，看似沒有關聯，其實說的都與背後的一件事相連，這件事就是國家金融戰略。前面一則說的是微觀現實面的金融；第二則說的是理論面的金融；第三則說的是國家金融戰略的實施。「深港通」表面上是為深港兩地的投資者相互投資對方市場股票增加一個通道，而真正的意義則是國家層面金融戰略的佈局與實施。也就是說，不管是「滬港通」還是「深港通」，都不能只看作允許境內外人民幣相互炒股票這麼簡單，因為它本質上與人民幣匯率相連，與人民幣國際戰略密切相關。

甚麼是「深港通」？它與「滬港通」的差別？

「深港通」，是深港股票市場交易互聯互通機制的簡稱，指深圳證券交易所和香港聯合交易所有限公司建立技術連接，使內地和香港投資者可以通過當地證券公司或經紀商買賣規定範圍內的對方交易所上市的股票。

2016 年 12 月 5 日，「深港通」正式啟動，港交所行政總裁李小加在深港通開通儀式上指，如果「滬港通」是展開互聯互通的第一步，現時「深港通」開通則為第二步。

國務院總理李克強 2015 年 1 月 5 日在深圳考察時表示，「滬港通」後應該有「深港通」。2016 年 11 月 15 日，深交所、中國結算深圳分公司聯合發出通知稱，為確保「深港通」業務順利推出，深交所聯合中國結算深圳分公司、香港聯交所、香港結算定於 2016 年 11 月 19 日組織全網測試，模擬「深港通」業務開通首日（交易業務啟動）運行場景。經過兩年多的籌備，中國證監會與香港證監會發佈聯合公告於 2016 年 12 月 5 日正式啟動「深港通」。

有人認為，如果把 2014 年開通的「滬港通」視為大陸資本市場開放的重要一步，那麼 2016 年推出的「深港通」就是將 A 股市場國際化的加速器。

中國證監會主席劉士余在深交所舉行的「深港通」開通儀式上則表示，「深港通」開通是兩地資本市場進一步協同發展的歷史性時刻。注意，劉士余特別用了「兩地資本市場進一步協同發展」這句話。

深思熟慮推出「深港通」

劉士余認為，2016 年國務院總理李克強在《政府工作報告》明確提出「適時啟動深港通」。「深港通」複製了「滬港通」試點取得的成功經驗，是境內交易所再度與香港交易所建立的連接機制。啟動「深港通」，是內地與香港金融市場互聯互通的又一重大舉措，具有多方面積極意義。劉士余在此使用的是兩地金融市場「互聯互通」概念，與很多人認為的「大陸資本市場開放」概念有所不同。

一是有利於投資者更好地共用兩地經濟發展成果。此舉將進一步擴大內地與香港股票市場互聯互通的投資標的範圍和額度，滿足投資者多樣化的跨境投資以及風險管理需求。

二是有利於促進內地資本市場開放和改革，進一步學習借鑒香港比較成熟的發展經驗。這可吸引更多境外長期資金進入 A 股市場，改善 A 股市場投資者結構，促進經濟轉型升級。

三是有利於深化內地與香港金融合作。此舉將進一步發揮深港區位優勢，促進內地與香港經濟、金融的有序發展。

四是有利於鞏固和提升香港作為國際金融中心的地位，有利於推動人民幣國際化。

基於以上四大積極意義，「深港通」主要制度安排參照「滬港通」，遵循兩地市場現行的交易結算法律法規和運行模式，主要有以下五方面要點：

一是交易結算活動遵守交易結算發生地市場的規定及業務規則。上市公司繼續受上市地上市規則及其他規定的監管。

二是中國大陸結算、香港結算採取直連的跨境結算方式，相互成為對方的結算參與單位。

三是投資範圍限於兩地監管機構和交易所協商確定的股票。

四是對跨境投資實行每日額度管理，並進行即時監控。兩地監管機構可根據市場情況對投資額度進行調整。

五是港股通投資者僅限於機構投資者及證券帳戶、資金帳戶餘額合計不低於 50 萬元人民幣的個人投資者。

在「深港通」的標的範圍規定方面，按照「防範風險、各方認可」的原則，經各方溝通一致，「深港通」投資標的按照一定股票市值篩選後確定。

「深股通」的股票範圍是市值 60 億元人民幣及以上的深證成份指數和深證中小創新指數的成份股，以及深圳證券交易所上市的 A+H 股公司股票。與「滬股通」標的偏重大型藍籌股相比，「深港通」標的深股通範圍充分展現了深圳證券交易所新興行業集中、成長特徵鮮明的市場特色。

「深港通」下的港股通的股票範圍是恒生綜合大型股指數的成份股、恒生綜合中型股指數的成份股、市值 50 億元港幣及以上的恒生綜合小型股指數的成份股，以及香港聯合交易所上市的 A+H 股公司股票。

很顯然，「滬港通」下的港股通和「深港通」下的港股通標的範圍是有所不同的。為何如此？劉士余的解釋說，「滬港通」下的港股通標的範圍是恒生綜合大型股指數的成份股、恒生綜合中型股指數的成份股，以及同時在香港聯合交易所、上海證券交易所上市的 A+H 股公司股票。

「深港通」比「滬港通」影響更大

「深港通」下的港股通股票範圍是在現行滬港通下的港股通標的基礎上，新增恒生綜合小型股指數的成份股（選取其中市值 50 億元港幣及以上的股票），以及同時在香港聯合交易所、深圳證券交易所上市的 A+H 股公司股票。

在「滬港通」和「深港通」每日額度控制及相互調劑方面，「滬港通」和「深港通」下的港股通規定是：每日額度由滬深證券交易所分別控制，即均為 105 億元人民幣，互不影響、也不相互調劑。

在公募基金（public offering of fund）能否參與「深港通」業務方面，按照規定，公募基金可以參與「深港通」業務，相關政策比照公募基金參與「滬港通」的政策執行。

與此同時，沒有把交易型開放式基金（交易所買賣基金）納入互聯互通的投資標。這是因為交易型開放式基金（交易所買賣基金）納入互聯互通投資標的範圍涉及兩地三個交易所和有關登記結算機構的系統改造，需要較長的準備時間。未來，證監會將根據深港通運行情況，就交易型開放式基金納入投資標的具體時間、條件與港方進行協商後再重新進行安排。

對微觀面的香港投資者而言，「深港通」的開通意味將有更多的投資標的出爐，在全球股市區域疲軟的情況下，A 股的節節走高會令更多的境外投資者湧入，讓他們多一份選擇，讓深圳證券交易市場再添一份火爆。換句話說，「深港通」可吸引更多國際資本投資大陸 A 股。

若「滬港通」再做功能改變，難度會非常高，「深港通」卻可以在「滬港通」的基礎上進行優化和完善，因此「深港通」的核心不只是在於「通」而更在於「融」。正如劉士余在前面所說的：「深港通」在兩地資本市場進一步協同發展上將起到重大作用，如兩地在金融、法律等眾多方面進行全面融合。這也是「粵港澳大灣區」規劃提出和實施的前提與基礎。

從地理位置上來看，深圳與香港的地理位置非常便利，兩地包括資金流、資訊流、投資理念等都有非常緊密的聯繫，「深港通」推出後對深港兩地的發展都有非常好的促進作用。

「深港通」啟動運行後，對深港股將產生六個方面的影響：

其一，深市將會在外來資金的刺激上迎來一波大行情。

其二，深市可以借鑒一河之隔的香港股市各項完備的制度機制。

其三，深圳前海可以作為連接深港一體化的戰略平台，深港通不排除先在前海特事特辦，先試先行。

其四，在兩地資金流動差異的背景下，深市中小板、創業板或會出現一波低潮，但從長期來看，深市中小板、創業板或將迎來突破性的發展，深港一體化的「藩籬」被徹底打破。

其五，港股稀缺的資產將會受益，而高估值的品種可能會有負面衝擊。

其六，香港和深圳創業板估值相差數倍，可能造成資金的單向流動，給港股帶來影響。

「深港通」出台的背景與意義

「深港通」的意義

按中國證監會的公告，「深港通」的意義包括：

一是有利於投資者更好的共用兩地經濟發展的成果，進一步擴大內地和香港股市互聯互通的投資標的範圍和額度，滿足投資者多樣化的跨界投資以及風險管理需求。

二是有利於促進內地資本市場開放和改革，進一步學習借鑒香港比較成熟的發展經驗，吸引更多的境外長期資金進入 A 股，改善 A 股市場投資者結構，促進經濟轉型升級。

　　三是有利於深化內地與香港金融合作，進一步發揮深港區位優勢，促進內地跟香港的經濟金融的有序發展。

　　四是有利於鞏固和提升香港作為國際金融中心的地位，有利於推動人民幣國際化。

　　這四點已把「深港通」的意義說得很清楚，其實每一點還可以展開來談。

　　就股票市場而言，「深港通」的意義是深遠的，A 股或會走出一波大漲行情。「深港通」和「滬港通」不同，「滬港通」標的大多數是國有企業、藍籌大盤股。雖說對外資具備很強的吸引力，但相比潛力股而言還是要弱很多。在深交所上市的企業中，有不少值得挖掘的地方。大量對 A 股期待已久的境外資金將通過「深港通」進駐那些具有發展潛力、屬於新興行業的上市公司，一些上市公司的價值也將被全世界發現，有助於活躍 A 股市場的中小盤個股。

　　對港股而言，「深港通」開通後，滬、深、港三地市場「水池聯體、水管聯通、水位聯動」，水位聯動則主要表現在港股估值提升和港股交易量上升方面。「可以預見的是，在深港通開通一段時間以後，港股估值有向上 15% 至 20% 的修復區間。」更重要的是，中國政府對滬、深、港三地市場擁有獨立的貨幣發行主權、匯率定價主權和資產定價主權，而不是受制於外國政府、外國央行和外國資本集團。

慎防喋喋不休的「美元代理人」

　　大陸改革開放以來進行的人民幣匯率改革歷史表明，中國政府已經喪失了匯率的定價權，近十年的人民幣單邊升值，使得跨國公司可以憑藉進口零部件的成本優勢絞殺大陸本土實體企業，同時把大陸出口導向型企業迫上絕路。迄今為止政界和學界對此現象始終視而不見，任憑實體經濟持續惡化。

近年來的美元發展表明，人民幣不但被迫升值，還引來了美元熱錢狂潮（因為貨幣量化寬鬆政策），美元資本完全主導了中國基礎貨幣的發行，稀釋着中國國民的儲蓄財富。

不得不承認，美國在培養和利用「代理人戰爭」方面有很多經驗值得中國借鑒。

熱衷於仿效美國金融遊戲規則的「中國金融專家們」很多都是美國在中國的「美元代理人」，他們在強行推動中國匯率制度改革和央行公開市場操作過程中，已經作把中國實體經濟迫到錢少、錢貴甚至無米下鍋的境地。中國實體企業陷入在融資低效率、貸款高利率的雙重困境之中。在此背景之下，中國的央行袞袞諸公們居然還要推出所謂的「利率市場化改革」，這個被美其名曰的「利率市場化改革」，其實是想使高利貸合法化。這不僅是中國的金融改革嚴重偏離了中國追求工業化目標主線的問題，更是中國金融發展的方向問題。

因為中國不少金融學者、金融專家、金融領導，大部分都是喝美國奶水成長起來的，他們最得意就是不斷配合美國金融攻勢、按照美國的金融遊戲規則和被灌輸的價值觀要求中國「資本專案自由化、人民幣自由兌換」。

「堅守資本專案管制和利率管制等紅線」被視為是中國金融改革的最後防線，為數不少的中國金融學者、金融專家、金融領導之所以為美國人馬首是瞻要求「中國資本專案自由化、人民幣可自由兌換、美元可以自由進出中國」，就是要衝破中國經濟改革的「最後防線」，為了達到他們的目的，他們內外勾結、一唱一和地把上述陰謀巧妙地包裝為以下漂亮的謊言：資本專案自由化有利於提高資源配置效率、有利於人民幣國際化、國內企業實施「走出去」戰略、對外開放……似乎資本專案自由化可以使中國迅速成為美國、可以使人民幣迅速成為美元、中國只要印刷人民幣就可以到國外購買能源和原材料。

豈不知，這些謊言不僅掩蓋着國際資本洗劫中國財富的真實目的，而且更包藏着美元戰略可以任意剪中國羊毛的禍心。

讓人吃驚和意外的是，中國的「不少金融學者、金融專家、金融領導」，他們到底出於甚麼動機和目的不遺餘力地同跨國資本一樣急於推動資本專案自由化和利率市場化？特別是在中國經

濟結構處於嚴重失衡的狀態和諸多不利的前提下，中國為數「不少的金融學者、金融專家、金融領導和金融管理部門」竭力推進資本專案自由化、存貸款利率市場化、資本市場高槓桿化（即推行融券做空、股指期貨、國債期貨等衍生品化大躍進），看似是要給中國經濟帶來改革的光明，其實是在火藥庫裏玩火。當前，中國應該把資本專案自由化、利率市場化和股市衍生品化列為金融改革不可觸摸的帶電的高壓線或改革的紅線，只有這樣，才能避免中國成為阿根廷或希臘。

全世界都已經注意到，特朗普當選美國總統後，對中國的經濟發展成就非常惱火。他第一惱火的就是中國的製造業，他認為是中國的製造業把美國人的工作機會搶走了；第二惱火的就是中國沒有徹底進行「人民幣資本專案自由化和利率市場化」──他聲稱要把中國定位「人民幣匯率操縱國」。這可能也是中國不少金融學者、金融專家、金融領導一直配合美國金融攻勢要求中國「資本專案自由化、人民幣自由兌換」而沒能實現目標的原因。

天上不會掉餡餅

有個測算模型顯示，再過 10 到 15 年，中國的經濟總量將超過美國；30 年後，綜合國力可能要超過美國。即使引入某些變數，可能經濟總量超過美國也只需要 30 年，綜合國力的超越需要 50 至 60 年。在中國人對此模型暗喜的同時，美國人是不願意看到的。

中國今天的經濟成就不是從天上掉下來的，攤開中國大陸的外貿數字發現，從 1978 年鄧小平改革開放那年到 1989 年，中國的外貿都是逆差居多。在那 12 年當中，僅兩年出現順差，逆差金額則達 339 億美元，但從 1990 年起，只有 1993 年出現 122 億美元逆差，往後順差金額則不斷擴大。

2000 年中國加入 WTO 是一大利多和重要轉變，當年順差才 241 億美元，可往後年年順差大爆發，到 2005 年達 1,019 億美元，跨越千億美元的新里程碑。累計 2000 年到 2010 年，這十年中國大陸累計外貿順差達 13,267.1 億美元，高出 90 年代將近一倍。

「從 2011 到 2016 年，這六年光景，中國外貿順差達 21,062.6 億美元，從 1978 年的改革開放以來，中國累積的外貿順差高達 34,489.8 億美元。龐大的外貿順差讓中國一度累積出 3.99 兆美元的外匯儲備，也讓中國人可以買遍世界。」[1]

中國從 90 年代開始推動「吸引外資」政策，年年 FDI（外國資金來台購並或投資廠房的資金）都超過 1,000 億美元，全球大企業蜂擁至中國大陸設廠，各種研發中心及供應鏈也紛紛移往中國大陸。中國不僅變成了世界工廠，經濟成長也在翻倍跳，目前已是僅次於美國的世界第二大國。

不難發現，中國大陸的巨大經濟成就是在 2000 年加入 WTO 後帶來的，也就是中國經濟充分融入國際化之後實現的。這可能也是特朗普總統不滿「美國積極推動全球化最後讓中國獲利更多」的原因。

更令美國等西方世界沒有想到的是，中國僅用了 20 來年，就建設出堪比美國的國家高速公路系統。過去 30 年、特別是近 20 年來，中國產業升級、技術進步，取得前無古人的輝煌業績，包括短期內神話般建成自主知識產權、世界最大的高速鐵路網、世界最大的高速公路網；自主研發空間站、北斗導航和探月工程；研發出代表最高科技水平，連續五年世界排名第一的超級電腦；世界一流的核電、水電、風電、太陽能技術。在電腦晶片、互聯網科技、通訊設備及晶片技術水平方面，中國與西方的差距在快速縮小，突破西方壟斷，開發出 TDS、TD-LTE 通訊系統及標準、量子通信技術；中國建成世界最多的超級工程，造船、深潛技術、程式控制機床、無人機、智能手機、機器人等技術水平位居世界前列；全面突破技術瓶頸，自主研發以殲 20、運 20、東風 21、東風 26、東風 41、微波反導、反衛星武器、空警 2000、空警 500、戰略核潛艇、055 大型導彈驅逐艦、99 式主戰坦克、察打一體化的無人機系列等為代表的世界一流水平的武器裝備，把中國人民解放軍的綜合實力提升到僅次於美國的世界領先水平。

1991 年美國 GDP 是中國的 14.7 倍，日本是中國的 8.5 倍；

2001 年美國是中國的 7.6 倍，日本是中國的 3.1 倍；

2010 年中國 GDP 超過日本；

2011 年美國是中國的 2.1 倍，中國是日本的 1.2 倍；

2016 年美國是中國的約 1.5 倍，中國 GDP 是日本 GDP 近 3 倍。

美國 GDP 增速歷史平均超過 3%，但奧巴馬任期勉強維持 2%，留給繼任者特朗普的是 20 萬億美元的債務，導致「債務與 GDP 比例」從奧巴馬上任之初的 50% 上升到目前的 77%（簡單而言，就是賺 100 塊，77 塊要還賬）。

回顧歷史，中國這 60 年來在東方取得了人類歷史上前所未有的成功。1950 年，中國不僅基礎設施和工業水平比印度、菲律賓差很多，而且面臨更為險惡的地緣政治環境。以美國為首的西方不僅對中國長期軍事圍堵，迫使中國捲入周邊熱戰，而且進行政治打壓、武器禁運、高科技禁售限售，並用關稅及非關稅貿易壁壘等，在地緣政治、經濟等方面對中國加以圍堵或遏制，使中國的經濟建設付出了比其他國家沉重得多的代價。

中國的經濟發展來之不易，當前中國資本專案開放度已經相當高，絕不能落入那些披着中國人外衣的「美國人」設下的金融陷阱。

「深港通」扮演的角色

前文說過，特朗普上台後對中國兩件事最為惱火，一是中國的製造，二是人民幣匯率和人民幣發展。

2017 年 1 月 9 日，特朗普在紐約會見了億萬富商馬雲。在這次會面中，馬雲承諾要為美國創造百萬就業機會。特朗普表示，和馬雲相談甚歡。

報導稱，馬雲見特朗普時重點表達了兩個觀點。

一是美國戰略錯誤，打仗亂花錢，比如過去 30 年美國在 13 場戰爭中浪費了 14 萬億美元，「而沒有將其用於投資基建和教育，幫助普通民眾」[2]。

其二，美國大公司賺了大錢，錢都流向華爾街，但 2008 年金融危機發生，損失了 19.2 萬億美元，「洗劫了白領、毀滅了全球 3,400 萬就業。」馬雲還說，「如果這些錢不是流向華爾街，而是投資了中西部，開發那裏的產業，則會帶來很大的改變。」

馬雲說的這兩件事，都與美國的「美元戰略」有關。由於「美元戰略」一直綁架着美國，「美元戰略」也一直被外界視為美國的「國家戰略」。特朗普的上台，讓外界再次看到華爾街操縱的「美元戰略」，並不是真正意義上的美國「國家戰略」，這是另外一個話題，在此不多說。

甚麼是美國的「美元戰略」？簡單來說，就是猶太人的戰略。因為美國的金融一直都被猶太人控制，猶太人的金融就等同了美國國家金融。而猶太人對金融的認識，又與中國人是「不同層面」的認識。

全世界都在說，猶太人是最懂金融的民族。實際上，中國人才是最懂金融的民族。管仲利用金融手段，輕而易舉滅亡一個國家的時候，宋朝發明世界上第一個紙幣交子的時候，猶太人還在沙漠裏磨蹭呢。

比較猶太人與中國人金融理念就可以發現，兩者完全是「不同的」思路與策略。

猶太人基本上都是從小商、小販起家發跡的，對金融的理解，也脫離不了小商小販的思維，比如說發明簽字的信用（中國人喜歡用圖章）、商業往來的遊戲規則等。在猶太人的金融思維裏面，投機是他們最高的境界和追求。而中國人的金融思維，則一開始就導向金融的最高層次和最高境界——國家資本，這是中國幾千年文化、歷史發展決定的，因為中國的歷史上一直都是這樣。這就是中國人的金融思維與猶太人的金融思維的本質區別。

小商小販們自然理解不了國家資本主義。因為大多數時候，猶太人對國家觀念薄弱，他們自然理解不了國家資本。

因為猶太人控制了美國的金融體系，所以中美金融之爭，說白了就是中國人和猶太人「金融思維」之爭。而中國人和猶太人在金融上的較量，則表現為國家資本形態和小商小販資本形態——兩種截然不同的金融思維和模式的對撞。

中國的國家資本，會讓資本流向生產。猶太人的小商小販資本，會讓資本流向投機。國家資本，會天然的抑制投機，為甚麼中國大陸的股市和美國的股市完全不一樣？為甚麼中國的股市不是經濟運行晴雨錶？這都是因為中國是國家資本的金融模式，美

國是猶太人小商小販的金融模式。這與中國的國家資本相反，它們厭惡生產而熱愛投機，具有先天的反生產性和投機性。

國家資本體現出來的生產型金融思維用在工業上，則是賺更多的利潤，把錢儲蓄起來，然後辦更多的工廠，生產更多的商品，賺更多的錢，再儲蓄起來，再繼續去投資。中國商品擴張的邊界，就是佔領全世界的消費市場。中國之所以成為世界工廠，便是因為中國有這樣的文化本能。海外華人之所以到處能主導當地的經濟，也是因為這樣的文化本能。

而猶太人的投機型金融思維則根本不事生產，他們對資本的最大追求，就是要實現投機利潤的擴張，看看歐洲近代史，看看美國的金融發展史，哪一個不是金融投機資本家在背後主導？這些可怕的投機狂魔們，為了實現高投機回報，他們發明了債券，並特別酷愛購買戰爭國債。如果打贏了，就對戰敗國進行瓜分，投機資本就能賺得盆盈缽滿；如果打輸了，投機資本就血本無歸。

因此中國的金融戰略，不僅要按照中國固有的金融思維模式前進，而且還要面對猶太人金融思維的挑戰和中國金融買辦勢力及「漢奸」們精心設計的絆子。

中國與世界對美元的無奈

強勢美元的發展史，就是美國剝削世界人民勞動成果的歷史，也是猶太人投機型金融思維的發展史。

一、1973 年以後，美國人迫使歐佩克答應，全球的石油交易只能用美元結算。這個決定，為美元霸權奠定了雄厚的基礎——用美元結算，就意味着「美元決定着石油的定價權」。

二、到過美國的人都知道，美國不僅有專賣 "Made in China" 產品的「9 毛 9 商店」（每件產品都賣 9 毛 9 分錢），而且在美國買中國的商品都會比中國價格低。很多人在羨慕美國這些優勢的同時，對此都不能理解，一方面是美國的制度太優越了，另一方面都說美國人活得太安逸了——不但物美，而且價廉。反觀中國，改革發展 30 年間，勞動力成本一直很低，生產出來的好東西一直源源不斷的出口到美國等發達國家。按說中國的價格也應該偏低才對，但為甚麼中國商品的價格比美國還高？原因就是美國可以壓中國產品的價。中國改革開放因為沒有錢（外匯）買設備、

買技術，就只能靠出口低端勞動產品換外匯（美元）。為了應付美國壓價，政府不得不以出口退稅甚至以出口補貼的方式，在低於成本價的情況下把東西賣給美國，所以美國人就可以享受低價商品待遇。

三、美國稱霸全球的基礎是美元世界霸權，而美元世界霸權是建立在中東阿拉伯半島，特別是沙特的石油美元基礎之上。由於美元和石油的掛鈎，中國在 2015 年成為全球第一大石油進口國後，就需要準備更多的美元去買石油。這意味着中國不得不用更多的產品和資源去換取美元，讓美國人用幾乎沒有成本的「綠紙」佔有中國及世界各地的實物財富 —— 因為美國掌控着美元和石油交易結算權 —— 想買石油，就只能用美元計價和結算。這也是美國總是發動中東戰爭的原因。

四、在強勢美元的發展歷史中，美元的戰略思維很清晰 —— 為了保障美國人生活得更好，美國就用美元換取中國生產的實物（因為中國只能用出口產品換取美元）。美國為了把花出去的美元再換回美國，猶太人掌控的美國，就發明了各式各樣的債券，再讓外國用美元買美國的債（很多中國把用出口產品換回來的美元都購買了美債，至 2017 年初仍有三萬多億美元），美國也因此實現了美元第一次「迴圈」。然後再用戰爭、金融危機或者製造區域動盪等手段，讓美債貶值（蒸發），完成「第二次迴圈」—— 最終實現掠奪外國財富的目的。

既然中國已經了解美元戰略的「遊戲規則」，為何不能「有樣學樣、照葫蘆畫瓢」呢？人民幣近幾年的戰略佈局，似乎已經隱然呈現一些端倪。如果把「深港通」放到中美金融大戰略中理解，其扮演的角色顯然就不只是深港之間買賣股票那麼簡單。

自從二次世界大戰以後，猶太人造就的美國金融思維已經統治世界 70 年，猶太人的金融思維最厲害之處，就是創造了一種新的交易方式，即用純粹的紙幣作為一種特殊商品去交換實物。這種新的交易方式是用國家實力，特別是強大軍力創造的強迫信用，是一種美國獨有的霸權形態。猶太人培育和掌控的金融資本和投資資本已經融合成基金資本，在基金資本的基礎上形成了基金寡頭和寡頭基金，一兩個基金寡頭為了獲得兌換差額和更高的利潤就可以直接發動區域性金融風暴，並且有能力掀起世界經濟危機，進而從中獲利。由此可見，「深港通」的實施，在某種程度

上，也是中國應對美元再次進行興風作浪的一個手段（因為美元自 2015 年底開始正在開展新一輪的「剪羊毛」大戰）——抑制美元回流。

美國對中國貿易逆差為何大？

前文說過，中國改革開放最主要的目的之一，就是不斷製造出口創匯能力，為甚麼要這樣？因為中國窮，國家的家底沒有錢，怎麼辦？就只能用「出苦力」的辦法製造低端用品去換美元（美元是「硬通貨」之故）。

由於中國對美國的貿易 2000 年以後一直處於順差，在特朗普總統看來這就是「單行道」。其實中美貿易順差，既是因為中國向美國輸出大量低端生活類產品，也是美國長期採取「輸出美元策略」的結果，亦是與美國禁止高科技產品輸出中國有關。美國自己不生產低端製造品，又不准賣高端產品給中國。也就是說，中美貿易中美國對華逆差大有很多種因素，其中很重要的原因之一就是結構性問題。

所謂結構性問題，就是中國向美國出口大量中低端產品，而美方只有高端產品出口中國，可是美國又在高端產品上對中國有很多限制，所以在中國進口的高科技產品中美國商品只佔 10% 左右（中國有錢了，想買美國的高端產品，可是人家不賣給你）。如果美國對高端產品輸出中國沒有這麼多限制，放寬對中國高科技產品的出口，美國對華貿易逆差就一定會縮小。所以，中美貿易中的美國對華逆差問題，除了本身的結構特性之外，更重要的是需要美國自己審視自己的政策。美國長期以來為甚麼要對中國如此苛刻？一方面是不希望中國發展的太快，另一方面是想逼迫中國用更多的美元去購買美國債。她就是想用「美元戰略」剝削中國，搜刮中國財富。

國際貨幣基金公佈報告顯示，2016 年，中國為全球經濟成長貢獻 1.2 個百分點，反觀頭號強國美國只貢獻 0.3 個百分點。這也從另一個方面證明了中國推行的「生產型金融模式」對國際社會的貢獻遠遠超過美國推行的「投機型金融模式」。

香港未來的戰略定位

「深港通」的開通，自然是中國資本市場發展的一件大事。

這個問題非常重要。恒生指數從脫歐時的 19,700 點，到 2016 年 9 月 11 日已經升到 23,000 點，再到中國「兩會」召開前 2017 年 3 月 3 日的 23,552 點。港股新一波上升是有大背景和重要原因的，「深港通」開通只不過是其中一個技術手段。如果對香港的前途沒有信心，如果不能認識到香港在中國金融改革開放中的角色和地位，就不可能把握香港金融市場的這一次大機會。

香港的定位，在政治上、經濟上對於中國和香港都很重要，尤其是近兩年，不斷有人提出或質疑這個問題 —— 香港瀰漫着一些悲觀和負面情緒，國內有很多人認為中國大陸已經不再需要香港，是這樣嗎？當然不是。今天的中國大陸，仍然需要一個有別於國內其他城市的香港。

香港到底如何定位？可先看港交所行政總裁李小加先生 2016 年 4 月在香港一個財經高峰論壇上的發言。他把香港過去 30 年做的事情和未來 30 年要做的事情做了一個概括。

李小加表示，過去 30 年，香港為中國的改革開放主要做了三件大事：

第一，轉口貿易；

第二，直接投資；

第三，資本市場的大發展。

轉口貿易給中國帶來第一桶金，直接投資把中國變成了世界的工廠，而香港資本市場的大發展則為中國源源不斷地輸送了發展經濟的寶貴資本。從 1993 年 H 股誕生開始，一家又一家中國大陸的公司在香港上市募集來自全球的資金，發展成了今天世界上最大的電訊公司、能源公司、銀行和保險公司。在改革開放大潮中，香港的獨特優勢為中國大陸做出了重大貢獻。

這三件大事的核心，都是為中國輸入資本。以前中國缺錢，但現在中國已經不缺錢了，還需要香港嗎？答案是肯定的。中國現在不缺錢，錢多了以後，中國有了資本輸出的需求、財富管理的需求。現在的中國是資本「輸入＋輸出」的雙向需求，對於這

個雙向的需求，香港可以起到非常重要的作用。因為香港是一個開放自由的市場，香港的法制、金融市場的監管制度都是跟國際接軌的，香港擁有在國際上獲高度認可的法制體系、金融體系。香港的專業人才是從政府的公務員開始到各行各業，均具備很強的專業精神和責任心。

香港未來三件事

李小加認為，未來三十年香港需要做好新的三件事：

第一，幫助中國國民財富實現全球配置。「深港通」、「滬港通」，這些也是中國人實現全球配置跟海外配置的一個管道。

第二，幫助中外投資者管理在岸的金融風險。大陸的衍生品的市場是很不成熟的，但在香港，衍生品市場、期貨市場都很成熟。中外的資金可以把香港這個和內地隔離的市場作為一個基地。香港擁有國內外投資者都認可和熟悉的法治和語言環境，在這裏，海內外的投資者最容易各取所需，形成良好的互動。因此，只要充分了解雙方投資者的需求，提供適合的產品，香港完全有條件發展成為亞洲時區內最主要的國際風險管理中心。

第三，幫助中國實現商品與貨幣的國際定價，為中國的資金定價海外資產提供舞台。

未來 30 年，是中國資金不斷向外走的 30 年。要用中國的購買力讓愈來愈多的國際權益與商品以人民幣定價。這樣，中國就能在全球範圍內逐步掌握人民幣匯率與利率的定價權。「深港通」只是中國資本市場的開放和人民幣國際化過程的其中一項具體方案。

簡言之，香港未來將是人民幣的蓄水池，是國內金融機構的「海軍基地」。

如果說，實施「深港通」的目的之一是為了抑制美元回流速度。那麼，2016 年初人民幣加入 SDR，這是人民幣走向國際化的一個里程碑。加入 SDR 需要大量的人民幣在海外作為可兌換的貨幣，所以中國加快了人民幣出境到香港的步伐。中國政府在打擊地下錢莊的同時，允許大資金用正規管道來香港，相信香港市場未來可以有愈來愈多的大交易。

可監控的人民幣正在加速流入香港，猜測未來會慢慢看到國際上有一些地方，比如「一帶一路」上，會用人民幣作為流通貨幣。短期內不會出現，但是這是一個趨勢：循序漸進地在一些地方，如「一帶一路」或亞洲非洲的貧窮國家，或中東地區，慢慢讓人民幣取代美元的地位。可能中國跟美國已達成共識，讓這些國家成為中國的試點。美元已經佔領全世界那麼多地方，不需要再冒高風險去開闢這些戰場。人民幣進入國際舞台的時候，也不能一下子挑戰美元的地位，要從這些地區開始，慢慢來。所以在香港這一兩年，梁振英主導的特區政府一再強調香港要為「一帶一路」做貢獻，很多人在想，香港可以做些甚麼？從「深港通」到「粵港澳大灣區城市群發展規劃」戰略 [3]，情勢已經開始明朗化。

中國的出路與戰略

從「深港通」到 2017 年 3 月 5 日上午，第十二屆全國人大第五次會議上李克強總理政府工作報告對香港未來發展的規劃，香港在中國未來戰略發展中扮演的角色愈來愈清晰。作為中國戰略佈局中的一部分，香港的地位和扮演的角色始終都是中國戰略佈局中的一環。

中國當前的全球佈局遠不僅是產能轉移、全球市場擴張、人民幣崛起等有限主題，這一切的背後最根本的還是國家資本力的重組和解構問題。創新驅動、產能輸出、金融崛起之三位一體的新戰略體系應運而生。可以這樣講，「亞投行」的設計標誌着中國主導推進的新全球化進程的正式全面啟動，其中的必然性在於中國離不開新全球化，新全球化同樣離不開中國。美國新一任總統特朗普一上台就宣佈退出 TPP（Trans-Pacific Partnership，跨太平洋夥伴關係協定），意味着美國決定從目前的全球化進程中有所調整，等於是給中國領導全球化「騰出一點位置和空間」。有人說，特朗普領導的美國要退出全球化，其實是特朗普在進行全球化進程調整，是為了「休整養息」一段時間，是為了未來更好的領導全球化。19 世紀末，美國政府提出的門戶開放政策是世界上第一個推動全球化的國家戰略，畢竟美國規劃、領導和推行全球化這麼多年，美國的利益與全球化緊密連接和糾結着。美國不但不會放棄全球化，也不可能放棄全球化。中國一定要清醒地面對美國

戰略調整，絕不能看到美國現在「縮回一個拳頭」時，就認為美國怕你了。過去推動全球化的一直是美國，美國是全球化的領導者，也是最大受益者。中國，某種程度上是被動全球化，因為改革開放前中國主要是被封鎖方，想開放也沒辦法。改革開放後，經過 20 年的磨合，中國在 2001 年才加入世貿組織，與西方經濟完成對接。然而，中國在加入世貿組織後僅僅十幾年，已從全球化中獲得很大利益。特朗普領導的美國採取果斷措施對全球化政策進行調整，也是可以理解的。在面對美國自 2015 年推動的「新一輪剪羊毛」迴圈，中國絕不能輕視。因為美國正在採取「利」與「力」相結合的手段推展「新一輪剪羊毛」活動。就「利」而言，美聯儲 2017 年 3 月 15 日決定加息 0.25 個基點後，並宣稱 2017 年還將加息 2 次，2018 年加息 3 次，2019 年加息 4 次 …… 美國已明告天下，她正在並持續地「利誘」美元回流美國。在「力」的方面，美國圍繞中國周邊製造事端從未有停止 —— 從釣魚島到南海；從越南、菲律賓到韓國部署薩德反導系統 …… 無非是要在周國周邊製造動盪甚至局部戰爭，迫使美元逃離這個區域，已達美國火中取栗的「美元回流」目的。因此，中國此時絕不能掉以輕心，絕不能隨美國的調子起舞，必須按照中國人的金融思維按部就班對美國戰略進行化解，「水來土掩，兵來將擋」。

首先，就人民幣崛起而言，是因為中國對參與全球化欲罷不能，美國正在做出從全面全球化向區域規則化的戰略大改變，中國目前正在亞投行、「一帶一路」、中俄合作、拉丁美洲及中亞南亞外交、人民幣互換等方面深入而全面佈局，人民幣，是升值還是貶值？兩大戰略因素已經給出了答案。

一是中國經濟進入全面轉型升級階段，決定了只有以貨幣長期價值趨升之勢的大轉向對沖產業全球替代造成的服務業發展和經濟虛擬化、創新化的需要。人民幣欲讓全球接受為「有價值、值得信賴」的貨幣，第一不能讓「匯率大起大落」，第二不能讓持有者「無利可圖」，第三，在這個前提下，出現波幅不大的波動是可以接受的。

二是「一帶一路」戰略的大規模系統實施足以證明中國政府對於人民幣國際化的核心目標定位。因此，可以預期的是人民幣不會大幅度貶值，即便出於穩增長、調宏觀的需要而階段性貶值，也不會採取一次性大幅跳水的方式，更不大可能迫於壓力而出現脫鉤美元的情況。

其次，就「一帶一路」發展戰略而言，本質上講也是人民幣升值和中國亞太崛起之路，標誌着中國第一次以基於全球視野的大國國際戰略為自身謀求核心發展空間，其重要的歷史意義在於賦予前數十年改革、開放兩大戰略以「新全球化」支撐。

前文說過，猶太人的金融思維是「小商小販」的「投資型金融思維」，中國人的金融思維是「國家資本型」，「一帶一路」則是這種金融思維的重要體現。

「一帶一路」事實上已開啟了中國改革、開放、全球化的新一輪發展，這一輪發展與之前相比最大的特點在於對「新全球化」的主動謀劃和對全球市場資源的深度參與和整合，這從根本上決定了中國外向型經濟的雙向性和外匯收支的平衡性趨勢，決定了全球金融秩序在中國深度參與後將進入一個重大的再平衡進程，這個過程與英鎊及美元全球擴張的路徑和方式是有本質不同的，有興趣者，可以專門研究英鎊、美元與人民幣全球擴張的路徑與方法。這也是中國外交部長王毅 2017 年 3 月 20 日在「中國發展高層論壇 2017 年年會」上所表示的：「中國歷來以長遠眼光看待中美關係，願從戰略高度推進中美關係。作為最大的發展中國家和最大的發達國家，我們在把握和設計兩國關係走向時，應當有歷史縱深感和未來穿透力。」這就是中國大氣的新境界。

再次，中國應該清醒認識全球佈局的最大障礙是甚麼。

中國推廣全球佈局的過程，其實就是中美博弈的過程。準確的講，就是人民幣與美元的博弈過程。很多人已經清楚地看到，人民幣全球擴張的「路徑」與「套路」，與當年的英鎊和美元全球擴張有本質不同的 —— 所謂的「套路」不同，其實就是發展模式的差異。

美國 2005 年啟動的新一輪美元加息計劃，本質上是一次對其虛擬經濟及金融系統的再啟動和恢復常態化的努力，也就是對寬鬆量化美元迴圈的完成。不管是「量化寬鬆」還是有計劃有節奏地推動美元加息，其實都是美元完成「剪羊毛」迴圈過程的不同階段。

在全世界已經識破「剪羊毛」陰謀和美元剝削遊戲規則的情況下，就會對這個「剪羊毛」過程實施種種制約因素，最終將導致美國加息之路不會走得那麼順利。比如說，美聯儲 2015 年計劃

2016 年加息四次，最後只加息一次；2016 年又計劃 2017 年至少加息三次，目前只加息一次，並且一直在為下一次加息製造各種輿論，有興趣者可以從 2017 年 2 月之後的美國各個金融機構和其豢養的專家學者（包括很多所謂的「中國人」）文章中不停渲染「美元要加息」的「輿論氛圍」中有所感受。

「老狗」玩不出新把戲

美國之所以要製造「美元要加息」的輿論環境，其實就是表明現實的「國際及美國國內環境」不利於美元加息。2017 年之後的各種跡象表明，美國加息欲罷不能、進退兩難，並且正在加速暴露甚至引爆美國經濟的內在矛盾。

一方面加息後大量資本面臨成本壓力、急需實體或虛擬經濟的騰挪縱深和利潤出口；另一方面寬鬆數年下來美國的國內經濟機能並未修復到一個必要的接納水平，而美元出海的投資投機管道在歐元和人民幣競爭下其開口擴大的勢頭趨於減緩，這一矛盾日益加劇，如不能得到有效解決，結局要麼是形成新一輪銀行倒閉潮和金融危機，要麼造成難以承受的國內通脹，要麼強行出海，又會面對美元貶值壓力、系統投機風險及對美元地位的重大衝擊，屆時萬一與龐大的政府債務壓力發生共振效應，美利堅的經濟大廈一不小心就會嘩啦啦垮掉了。為此，美國有關主導性力量必然權衡上述三方面風險進行路徑優化。還有，正在實施的人民幣全球化戰略絕不會無動於衷的「被美元剪羊毛」，這也是「深港通」為何在此時推出的「背景」——針對美元的加息計劃——美元要回流，美元回流就意味着留在香港及大陸的美元撤退，美元撤退，就意味着「中國經濟硬着陸」，就可能導致中國經濟大面積衰退，「深港通」選擇在美元回流的節點上推出和實施，顯然是人民幣保衛戰中的重要一役。第四，面對「美元加息」和「美元回流」計劃，全世界目前都難以阻擋美國這個龐然大物，它畢竟是全球經濟體量最大的國家，畢竟還是美元霸權的時代，但是，回流的美元不從中國流出或者少從中國流出，就是人民幣戰略的勝利，在「美元從世界各地回流」的過程中，中國若能搭便車再從中截留一部分，不是更好？「深港通」在搭便車截留回流美元的過程中，能不能起到一定作用？

眾所周知，人民幣在國際上的地位日漸提升。美元獨大壟斷的霸權先受到歐元的削弱和分流，再於近幾年被人民幣軟刀子慢割，其勢已完全不比從前，而美國賴以「收割」的「強勢升值」的這把刀已經鈍化。從近期看，一方面美元相對嚴重下跌的大宗商品總值和全球衰退後的經濟總量而言存在過剩壓力（量化寬鬆的美元太多了）；另一方面歐元以及人民幣的崛起進一步加大了美元過剩壓力，美元「強勢升值」很可能沒有那麼容易持久（「剪羊毛」的算計恐難以順利完成）。

　　美元霸權不僅幫助美國稱霸世界，更幫助美國建立起一整套赤裸裸地在全球範圍內掠奪財富、剝削他國、奴役各東西方民族的功能系統。美國成了一個具有強大逐利動機和能力的經濟機器，承載着美國所特有的、如今日益成熟並走向極端的、凌駕於當代人類共同和核心利益之上的血腥資本的傳統，呈現出一個資本主義的文化基因與新世紀科技革命倉促雜交產物的崢嶸面目，並且在全球化、民族國家協作、國際和平、生態和環境保護等多方面暴露出與歷史趨勢和人類利益背道而馳的自私本相。美國的國家機器一直為資本強權掌控（以美聯儲和華爾街為代表），為資本利益左右，這才是決定中美衝突的關鍵。跨國強勢資本必須遏制來自中國的「國家資本」挑戰，這才是產生中美衝突的根源 ── 近年來圍繞中國展開的區域危機：從東海（釣魚島）危機到南海危機（菲律賓、越南惹事），再到東北亞韓國部署薩德，都不是單一的個案，應該與 2015 年開始的「美元回流速度不理想」密切相關。

　　不妨看看發生在我們身邊的中美之間驚心動魄的「貨幣大戰」。

　　北京時間 2016 年 12 月 15 日凌晨 3 時，美聯儲公佈利率決議，將聯邦基金利率提高 25 個基點，美聯儲利率決定上限為 0.75%，下限為 0.5%。這是時隔幾乎整整一年之後，美聯儲又一次加息。加息的結果並不意外，更重要的是，美聯儲宣佈加息後，人民幣應聲下跌，對美元匯價一度迫近破 7 大關！面對美元加息，央行必須調整人民幣匯率，主動貶值以應對美聯儲加息，避免資本瘋狂擠兌美元然後出逃，所以人民幣下跌是不得不為之的事。

既然人民幣不得不下跌，不可能不跌，空頭千載難逢的機會終於來了，在「投機型資本」看來，人民幣此時已經是待宰的羔羊，無路可逃！

　　面對美元加息推動美元回流的動作，中國的央行處境十分不妙。

　　首先，為了防止中國國內資金擠兌美元，央行就必須讓人民幣主動貶值以阻止資本外逃。但如果央行主動讓人民幣貶值，嗅到血腥味的空頭狼群就會一擁而上，趁火打劫。簡單地說就是，如果央行讓人民幣貶值，那麼雖然可以阻止資本流回美國，但卻要被國際空頭挖走一塊大肉。而如果央行不讓人民幣貶值，那麼雖然能反咬空頭一塊肉，但卻會造成國內資本瘋狂擠兌成美元，導致中國改革開放後積累的財富成果一夜之間化為烏有。

　　在面對如此惡劣的國際金融環境時，2017 年春節期間，中國央行並沒有像全國老百姓那樣放假休息（安穩地回家過年），而是與美元展開了一場面對面、幾近肉搏的廝殺 —— 為了應對美元回流，為了應對國際炒家，人民幣春節前後的匯率就像過山車一樣走了一個來回。在 6.86 和 6.96 期間瘋狂搖擺，把一大堆做空人民幣的國際炒家全部打爆。由於很多空頭的止損線都設在 6.87 以上，所以這一次匯率猛甩直接擊穿了這些海外投資機構的人民幣空單止損位，甚至由於不斷止損交易的出現，還出現了空殺空的「踩踏事件」。那些自以為捏准了人民幣必然升值把柄的國際空頭炒家，不僅沒有賺到錢，反而被央行狠賺了一把。

　　很多想要擠兌美元的資本，看到人民幣在漲就會選擇重新設置掛盤價。比如從 6.85 修改到 6.88。但是，央行並沒有給他們這個投機時間。在人民幣一路暴漲逼到 6.86 打爆了絕大多數空頭止損線之後，又在一秒鐘之內轉身飛速貶值直逼 6.9 大關。如此迅雷不及掩耳的出招，讓那些想趁機擠兌美元然後抽逃的國際炒家和資本望而興歎。中國不僅可以進行金融防禦，還能主動出招化被動為主動。中國央行在春節期間露的這一手，不僅是一種自信，更是一種震懾。與 1997 年亞洲金融風暴和 2008 年全球金融危機時期相比，中國 2017 年這次正在以自己的方式警告一切試圖在中國身上竊取財富的國際資本勢力。

特朗普執政後，振興美國經濟是其既定方針。從其當選前後的言行來看，特朗普要振興的似乎是美國的實體經濟。倘若如此，將會與以華爾街為代表的猶太人主導的金融資本有很大區別。特朗普能在多大程度上背離華爾街既定的金融資本資本道路，能有多大力量左右美國軍企混合體的經濟怪獸，這些都還需要一些時日觀察。從 2017 年 3 月 15 日美聯儲宣佈再加息 0.25 個基點來看，在「美元回流」這個大原則上，特朗普與美國金融大鱷們是目標一致的，差別只是在發展「實體經濟」與「虛擬經濟」上怎樣把握住「美元的回流速度」。

2017 年 2 月 17 日，習近平在國家安全工作座談會上稱「要引導國際社會共同塑造更加公正合理的國際新秩序」、「引導國際社會共同維護國際安全」。北京智囊解讀，這是習首次提出「兩個引導」，顯然，由美元霸權演化而來的國際金融新秩序也在中國「必須引導」的範圍之內。

迎接創新文明時代的來臨

要「引導」由美元霸權演化而來的國際金融新秩序朝新的方向發展，就必須解構「美元霸權」，就要解構美聯儲極其運作模式。

美聯儲是美國聯邦儲備系統或者美國聯邦儲備委員會（The Federal Reserve System 或者 Federal Reserve，非正式稱為 The Fed）的簡稱，負責履行美國的中央銀行的職責。這個系統是根據《聯邦儲備法》（Federal Reserve Act）於 1914 年 11 月 16 日成立的。

美聯儲由八大企業共同組成，分別是：柏林和倫敦的 Rothschild 銀行、巴黎的兄弟銀行、義大利的以色列摩西銀行、紐約的 Kuhn, Loeb & Co. 銀行、紐約的 Chase Manhattan 銀行、紐約的 Goldman Sachs 銀行、阿姆斯特丹的 Warburg 銀行。

美元的所有權不歸美國人民，而是歸美聯儲的八大企業股東所有，美聯儲就是這八大企業成立的股份制公司。美聯儲主席只能有美聯儲股東任命的美聯儲官員擔任，並由美國政府委任壯以國家名義發行和管理美元。美聯儲的權力是不受限制的，美國人

民和政府都無權管理美聯儲及其政策制定，美聯儲是獨立的行為主體，是八大企業最核心的組織機構。

當美聯儲以美國國家名義確立美元世界霸權以後，美元成了「世界元」，制定了一系列貨幣政策在全球推行貨幣經濟，這些貨幣政策與美聯儲八大壟斷企業及其周邊公司的股票和各種債券緊密結合，進行具體落地，建立貨幣經濟支配的全球經濟體系。這樣，美聯儲八大企業對世界利益進行了壟斷，全球企業和中國公司都必須按照美聯儲八大企業制定的「遊戲規則」運行，實際上就是按照「美元霸權」的遊戲規則運行。

特朗普和美國現存體制的矛盾已經公開化，從前是美國兩黨之間互相否決，現在已經演變成特朗普領導的美國民粹力量和整個美元霸權體制之間的矛盾。這種美國式的「內鬥」不知道何時能夠結束。隨着數萬名特朗普的支持者 2017 年 3 月 7 日走上街頭，美國政治何時才能穩定下來，也是未知數。歐洲的情況同樣令人擔憂。英國已經正式進入脫歐程序，相信這不會是一個順利和平穩的過程。法國極右國民陣線力量繼續上升，而德國的右派選擇黨也不甘示弱。歐盟內部的動盪牽涉到歐元要面臨挑戰。西方貿易保護主義和經濟民族主義開始盛行，已讓很糟糕的世界經濟形勢勢進一步惡化。西方的政治變化勢必對國際政治、經濟秩序構成巨大衝擊，同時也會對歐元地位構成挑戰。全球經濟結構的進一步調整與變化，正顯示着美元霸權轉折的到來和舊文明體系面臨的裂變。

新的文明正在開始

如果說美元霸權是舊文明的代表，那麼中國的崛起將預示着新文明的到來。

世界對中國的關注源於對中國的過去、現狀和未來的分析與認知。經過近 40 年的改革開放，中國今天已是世界第二大經濟體、最大的貿易國。從 2008 年世界金融危機以來，中國一直為世界經濟穩定和增長提供着最大的貢獻份額。儘管近年來經濟下行，但因為中國經濟基數龐大，其貢獻仍然最大。人們也相信，只要中國維持在官方所規劃的經濟增長水平，中國對世界經濟的貢獻只會增多，而不會減少。

中國所提出的世界和區域經濟的「中國方案」令人們更感興趣。近年來，中國提出了「一帶一路」的倡議和主導成立亞洲基礎設施投資銀行。儘管少數國家對中國抱有懷疑，但更多國家積極參與中國的倡議，因為它們看到中國的舉動並非「另起爐灶」，建立自己的體系，而是積極配合現存的國際經濟體系，提供必需和相應的補充。或者說，中國所做的是在強化現行國際經濟體系。這些正是世界所期待的。今天中國周邊國家可能要比美國周邊國家、俄羅斯周邊國家更安全。

2016 年特朗普奇跡般地當選美國總統，反映出的是美國人民對美國制度自信普遍開始動搖，就連提出「歷史終結論」的史丹福大學教授，法蘭西斯福山（Francis Fukuyama）博士也已經開始反思美式民主制度。美國的民主制度本來不錯，但這些年已經被美國玩得貶值了。所謂民主自由那一套「美式價值標準」已經失去很多市場。在伊拉克、敘利亞、阿富汗、埃及，中國即便不算朋友也不會是敵人，而美國人恐怕不帶着槍炮都不敢去那裏。不管是亞洲還是非洲，人民都是渴望過上富裕生活的，而中國不但給了他們一個迅速崛起的例子，而且還要用「一帶一路」幫助他們共同富裕。亞、非、歐和大洋洲在中國力量連接之下，在中國經濟發展新模式的啟發下，無不想與中國「沾親帶故」、攜手發展新的明天，這個世界也因此有足夠的力量不需要美國的炸彈，也有很大的期盼甩開美元霸權一樣可以取得成功。今天，馬來西亞、印尼、柬埔寨、老撾、緬甸等國家，已經把西式地緣政治擱置一邊，回歸亞洲式經濟合作，中國的「一帶一路」戰略也開始在這些國家產生積極的結果，由中國構建的新的文明體系正在慢慢萌芽。

注釋

1. http://www.jkentech.com/20170128/14229252.html。

2. https://zhidao.baidu.com/question/1608963925047759067.html?fr=iks&word=%B1%C8%C8%E7%2C%B9%FD%C8%A7%C3%C0%B9%FA30%C4%EA%D4%DA13%B3%A1%D5%BD%D5%F9&ie=gbk。

3. 在人民大會堂開幕（請作者補充年份），中央政治局常委、國務院總理李克強在大會上作政府工作報告時指出，要推動內地與港澳深化合作，研究制定粵港澳大灣區城市群發展規劃。

第二十三章

擁抱大灣區、深港合作、從「心」出發

洪為民

全國港澳研究會會員

前海管理局香港事務首席聯絡官

導言

國務院總理李克強在今年的《政府工作報告》中提出「要推動內地與港澳深化合作，研究制定粵港澳大灣區城市群發展規劃，發揮港澳獨特優勢，提升在國家經濟發展和對外開放中的地位與功能」。筆者相信這對建立粵港澳大灣區常態化合作機制、協調三地基建及建立粵港澳大灣區品牌有很大幫助。

粵港澳大灣區由廣東九市（廣州、深圳、珠海、佛山、惠州、東莞、中山、江門、肇慶）及港澳兩個特區組成，總面積 5.65 萬平方公里。截至 2015 年末，粵港澳大灣區區內總人口 6,765 萬，GDP 總和約為 1.3 萬億美元。雖然經濟規模不及長三角，但以人均生產總值算則已超出其他城市群。而區內進出口貿易額達 1.5 萬億美元。

粵港澳大灣區亦擁有世界級的海空港群，機場年旅客輸送量接近 1.4 億人次，港口集裝箱輸送量接近 7,200 萬標箱，深圳在貨櫃港口位列全球第三，香港、廣州分別為全球第五及第六。隨着港珠澳大橋、高鐵等交通基礎設施的建設，以及珠三角區域逐漸一體化，有利形成高端、開放、創新、具實力的「粵港澳大灣區」經濟體。

大灣區的優勢互補

長久以來，香港和廣州、深圳、東莞、惠州、江門等廣東省城市都有密切聯繫，大部分港人的家族都是一兩代前從這些地方遷移到香港的。事實上，香港、深圳原來都屬於新安縣，在不同的朝代屬於廣州、東莞和惠陽地區。改革開放以來，不少港人也從深圳開始，到廣東省各地投資設廠，形成珠三角地區完善的製造業產業鏈。近年在自主創新潮流下，深圳和廣州在自主研發方面有着出色的表現，廣東省的優質產業群已有實力向世界出發，在全球市場分一杯羹。這也為粵港澳大灣區的發展奠定了良好的基礎。

2015 年 5 月，中國社科院發表的《城市競爭力藍皮書》比較了內地近三百個城市的綜合經濟競爭力，其中深圳第一、香港第二 [1]。藍皮書指香港「創新不足、守成有餘」，但是在法治程度、

制度建設、基礎設施、衛生與教育、商品市場效率、勞動力市場效率、金融市場發展水平等方面，還是要比任何一個內地城市要高，只是近年一直找不到新的增長點，發展緩慢。如果把深圳和香港加在一起，那麼就是強強聯合。深圳近年致力發展高科技產業，已經形成良性循環，是繼美國矽谷之後的全球第二個創新科技之都，研發支出佔本地生產總值（GDP）的 4.1%，在應用技術方面領先。

香港是全球服務業主導程度最高的經濟體，服務業佔本地生產總值的 90%。然而，香港現時依重傳統的支柱產業，按次為貿易及物流業（2013 年佔 GDP 的 23.9%）、金融業（16.5%）、專業服務及其他生產性服務（12.4%）、旅遊業（5%），在新興、規模較小但具潛力的產業投放資源卻有所不足，加上高地價和工資使香港的營商成本高企，不利中小企（尤其是初創企業）的健康發展。

作為國際金融中心，香港在融資市場上具有良好的結構及背景，香港在初創的天使投資，到 A 輪、B 輪、C 輪的投資，銀行借貸、上市融資，就連企業希望私有化取消上市，以至私有化再估值再上市，香港也有充分的經驗。香港不單具有融資及財務人才，也具有相關的法律人才、會計人才可以提供專業服務。香港的法律、金融及市場體制健全，能給予外國投資者信心，加上貨幣自由流通，是進行融資的好地方，融資又恰恰是科技創新必不可少的一個重要環節。香港的設計，品牌市場化、國際化有很大的優勢，能夠和國際接軌。

因此，如果以香港、廣州和深圳的大學基礎科研、香港和深圳的融資、香港的品牌和設計，加上深圳的應用科技和創新、廣州、東莞、惠州的高端製造業、香港的國際貿易配套和市場化，以及大灣區的空運和海運能力，這簡直是一條全球獨一無二的完整產業鏈。

粵港合作 —— 必須從「心」出發

過去相當長一段時間，粵港合作都處於一種不對等的關係，有時候香港會有人因認為廣東省落後而嫌棄對方，到後來廣州、深圳經濟發展起來以後，廣深有的人又會覺得香港有甚麼了不

起。港、穗、深三個地方都經常視對方為競爭對手，官員來往又往往要計較級別，所以粵港合作雖然取得不少可喜的成果，但總的來說往往都是快餐式合作。有些時候香港給人的感覺就是粵港深港合作要對港資更加開放，但有沒有想過自己又帶給人家甚麼價值呢？而內地對香港的了解也是流於片面，文化的差異也影響到溝通的效率。

曾幾何時，香港人對內地的印象是羅湖商業城和東門的「A貨」和翻版碟，東莞就是一間又一間港人開設的工廠。然而，一覺睡醒，深圳和廣州經濟總量和香港已經不遑多讓，東莞也搞起了高科技。雖然「軟件」方面香港還是有很多領先，但是已經不容許香港帶着歧視的眼光去看這些「小老弟」。如果粵港澳大灣區還是要以某某市為中心、龍頭的話，又會陷入以前的心結。廣州人文薈萃，歷史悠久，又是省會和五大國家中心城市之一，當然認為自己是「老大」；深圳作為改革開放的排頭兵，又是「中國矽谷」，當然也不願意做小弟；而香港過去長期是珠三角區域最發達的城市，做「老大」做慣了，那麼大家要怎麼實現精誠合作呢？筆者認為，要發展大灣區，最重要是改變心態，從城市本位變成大灣區本位，放下成見，以大灣區集體利益為依歸，從心出發，才能達至共贏。

從宏觀經濟上看，中國經過多年的發展後，已經是世界第一製造大國，也是第一商品貿易大國，同時是第一外匯儲備大國。這為未來經濟的持續健康發展奠定了良好的基礎。然而，新常態下國家經濟面臨諸多困難和挑戰，如何全面深化改革，並為未來的經濟發展注入新的動力，是值得大家思考的課題。全球經濟一體化下的競爭日趨激烈，單打獨鬥的發展模式變得愈來愈脆弱，要成功必須推動跨境合作、跨境創新。國家改革開放已進入深水區，省市間透過組成城市群適當分工、互補優勢已是大勢所趨。

然而這幾年，香港有一部分人仇視內地，仇視中央，懼怕共融。透過傳媒，這種反對內地合作的聲音又被放大，引起內地對香港的不滿和懷疑。但是我們沒有選擇。一方面，總理的工作報告提粵港澳大灣區，就是把大灣區放到了國家層面的重視，而且由中央來協調，更容易解決一些例如法律法規和基礎建設方面的問題；另一方面，面對全球競爭和中國「走出去」戰略以及「一帶一路」，如果我們還是沒有解開心結，還是看不到「合則雙贏，

鬥則俱傷」的情形，如何面對全球的競爭？這需要有促成合作的勇氣、魄力與幹勁。粵港兩地政府必須掌握形勢，加強聯絡協調工作，尤其是讓港深雙子城得到最好的發揮。要擁抱大灣區的機遇，雙方要以互惠互利的區域思維去協作，在「一帶一路」發展策略分一杯羹。

在粵港合作上，從深港出發，是一個很好的組合。雖說香港和深圳在很多方面仍存在着一些差異（如人口結構、產業結構、社會體制），兩地的優劣恰巧互補，可以發展成雙子城市關係（twin-cityhood）。港深成為雙子城市並不是甚麼天方夜譚，協調得宜更可發揮兩地潛在的能量。硬件上，兩地應加強協調一些基礎建設的規劃，以機場發展為例，香港機場與深圳機場若能有效連接並作適當分工，相信雙方中短期內都沒有興建新跑道的必要。軟件上，香港雖然在若干領域上（如法治建設、訊息流通、國際聯繫）領先深圳，但當香港被批評創新力不足的時候，深圳則被評為國家最具創新能力的城市之一。香港是外商高度信賴的國際都會，深圳則充分掌握內地市場，故港深絕對有條件合力構建中外資金雙向流動的最佳通道。

以「粵港澳大灣區」為立足點，向「一帶一路」國家走出去是粵港澳很自然的發展路徑。經過多年歲月蹉跎，面對我們今天資金驅動（capital driven）的經濟模式，不少問題如物價地價高企、缺乏實體經濟支撐的問題一一湧現，香港實在需要透過發展「粵港澳大灣區」的機會，藉着區域發展合作，向創新驅動（innovation-driven）的經濟模式轉型。我們不應錯過這個黃金機會，我們不是要再爭大灣區內「誰是老大」，而是整個大灣區和其他灣區經濟體，如紐約灣、東京灣、倫敦灣比試。

構建「粵港澳大灣區」品牌

灣區城市群經濟在世界上不是新事物。「粵港澳大灣區」對於國際市場來說，要比環渤海、長三角甚至原來的珠三角更能夠讓國際市場明白和接受。只要我們自己改變城市本位的思想，對外宣傳的時候突出大灣區，就能夠逐漸建立起「粵港澳大灣區」的品牌。粵港澳大灣區經濟總量即使在今天就已經比紐約市和三藩市灣區高，將來如果建立起粵港澳大灣區「一帶一路」專業服務

中心、「粵港澳大灣區」中國智造中心、「粵港澳大灣區」金融科技中心等品牌，一定有機會爭做世界第一的灣區品牌。

加強基建、促進要素流動

要加強大灣區合作，必須在人流、資金流、物流和信息流四方面加強流動。由於「一國兩制」以及國家金融還沒有完全開放，今天路路暢通還未實現。基於一些歷史的原因，大灣區內的基建設計也不完全科學。要建設好大灣區，中央和各地政府應該在基建方面更科學的規劃和加強投入，建立真正的「一小時生活圈」，並對大灣區居民的出入境提供便利。廣東省和各自貿片區，也應該與港澳攜手，向中央爭取更寬鬆的金融政策，便利資金流。

科技合作

科技合作一直是粵港深合作的重要一環，兩地要在激烈的區域性競爭中保持優勢，必須重視成熟經濟體促進生產力增長的關鍵因素，即培訓人才及創新科技。哥倫比亞大學經濟學教授 Xavier Sala-i-Martin 指出，生產力增長放緩已成為新常態，這直接威脅着全球經濟發展，各地決策者應優先推行改革，重點加大對創新和勞動力市場等領域的投資力度，以釋放創業人才的生產力。

根據世界經濟論壇的研究，經濟發展可分為生產要素驅動（factor driven）、效率驅動（efficiency driven）及創新驅動（innovation driven）三個階段。綜合來說，內地雖然仍處於效率驅動的第二階段，但單看個別省市的發展，作為首個國家創新型城市，深圳於創新科技的發展一枝獨秀，擁有華為、比亞迪、騰訊等一批知名創新型企業，無疑已進入了創新驅動的第三階段。但是在個別條件上仍存有不足，如知識產權保障、城市效率、資訊開放等，這亦正好解釋為何深港在創新科技發展屬於合作對象，而非競爭對手。

最好的創新意念往往源自於民間，故政府應該為創新科技的發展提供相應的基礎建設（如居住環境、營商配套）及完善有關的法規（如知識產權保障、個人私隱保障、電腦罪行等），從政策層面推動建設一個有利創新科技發展的平台。

筆者認為深港科技可以從多方面深入合作，例如大數據、智慧型城市、移動互聯網、雲計算、電子政務、數碼娛樂、電子商務、互聯網金融等。以下就共建電商貿易規則、大數據應用、互聯網金融、及提升人才市場化能力這四個方面，作更詳細的討論。

發展跨境電子商貿、共建電商貿易規則

在電子商務市場的發展方面，早在「十一五」規劃時，國家已經銳意發展協力廠商交易及相關資訊增值服務、移動電子商務、國際貿易電子商務，以及資訊技術系統相關的資訊處理、數據託管、應用系統外包服務，並着力在電子認證、在線支付、現代物流、信用服務方面及標準規範方面作重點發展。

時至今日，根據中國電子商務研究中心發佈的《2015 年（上）中國電子商務市場資料監測報告》，2015 年上半年跨境電商交易規模已達 2 萬億元，同比增長 42.8%，佔中國進出口總值的 17.3%。跨境電商產業在中國外貿交易中愈來愈佔有大比重 [2]。利豐研究中心研究顯示，2014 年，中國的跨境電商總額已達 4 萬億人民幣，佔比中國貿易總額已從 2010 年的 1.3% 上升至 14.8%，預計 2017 年將提高到 23.1%。跨境電商將會成為影響中國進出口貿易增長的重要因素之一。中國電子口岸數據中心統計，截至 2015 年 9 月 6 日，包括從事跨境電商出口的 23 個城市，今年以來共計出口 1.42 億份，貨值為 76 億元。自 2013 年 10 月起至今，國務院批准通過的八大跨境電商進口服務試點城市，包括上海、天津、重慶、杭州、寧波、鄭州、廣州、深圳，不少省市也希望在跨境電商市場分一杯羹。

隨着電商佔全球貿易額的份量愈來愈高，傳統的貿易規則和標準已經跟不上需求。香港過去在貿易方面一直是全球貿易鏈裏面非常重要的角色，相關配套的服務業，例如金融、保險和物流也一直是世界領先，有很多這方面的人才。香港可以和廣東省多點交流，協助他們在跨境電商方面建立國際接受的貿易規則，並在前海蛇口、南沙、橫琴自貿區內先試先行，爭取由「深港標準」，變成「大灣區標準」，最後成為「一帶一路標準」甚至「世界標準」。

深港大數據應用及數據平台

　　香港的電訊收費屬全球最低之列，而本港也一直都是亞洲主要的資訊中心。隨着大數據科學的蓬勃發展，香港對吸引世界各地的華人數據科學家有一定的優勢，對於一些國外比較敏感的數據也比內地更容易拿得到。因此筆者建議建立一個粵港大數據平台，促進數據互聯。而這個粵港跨境數據平台，應該具有一定的開放性及包容性，令上游及下游的持分者也能夠參與其中，尤其是給予中小企從數據中開發一些有用的應用程式，促進數據業的發展。此外，在深港科技合作上，除了民間已經發起的深港大數據年會外，每年中國互聯網大會，也可以考慮讓香港多參與，組團進行交流，一同探討數據科學及商業智慧的最新趨勢，並透過官方確認深港大數據聯盟，定期就數據標準交流、人才培訓、企業對接等方面一同探討，制定出具體合作項目。

互聯網金融或金融科技合作

　　互聯網金融和金融科技方興未艾。深圳和香港兩地既有大量傳統金融人才，又有科技人才，應該是發展金融科技和互聯網金融的最好戰場。由於互聯網金融仍在萌芽階段，不少新的商業模式（包括共用經濟服務）推陳出新，現行的法規未必能夠對其有良好的監管，需要不斷創新監管模式，同時也鼓勵業界進一步創新。深港兩地制度不同，對待金融科技的態度也有不同，因此可以互相借鑒，一齊探討，並且可以透過國家將推出數字貨幣的東風，爭取把國家甚至世界的金融科技中心建在粵港澳大灣區。事實上，比起倫敦和新加坡，粵港澳大灣區有人才和交易量的優勢。筆者建議監管部門和科技研究單位加強合作和交流，互相參考，共同努力掌握新趨勢，共同開拓更廣闊的發展空間。

提升人才市場化能力、助科技企業及產品「走出去」

　　香港在高等教育和培訓、勞動力市場比較國際化，可以和內地較多合作。例如透過大專院校的交流，鼓勵香港的培訓機構在廣東省多設培訓中心，邀請香港或海外的培訓導師、行業專家與內地業界及大專學生多作培訓講座及交流，尤其是科技相關的交流，相信有利提升內地人才的國際視野，了解海外市場運作，令產品及服務做到國際級水平。此外，香港與國際組織時有合作，

可以推薦中國優秀的產品或服務參加海外的國際比賽，例如「IT界奧斯卡」世界信息峰會大獎（World Summit Award）及亞洲移動大獎，都應該鼓勵中國優秀的網站或移動互聯網項目參賽。此外，透過參賽、交流及觀摩，更有助提供中國科研項目的實力，提升中國在世界舞台的地位。

我們也要好好思考如何借助深圳的科研及人才、香港對國際市場的熟悉，一同提升區域創新能力。深圳過去欠缺世界頂級的大學去培育優良人才，基礎研發支持機構也相對不多。香港有十家大學，當中有數間更是世界排名 100 大的大學。在科技合作方面，港深可以發揮協同效應，把全國乃至全世界優秀的科研人才聚集在一起。港深無論在人才上、企業上，都有一定的合作空間，互補長短。下一步我們應一同思考如何加大、加快大灣區在人才、科研、產業、企業之間等創新要素的流動，借助香港這個平台，協助人才更市場化、國際化，在產品的科研、服務的創新方面多作投放，協助企業及產品「走出去」。

專業服務合作

全國人大常委會委員長張德江在 2016 年香港「『一帶一路』高峰論壇」上的講話特別提到了香港服務業專業化優勢。他說：「我們支持香港專業機構和專業人士為『一帶一路』建設提供會計、設計、諮詢以及其他專業配套服務；支持香港建設亞太區國際法律及解決爭議服務中心，為『一帶一路』建設提供法律和仲裁服務……」他還特別提到，香港能夠與廣東自貿區、前海深港合作區、福建 21 世紀海上絲綢之路核心區等形成「共振」效應，並希望香港深化與內地合作，共同開闢「一帶一路」市場。此外，充分發揮多中心合一的功能優勢，在專業服務和國際化人才方面深化與沿海省區市的合作，創新合作模式，提升合作水平，拼船出海，共同開發沿線市場。

然而，香港的專業服務機構一般規模較小，對內地市場也不是很了解。到目前為止，專業人士到內地落地的並不多，一方面是因為很多讓香港專業人士在內地執業的政策尚未推出。另一方面，香港專業人士還沒有認識到內地市場的機遇，他們首先是擔心有沒有市場，其次是開拓一個新市場涉及太多開支，不敢貿然進入。

「一帶一路」建設涉及海量的商業活動及跨境貿易，需要專業服務配套以作保障。香港有良好的制度，在法律、會計、金融、工程等領域均設有與海外標準接軌的嚴謹的監管機制；通曉兩文三語的人才具備國際視野，受到中外機構歡迎及信賴。國企和民企走出去，需要做可行性和顧問報告，而商務諮詢、協約、糾紛調解、投融資等亦需要專業服務的支援。現時有愈來愈多的內地企業準備回應國家「走出去」的戰略。對香港而言，這是一次歷史性的機遇。香港的專業服務在這方面就可以大派用場。筆者預期「一帶一路」建設過程中將涉及大量不同規模的中外併購活動（Mergers and Acquisitions, M&A），而香港可謂 M&A 的人才庫，法律、會計等專業人才充裕。若香港能成為區內的 M&A 中心，深圳充當內資的「引水道」，當中的經濟增長動力將無可限量。長遠來說，打造出「深港『一帶一路專業服務中心』」的品牌，成為協助內企走出去的跳板。

結語

　　擁抱大灣區機遇，需要從心出發，改變思維模式，拼棄互相爭先的心態，以平等開放、互相欣賞的協作態度，在珍惜自己的優勢和價值的同時，也看到對方優勢和價值，才能一同建設好粵港澳大灣區，建立粵港澳大灣區這個品牌。我們應該用新思維、新活力，開拓新市場、新機遇、尋找新模式、新動力，尤其應以深港合作為切入點，以科技合作、金融合作及專業服務合作為契機，共建粵港澳大灣區，在「一帶一路」及世界舞台綻放光芒。

注釋

1　中國社會科學院財經戰略研究院：《城市競爭力藍皮書》（北京：中國社會科學院，2015）。

2　中國電子商務研究中心：《2015 年（上）中國電子商務市場資料監測報告》（杭州：中國電子商務研究中心，2015）。

第二十四章

河套創新科技園怎樣幫助香港

金心異

深圳民間學者

落馬洲河套變身深港科技合作平台、能否解決香港困境？

2017年1月3日下午，就在深圳官場人事大變動（原深圳市委書記馬興瑞升任廣東省代省長；原市長許勤升任市委書記）之際，香港特區政府與深圳市政府在香港簽署了《關於港深推進落馬洲河套地區共同發展的合作備忘錄》（下稱《備忘錄》），將在落馬洲河套地區合作建設「港深創新及科技園」，推動其成為科技創新的高端新引擎、深港合作新的戰略支點與平台，共同建設具有國際競爭力的「深港創新圈」。

相信兩地產業及科技界人士均會對此進展頗感振奮。但誠如北大深港產學研基地主任張克科先生所言，河套地區的深港合作：1991年啟動、1994年推動、1998年列入兩地議題、2003年重開會商、2008年列入香港十大、2013年破局、2017年一錘定音，真可謂是好事多磨。以我這個觀察者來看，即便是這份無約束力的「備忘錄」真正落地，它也來得太晚了，於深圳而然意義不大。至於能不能幫到香港，還要看兩地是否能夠真正精誠合作，並找到最佳的合作模式，使得雙方各自的優勢能夠得到充分發揮，最終有助於香港重建實業基礎，改善產業結構，促進就業，使香港能夠迎來新一波經濟繁榮，而深圳亦能從香港的經濟轉型中獲得紅利。

深圳創新科技已在國內領先、並建立與全球的技術及產業聯繫

深圳和香港在19世紀40年代之前共同屬於廣東省寶安縣。到上世紀70年代末中國大陸改革開放，深圳建市開埠，最初發展貿易，1986年之後開始吸引香港加工業北遷；1993、1994年之後，認識到加工貿易不是方向，下決心跟上全球科技產業發展趨勢，推動發展高科技產業。當時深圳毫無科技和高等教育基礎。她在1996年香港回歸前夕，提出一整套深港合作、整合雙方優勢資源共同發展科技產業的計劃，然而不獲香港積極回應。

深圳隨後自行推動科技工業發展，於1997至1999年進行了一系列政策及制度設計，1999年開始舉辦「中國國際高新技術成

果交易會」。1999 年，深圳謀劃設立創業板，提出希望與香港聯交所展開合作，亦不獲積極回應；到了 2005 年前後，深圳的科技工業已經強勢崛起，2006 年深圳政府提出「深港創新圈」計劃，這次香港方面倒是開始有所回應，但雙方始終找不到一個能夠善盡各自資源優勢的合作模式，在雙方各自的主要推動者紛紛下台之後，此一計劃事實上已經流產。

迄今為止，深圳的高新技術產業可以說已成為中國大陸的領先者，華為、中興通訊、騰訊、比亞迪、邁瑞、大疆等諸多企業成為頗具實力的行業翹楚，其中華為、中興、騰訊等且已成為在全球佈局的跨國公司。2015 年，深圳電子與資訊、生物醫藥、新能源、新材料等六大較具科技含量的產業的總銷售額達到 1.7 萬億人民幣，全社會研發投入佔 GDP 比重 4.05%，PCT 國際專利申請 1.33 萬件，佔中國大陸 46.9%。從產出規模上來說，深圳已相當於以色列整個國家，加上與深圳共同作為一個整體產業鏈的東莞和惠州兩個鄰近城市，則相當於台灣整體的規模。可以說，深圳用短短的 20 年時間在全球科技產業鏈中找到了一席之地。

這個成績是香港人沒有預料到的。在 90 年代中期，香港業界根本不相信深圳有條件發展高科技，相當意義上也是深圳在沒有獲得香港的支援下自己獨立發展起來。深圳的其他產業，包括房地產、物流、加工製造、金融等主要產業，都在相當程度上依賴香港的支援或協助，但高科技則沒有依賴香港。曾有港府高官在一篇文章裏寫過對深圳高科技發展起來始料未及。

深圳為甚麼在 90 年代到 2006 年這十幾年裏，一直眼巴巴地希望與香港展開科創合作？主要是深圳認為這種合作可以優勢互補，且對雙方都有利。深圳認為香港值得借重的獨特優勢包括：一、深圳沒有好的大學，而香港擁有八所大學，其中至少三所是亞洲一流並且進入全球前 100，其他五所放到國內也肯定都是一流之列。大學既是科研重鎮，也是人才培養基地和人才蓄水池。深圳最初希望借重香港的大學，為自己提供研發基礎和人才培訓平台。二、深圳當時對全球的科技人才沒有吸引力，而香港作為著名國際都會，具有這種吸引力。深圳設想香港可以從全球吸收人才，而為深港共同所用。三、深圳在國內早認識到科技創新或科技產業的關鍵是金融機制，所以才希望香港創業板與深圳創業板能夠展開合作，並利用香港資本市場的強大融資能力，為科技產業提供創業資本。四、香港作為一個全球商業中心城市，已經

具有一個全球的商業貿易網絡，可以幫助深圳打通與全球科技產業鏈的聯繫。五、深圳在國內早認識到科技創新環境的一個最基礎的要求是對知識產權的保護，而國內的法治環境無法讓人對此有信心，但香港具備這一基礎，所以深圳希望利用香港的這一優勢，並且逐步向香港學習，在深圳建立一個保護知識產權較好的法治環境，形成在國內的優勢。

香港一再拒絕深圳遞過來的橄欖枝，逼使深圳只能憑自己的力量解決上述五個問題。

所以我們看到，近 20 年裏，深圳投入鉅資想要建立自己的大學體系，到目前為止雖然收效仍然一般，但也初步建立了一個仍很弱小的基礎：努力提升深圳大學的教學和科研水平；與北京大學、清華大學、哈爾濱工業大學合作建立研究生院，並誘使對方逐步在深圳開設本科教育；模仿香港科技大學建立南方科技大學；在深圳高新區設立虛擬大學園，誘使全國五十多所大學在深圳建立科技成果轉化平台；吸引香港中文大學設立深圳校區；與國際知名大學合作，設立十個專科學院；最近的收穫則包括，引入廣州中山大學建立深圳校區。

深圳作為中國的科技創新中心的地位和品牌已經確立，加之在國內大城市中比較好的生態環境，目前已經足以吸引中國大陸的優秀人才，並正在試圖吸引香港和全球的科學家。

深圳創業板市場、風險投資／私募股權投資（Venture Capital/ Private Equity）已經形成體系，成為國內資本最為集中的三個城市之一，深圳目前不缺資本，對香港資本市場沒有依賴。

深圳目前已經自己建立起與美國矽谷、台灣、以色列等全球科技創新前沿地區的科技與商務聯繫。深圳的部分大公司已經初步建立起一個全球性的研發網絡，利用全球的科技人才和研發能力。

目前深圳唯一的也是最大的缺陷，是由於它作為中國大陸司法管轄地區，無法獨立建立一個法治基礎。儘管如此，深圳試圖在國內大環境下，建立自己相對尊重知識產權的小環境。

由以上可知，迄今為止，深圳的科技創新環境已經是全球最優秀之一，不依賴香港形成體系，所取得的成績亦已將香港甩在

身後。對深圳來說，香港目前主要的價值只在於其法治環境和對知識產權的保護。當然，香港對深圳還有一個價值，那就是向中央政府索要改革開放先行先試政策的一個藉口。

香港轉型科創為甚麼進展不大

香港作為一個細小型城邦經濟體，按照國內的俗語來說，應該是「船小好調頭」，可以因應生存環境作迅速而有利的調整。而且自開埠以來，本身已經歷過三次產業轉型：第一次是由開埠之時的純粹農業和漁業地區，轉型成為大英帝國在遠東的轉口貿易基地；第二次是 20 世紀 60 年代，由原來一個純粹做轉口貿易的自由港，轉型成為亞洲其中一個輕工製造基地，建立起一個以紡織製衣、玩具、電子、鐘錶、印刷為主的輕工業體系；第三次則是在上世紀 90 年代，製造業北遷內地，香港轉變成為一個主要為中國內地服務的國際金融中心。

香港回歸之後，首任特首董建華認識到香港單一依賴金融業的弊端，想要向其他三個「亞洲四小龍」—— 台灣、新加坡、韓國學習，使香港成為一個亞洲科技創新中心。1998 年，董特首倡議設立創新科技委員會，邀請曾任加州伯克利大學校長的田長霖教授出任主席。

港府接受了田教授的建議，由政府注資 50 億港元設立創新及科技基金，成立應用技術研究院，開設創業板，建設數碼港，設立五大研發中心，擴大香港科技園。最新的進展：2015 年 11 月，港府設立創新科技局。

但是從 1998 年到現在的 18 年時間，倘若與深圳相比，香港創新科技的進展顯然未如人意。首先，香港並未建立一個成規模的創新科技產業，引領香港經濟的增長。其次，香港也未出現幾家有國際影響的科技公司。相反，香港創業板的滲淡和數碼港的失敗，則廣為港人詬病。

為甚麼收效甚微？本人認為妨礙香港發展創新科技有以下幾個原因：

首先是金融中心與科創中心的不相容性。

舉凡世界各國，大部分金融中心都無法同時成為一個科創中心，因為金融中心必然抬高當地營商成本，尤其是土地成本，而科創無法承受這樣的高成本。同時，金融中心的投機氛圍和賺快錢心理，無法平心靜氣搞科研。而且，政府及社會的心態、經驗都適應金融業，很難同時適應科技創新中心的要求。

　　但是這一狀況也並不是一個鐵律，近年有兩個個案改變了人們的認知。一是紐約，作為全球首屈一指的金融中心，卻於近年逐漸發展出一個頗具規模的創新科技產業鏈；二是三藩市，作為矽谷所在地，卻由於服務於矽谷，科技金融崛起，逐漸成為全美的第四大金融中心。當然，新加坡是更早的一個案例。

　　這表明，金融中心與科技中心並非完全不相容，而像紐約這麼高成本的都會區，都仍然能夠發展出創新科技，香港更不應該自我否定，而應該研究借鑒紐約、倫敦、新加坡等這些成功案例，找到香港的成功之道。

　　其次，香港政制限制了政府的引導能力。作為全球著名的自由市場資本主義樣板，香港人這些年有些故步自封，對政府角色有偏面認知，以為政府最好不要管經濟和產業。但是像美國、英國這些老牌的盎格魯撒克遜資本主義國家，政府也並非完全不介入產業政策。香港即便不學習新加坡，至少也應該向英美國家學習。

　　最後，香港本地市場的狹小性，無法為創業公司提供生存發展基礎。

　　對一個創業公司來說，其創業期最重要的是本地市場，這個市場一般不會太大，但足以支撐其渡過創業期，成長為一個能夠穩健生存的小型公司。但大部分小型公司的存活能力都很弱小，倘它欲成長為一個中型公司，就必須有區域市場的支撐；倘若它要成為一個大公司，就需要一個大規模的全國市場或大洲市場，甚至是全球市場。

　　香港科技產業的本地市場十分窄小，所以很難培育出像樣的企業。本來珠三角的區域市場和中國大陸的全國市場都應該可以為其所用，但由於大陸市場的開放度不足，而且香港創業公司對大陸市場的把握能力不足，所以鮮見香港科技創業公司開拓珠三角或大陸市場。

然而，倘若先打通深港共同的本地市場，令香港創業公司能夠在深圳市場進行中國大陸市場的訓練，再開拓大陸市場就容易得多。我想，這就是深港創新科技合作的方向之一。

當然，由於移動互聯網的發展，使市場的開拓可以沿着虛擬空間而不受地域限制進行。但純粹虛擬的市場畢竟有限，許多業務領域仍需要線上與線下相結合。何況，即便是虛擬空間，它仍然是被不同的語言所分割。香港人的優勢在於既掌握中文語言，又掌握英語（據說近些年有退步趨勢，這是個危險訊號），但現實似乎是香港人既與中國市場有文化隔膜，又與英美等英語市場有文化隔膜，這是一個需要解決的問題。

總的來說，在深圳已成長為一個與香港等量齊觀的城市經濟體，並且已成為一個全球著名的創新科技中心之後，香港已認識到深圳的成長和成功，並且不再看不起身邊這個小兄弟，而是正視其成功，和這種成功可能為香港提供實施的影響。深港兩地簽署關於河套的合作備忘錄就是一個證據。

河套能為香港和深圳帶來甚麼？

關於落馬洲河套地區的開發，在 2004 至 2006 年，兩地曾經有過一個短暫的蜜月期，進行深入的研究與討論，但是兩地並未就此達成共識，尤其是香港內部未形成共識。在香港自認為擁有對河套開發 100% 的主導權的情形下，河套開發事實上被擱置了。

就目前雙方達成的《備忘錄》而言，仍可看出香港具有幾乎全部的主導權，深圳事實上僅具諮詢地位。土地確定為公益性質，確實可以摒除香港內部的許多紛擾，但是也可能會導致它不能為香港的重建產業基礎做甚麼貢獻。

問題的關鍵有三：香港與深圳雙方在河套的合作中，如何擺正雙方角色？ 如何發揮兩地各自的優勢？ 如何實現雙贏目標？

香港的優勢，仍是前述的五點，只不過深圳對前面四點的需求已不強烈，最主要的優勢仍是香港賴以生存的最後基礎：法治。深圳的優勢，主要有：一、政府擁有向科技產業和科技創新提供配套公共服務的深厚經驗，包括制訂政策的經驗；強勢政府對豐厚財政資源的不受約束的支配能力；二、相對於香港而言仍

稍低廉的成本，但其實已很高；三、完善的科技研發與製造業鏈，支撐硬體創新、龐大的研發人員隊伍、創業家和企業家資源、豐盛的資本池；四、直接面向整個中國大陸市場的便利。

其中需要強調的是第一條與第三條，尤其是經驗，是香港最缺乏的，涉及到河套開發中雙方的角色指派。倘若香港方面片面強調其主導權，我們則可以確信，以香港人過去十幾年所積累的有限經驗（關鍵是沒有產業的成功支撐其經驗的自信），我們可以十分看淡河套的開發了。香港科技園公司作為土地業主，其開放度以及與深圳方面如何進行制度銜接，至為緊要。

至少有一個原則需要達成共識，也就是過去十多年裏深港學者所提出的一個原則：河套這個地塊具有十分特殊的性質，因此必須做那些在香港本土做不了，在深圳本土也做不了，只有在河套才好做的、充分利用深港兩地優勢的事情。

在此基礎上，才談得到雙贏目標。

還有一個問題是，雙方的各自目標是甚麼？

深圳在河套開發有很清晰的目標，可以説是務虛不務實。

政治紅利

中央政府希望幫助香港實現第四次產業轉型，深圳為中央分憂，為香港做貢獻，這本身是很重要的政績，同時也可以説是對過去 30 年香港幫助自己的回報。另外，可以藉河套開發的深港合作，向北京要求更大的開放度，更多的改革先行先試權，其中重心在於法治創新。

彌補自己的短板

深圳通過建立深港共同的區域創新體系，補足自身的短板。這主要是指三方面：（1）智慧財產權保護；（2）人才的吸引力方面；（3）與歐美等建立更暢順的技術轉移通道和產業鏈條聯繫。

以我個人的觀察，香港似乎並沒有很清晰和具體的目標。倘若僅僅是在河套建立更多的教育和研究平台，那麼，香港本土已

有這些平台，且更成熟更有優勢，有甚麼必要在河套進行物理空間的延展？

我認為香港必須通過研究和討論，弄清楚自己通過河套的開發想要達到甚麼目標。

有人希望借助河套開發，使香港能夠實現第四次產業轉型。但所謂第四次產業轉型，香港內部仍有不小爭論，其中主要是兩種：一種是將河套作為一個朝向建立「六大優勢產業」（環保、教育、檢測和認證、醫療、創新科技、文化及創意產業）的工具；另一種是希望通過與深圳的合作，在香港實現「再工業化」（高端精密製造）。兩者有重合部分，但主要的分歧在於香港還有沒有必要「再工業化」。這可能還涉及到對「再工業化」的理解。

沒有人會認為香港有可能回到傳統的工業，但是高技術含量的工業又有沒有可能？不少香港學者認為這種可能性是不存在的，而且認為香港也不必有此類工業。這一觀點在五年前也許毫無疑議，但是在美國也提出「再工業化」、特朗普總統要求製造業回遷木土之後，香港人的這一觀點也許需要修正。我們必須認真研究香港「再工業化」的可能性問題，各方面條件如何，各種不利因素中，有沒有可能用某種方式克服。

為甚麼需要它？為了解決香港目前遇到的困境。我認為，目前香港困境的主要經濟原因有二：一是 GNP 與 GDP 二者的脫節（日本、台灣面臨的也都是同一問題），使得香港人在全球創造（其中尤其是中國大陸）的財富，無法令香港本土得益，為全體香港人共用。二是獨沽一味地發展金融業，其受益的層面較為狹窄，尤其不能解決中低收入人群的結構性就業難題。

金融及高端服務業，它所延展的上下游產業鏈與高端製造業所延展的上下游產業鏈不同，後者能提供更多的中低收入就業崗位，而前者提供的則較少。如果香港某種程度上的再工業化，能為香港創造 10 至 20 萬個中低收入的就業崗位，那麼香港的社會問題就能得到相當程度的緩解。

如果是要發展前述「六大優勢產業」，那麼在河套地區實施的必要性就沒有那麼強。但如果要建立一個高端製造業，就有必要充分利用深圳的優勢，深港雙方合作進行，那麼就有必要利用落馬洲河套這樣一個地塊。

此一部分的細節尚需諸多論證，但我想強調的是，僅有河套是不夠的，因其只有不足一平方公里的土地。深圳側和香港側都有必要增加更多的土地作為配套。深圳方面對此已有回應，就是皇崗口岸所能騰出來的一平方公里，以及福田保稅區的三平方公里；而香港方面則是古洞北地塊。本人不知道香港政府如何解決這一問題（徵地、成本、營運等），但我認為至少需要五平方公里的土地，用於香港的再工業化是有必要的。

深圳和香港如何合作營運？這尚需詳盡的論證。必須強調的是，獲得中央政府的支援也是十分重要的。當然我們可以確信，倘若深港兩地政府共同建立一個「工業 4.0」計劃的特殊試驗區，對整個國家都是十分有意義的。

總而言之，香港和深圳這兩個經濟體量都超過 3,000 億美元的城市，僅僅一河之隔，在地緣上又唇齒相依，必須正視對方的存在和可能對自己施加的影響，並認識到合作共贏的重要性。在過去 30 年裏，香港單方面無視深圳，可幸現在已經改變。我們期待通過落馬洲河套的合作，為兩個城市的共生共榮找到一個最佳模式，這對整個中國和世界都意義重大。

第二十五章

粵港澳合作及其法律框架

趙琳琳

澳門科技大學法學院副教授

粵港澳合作是一個非常大的課題，涉及的法律問題很多。本文主要從法律服務及解決爭議方面進行探討。隨着廣東自貿區的建立以及「一帶一路」戰略的推進，粵港澳合作進入更宏大、更深入的階段。在此過程中，有效地解決民商事糾紛、便利的跨境法律服務以及安全的社會治安環境等都是不可或缺的因素。然而，這些問題處理起來並不容易，需要借助法律規範和實踐中的大膽創新。

廣東自貿區和「一帶一路」背景下的粵港澳合作

廣東自貿區成立以來，大大影響整個國家的經濟發展，對粵港澳合作來講也是一個契機。但是，契機當中也出現一系列問題，比如：現有法律是否足夠、相關法律規範是否明確，以及相關法律規範的效力是否有一個明確的順序劃分等。在目前的粵港澳合作中，主要法律框架可分為四個方面：第一是港澳特區各自的基本法；第二是 WTO 協定群（CEPA 協定其實跟 WTO 背景有關）；第三個層面是 CEPA 法律文件群；第四是區域合作的一些安排和協議——在探討粵港澳合作時，必須從這些文件中尋找法律依據。從法律服務和解決爭議的方面來看，粵港澳合作有一個非常重要的環節——經貿往來，其必然涉及一些商業糾紛。另外，三地合作和廣東自貿區發展也應該被放在更宏觀的背景下——「一帶一路」的戰略背景。在這個背景下，談粵港澳合作可能更有意義，因為從地理位置來看，三個地方都是「一帶一路」中不可缺少的部分，尤其在歷史上，粵港澳都是海上絲綢之路非常重要的地方。三地各有其文化或語言背景的優勢，在「一帶一路」中可以發揮一定橋頭堡作用。

開放法律服務市場

近年來，廣東省對港澳特區的律師事務所採取開放政策，尤其是廣州、深圳、珠海這三個城市，已經允許合營律師事務所，如廣東珠海橫琴片區與澳門律師事務所、香港律師事務所實行合夥聯營，在解決跨境爭議方面獨具優勢。2014 年，廣東省司法廳

發佈《香港特別行政區和澳門特別行政區律師事務所與內地律師事務所在廣東省實行合夥聯營試行辦法》和《內地律師事務所向香港律師事務所駐粵代表機構派駐內地律師擔任內地法律顧問試點工作實施辦法》。2016 年 2 月 15 日，全國首家內地與港澳合夥聯營的律師事務所在珠海橫琴開幕，打通了內地與港澳台地區及國外法律服務上的壁壘，有利於構建更加國際化、法治化、便利化的營商環境，促進各地服務貿易的創新發展。2016 年 3 月 23 日，粵港合作第二十一次工作會議上，粵港雙方共同簽署實施粵港合作框架協定，確定 2016 年度 92 項重點工作任務，其中明確提及支持發展粵港合夥聯營律師事務所，將粵港律師事務所合夥聯營試點範圍擴大至廣州、深圳、珠海全市；爭取司法部支持，將粵港律師事務所合夥聯營的試點範圍擴大至廣東全省及增加合夥聯營的限額；積極引進香港律師事務所在粵（特別是廣東自貿試驗區）設立代表機構[1]。

區際民商事爭議解決機制

在粵港澳合作中，首先面臨的是民商事方面的配合，因經貿往來方面的爭議主要還是與民商事有關，而這方面一直進展不錯。依澳門第 99/2000 號行政長官批示：「一、設立一個直屬於行政長官的工作小組，旨在開展《澳門特別行政區基本法》第 93 條及第 94 條所規定的區際司法協助及國際司法互助工作的研究及向行政長官提出建議。二、工作小組由行政法務司司長協調並由下列人士組成：（一）終審法院院長或其指定的一名代表；（二）檢察長或其指定的一名代表；（三）保安司司長或其指定的一名代表。三、協調人可因工作需要邀請其他政府部門或實體的代表參與工作小組和提供合作。四、工作小組的行政及後勤支援由行政法務司司長辦公室提供。」其中，行政法務司司長負責協調工作及代表澳門特區與外國簽署協議；保安司司長負責與國際刑警的協調及聯絡工作；終審法院院長負責民商事範疇的司法協助；檢察長則負責刑事範疇的司法協助。在工作小組的努力下，內地與澳門在民商事司法協助領域簽署了幾項協定：2001 年 8 月 29 日《關於內地與澳門特別行政區法院就民商事案件相互委託送達司法文書和調取證據的安排》；2006 年 2 月 28 日《內地與澳門特別行政區關於相互認可和執行民商事判決的安排》；2007 年 12 月《關

於內地與澳門特別行政區相互認可和執行仲裁裁決的安排》。不過，畢竟司法判決在承認和執行方面有更多困難，在解決粵港澳甚至其他跨境爭議方面，ADR（Alternative Dispute Resolution）可以說是一個非常好的途徑，現在從澳門、香港和內地各方面的情況來看，大家對於推動 ADR 的發展都非常重視。ADR 即通常所說的替代糾紛解決方式，這裏「替代」的是訴訟方式，ADR 就是訴訟外若干糾紛解決方式的總稱，其中包括仲裁、談判、調解等。如今，ADR 在許多國家已成為與訴訟並駕齊驅、功能互補的重要糾紛解決機制。

跨境調解

在調解問題上，澳門跟香港比起來稍微落後。香港從 2010 年就開始要求所有案件先經過調解再考慮到法院訴訟，以避免浪費司法資源。澳門現在的 ADR 發展還不夠充分，客觀上加重了法院的辦案負擔，因此，加大 ADR 方式在澳門特區的使用率，有效解決眼下司法效率不高的難題，也符合世界發展趨勢。在解決跨境爭議方面，調解方式比司法判決更為靈活，從港澳相關制度的層面來看，已經有一定的基礎，尤其是香港，已建立比較健全的調解制度。2013 年，深圳國際仲裁院以該院調解中心為平台，聯合深圳證券期貨業糾紛調解中心、香港中國企業協會商事調解委員會、香港國際仲裁中心香港調解會等粵港澳地區十二家主要的商事調解機構作為創始成員，共同創立「粵港澳商事調解聯盟」[2]。

跨境仲裁

澳門現在已有五個仲裁機構，其中的消費爭議仲裁中心是目前運作最良好的仲裁機構，該中心和很多內地省市都建立了合作關係。內地遊客如果在澳門購買商品或享受服務時遇到爭議，可以在回到內地後向當地消協提出仲裁或其他解決要求，然後由當地機構與澳門消費爭議仲裁中心溝通，不用再親自回到澳門，就可以解決這種因為旅遊和購物發生的民商事爭議。不過，其他四個仲裁中心目前的受案範圍仍比較小。如今，內地仲裁具有很大的發展空間（2015 年各級法院有 1,000 多萬宗受理的案件，但仲裁已經有 13 萬多宗，仲裁界現在提出的目標是 100 萬宗），以後仲裁在整個社會爭議解決機制當中會佔到非常大的比例。目前澳

門在受理內地仲裁方面的案件數量還非常有限，但也說明仍有很大發展空間。2016 年 3 月在浙江寧波召開的「一帶一路」研討會，提到粵港澳三地在仲裁方面各有優勢，彼此之間不是競爭關係，而是一種合作關係。香港有英美法系的特點和英語優勢，澳門有葡語國家的背景和葡語優勢，大家如果能錯位發展、構建良性互動，會對粵港澳合作乃至整個「一帶一路」的發展都有非常大的幫助。澳門現在提出「一個中心，一個平台」的建設，實際上是為了協助內地和葡語國家進行有效溝通和聯繫；香港也想在整個亞太地區的仲裁市場上佔有重要一席，而目前其現在主要的競爭對手是新加坡。如果內地或澳門的 ADR 可以跟上香港，便可以更大地發揮地區優勢，這在粵港澳民商事法律服務及爭議解決當中是一個比較大的市場。不過，澳門的仲裁制度仍存在不少有待改進之處。

1. 優化仲裁機構

澳門現存的相關法令沒有規定設立仲裁機構的具體問題，嚴格來說，澳門尚未建立一個完整的仲裁機構體系。雖然名義上設立了五個仲裁機構，但大多下屬政府部門，無法充分體現仲裁的自治性和民間性，利用率也相當低。隨着社會發展，新的糾紛類型層出不窮，澳門畢竟只是彈丸之地，在仲裁推廣以及仲裁經驗不斷積累的基礎上，將來可合併現有的仲裁中心，發揮規模優勢。當然，機構內部可以實行專業分工。此外，澳門應加強仲裁機構民間化的改革，以增加仲裁機構的獨立性和公正性，減少對政府的行政依賴。

2. 擴大仲裁範圍

仲裁範圍的大小影響仲裁程序運轉和發展，適當擴大受案範圍可以讓更多案件湧入仲裁程序。隨着經濟發展和人們消費水平日益提高，消費爭議金額也在增加。消費爭議仲裁中心正研究調升受理金額的上限及簡化仲裁程序，讓消費者盡快解決消費爭議 [3]。實際上，其他仲裁機構，如澳門金融管理局的保險以及私人退休基金爭議仲裁中心也可考慮提高爭議金額的上限。從糾紛類型來看，澳門的仲裁範圍偏窄，因此可以開拓其他糾紛的仲裁機制，比如醫療糾紛仲裁、勞動爭議仲裁等。

3. 建立專業仲裁員隊伍

澳門《內部仲裁法》對仲裁員的資格幾乎未作任何限制，難以取得人們對仲裁制度的信任，而由司法官或行政官員擔任仲裁員亦不利於仲裁的長遠發展。按照國際慣例，仲裁員應當以兼職形式工作，這有兩大好處。一，民商事交往，尤其是複雜的國際經濟貿易往往涉及專業、複雜的問題，法官難以精通所有行業的知識，在處理這類糾紛時難免力不從心。兼職仲裁員來自不同領域，當事人可自由選擇不同專業的仲裁員來解決自己的糾紛。二，聘用兼職仲裁員能避免內外干擾，確保仲裁的公正性。因此，澳門應改變現有的仲裁主體，停止讓法官或行政官員繼續擔任仲裁員，通過立法進一步明確仲裁員的資格條件，培養合適的人才，並建立仲裁員名冊供當事人選擇。

4. 完善仲裁規範

目前，澳門仲裁法律規範及仲裁中心規章存在部分不合理、不符合現實或者國際慣例的情況，影響其解決糾紛的實際效果。因此，澳門應參照《聯合國國際商事仲裁示範法》、《聯合國貿易法委員會仲裁規則》以及其他法域的先進仲裁立法和程序，進一步清理和修訂相關的仲裁法規和規則。

5. 澳門特區和中國內地相互承認和執行仲裁裁決的情況

根據澳門基本法第93條的規定，最高人民法院與澳門特別行政區經協商，就內地與澳門特別行政區相互認可和執行仲裁裁決的有關事宜，於2007年10月30日簽署《關於內地與澳門特別行政區相互認可和執行仲裁裁決的安排》（以下簡稱《安排》）。《安排》的主要內容包括：適用範圍、管轄法院、申請材料、申請和審查期限、不予認可的情形、訴訟費用、中止和恢復執行、財產保全、生效及溯及力、三地協作等。根據澳門終審法院提供的資料，《安排》自2008年1月1日生效至2013年12月31日止，澳門中級法院有兩件來自內地的仲裁裁決的受理認可，其中一件來自廣東省的民商事仲裁裁決，裁決由珠海市仲裁委員會作出。經澳門中級法院審理後，對相關仲裁裁決均予以確認，其中只有

一宗向初級法院請求執行，最後因當事人沒有推動而導致程序中止。由此可見，雖然澳門特區和中國內地已經就相互承認和執行仲裁裁決達成協議，但是實踐情況欠佳，因此需要完善實施細則、加強宣傳與溝通。

區際刑事司法互助

除了民商事合作之外，粵港澳合作要實現良性發展，還需要處理好治安環境和社會安全的問題。目前，澳門《刑事司法互助法》只適用於中華人民共和國以外的國家地區進行刑事司法協助。如今，粵港澳之間的聯繫越來越緊密，隨之而來的是跨境犯罪不斷增加，但由於法律規範的缺失，導致有時難以及時並有效追究跨境犯罪，包括金融、洗錢、毒品犯罪等。但是，防治這些犯罪行為卻非常重要：金融犯罪關係到整個商業環境或金融環境的安全，一些內地犯罪分子利用澳門的地緣優勢不時流竄澳門連續犯案，還有不少外國犯罪集團利用澳門作為中轉站，借用人體或其他方式將大量毒品偷運至內地。當前的司法實踐，只能依靠一些非正式管道進行 —— 粵港澳三方的刑偵部門會進行情報交流、人員互訪、刑事技術交流與互助、聯合指揮偵辦涉及三地的嚴重刑事案件等，但由於缺乏統一協定，所以做法不夠規範，工作效率也不高。由最高人民檢察院授權，澳門檢察院與廣東省人民檢察院也有密切交流和定期會面，共同協商解決個案中出現的問題，兩方合作在一些領域取得開創性成果，特別是協助追贓。

在「一國兩制」前提下盡快達成區際刑事司法互助協議

港澳與內地都屬於中華人民共和國，這是開展刑事司法協助的大背景。雖然法律制度和理念存在差異，但在一國的前提下，三地利益息息相關。隨着交流日益頻繁，維護安全和穩定的社會秩序是三地共同的願望。港澳與內地的刑事司法協助是一個主權國家範圍內不同法域之間的司法協助，不涉及國家主權問題，應當本着平等協商、互助互利的原則為對方提供幫助。三地在個別問題上還存在一定爭議，但可以分步進行，從易到難，先在無爭議的部分簽署協定，將來在總結經驗的基礎上解決其他部分。

充分利用已生效的國際刑事公約

　　隨着澳門回歸祖國，內地簽署的一些國際刑事條約近年也在澳門隨之公佈生效，如《聯合國反腐敗公約》、《聯合國制止向恐怖主義提供資助的國際公約》、《聯合國禁止非法販運麻醉藥品和精神藥物公約》、《反對劫持人質國際公約》、《禁止販賣人口及意圖營利使人賣淫公約》等。這些國際公約中有些條文直接規定了司法協助的內容，雖然屬國際性，但對於解決區際司法協助也有相當大的借鑒作用。經過研究和實踐，對於其中切實可行的規定，可以在工作中加以推廣，待條件成熟的時候再納入三地刑事司法協助的有關協議。

有效使用國際刑警合作機制

　　1984 年中國加入國際刑警組織；1987 年設立國際刑警組織中國中心局廣東聯絡處。多年來，三地警方透過國際刑警機制進行大量警務合作。這裏需要注意的是，三地的偵查模式不同，如澳門實行檢察領導偵查模式，澳門警察採取偵查措施的權力比內地警察小，因此，內地警方提出的某些協助要求需要由澳門警方向澳門檢察院提出申請。同時，澳門還有刑事預審法官，部分強制措施和偵查行為的決定權屬於預審法官。

加強三地檢察機關的個案協查

　　1990 年 11 月，最高人民檢察院在廣東省人民檢察院成立「個案協查辦公室」；1999 年 4 月，最高人民檢察院下發《最高人民檢察院關於進一步規範港澳個案協查工作的通知》，形成最高人民檢察院指導內地與港澳開展個案協查的機制。不過，其作用範圍有限，合作的內容與方式也過於單一，不利於從整體上解決各地區刑事法律的衝突與合作問題。當然，在三地未達成司法互助協議的情況下，這一工作機制也發揮了積極作用，並且在相當長的一段時間內仍將繼續。三地在加強個案協查工作的時候，必須堅持原則性的要求，努力提升協查隊伍的實際能力，不斷開展業務，交流培訓與經驗總結。

充分發揮法院的職能和作用

在刑事司法協助中，法院的職能和作用非常廣泛。由於刑事司法領域特殊複雜，一些問題需要逐步研究和探索，在制定協議的過程中應當立足司法實踐，嘗試各種可能的合作方式。與警察機關和檢察機關相比，三地的審判機關合作不夠，今後應該重點發展。當然，這樣也會帶來一個問題：參與刑事司法協助的機關眾多，可能造成有關機關同時具有許可權或互相推諉的情形。因此從長遠來看，還是應當制定一個完善的互助協議，確定各自的主管機構，既方便各方的溝通與合作，又便於內部的分工和協調。

注釋

1　《廣東省人民政府關於印發實施粵港合作框架協定 2016 年重點工作的通知》，http://zwgk.gd.gov.cn/006939748/201604/t20160411_651133.html，最後訪問時間 2017 年 1 月 1 日。

2　〈粵港澳商事調解聯盟成立〉，《深圳特區報》2013 年 12 月 8 日。

3　〈消委會去年接投訴個案愈七千宗 仲裁中心擬調升受理金額〉，《華僑報》2013 年 3 月 13 日。

第二十六章

建立廣東自由貿易區商事爭議
解決機制之構想

鄧智榮
中國盈科律師事務所合夥人律師

前言

中華人民共和國國務院發改委於 2008 年 12 月公佈的《珠三角洲地區改革發展規劃綱要 2008-2020》（下稱《綱要》）將港澳緊密合作的相關內容納入規劃，將珠三角未來發展改革提升到國家戰略層面，隨後更有了廣東自貿區的概念。廣東自貿區一般是指由廣州南沙、深圳前海及珠海橫琴三大平台為基礎的一個區域合作關係，以帶動珠三角進一步融合與發展，包括落實廣東服務貿易自由化。2012 年，廣東省對港澳地區出口佔總出口的 34%，來自港澳地區的進口還不到 4%。因此，內地將是港澳地區未來發展的重要經濟增長點，而自貿區概念是其中一個有效引進跨區投資合作的辦法 [1]。

本文通過概述內地與香港之間的區際合作進程中的一些相關法律爭議，並針對為解決區內民間商事糾紛發生之重疊管轄與平行訴訟引起之問題，提出建構自由貿易區商事爭議解決機制的構想，亦可作為同類跨境法律合作的參考。

粵港關係的法律背景

自從港澳回歸開始，中華人民共和國便由一個單一法制的國家變為了一個多元法制的國家。按照《基本法》，香港特別行政區除國防外交等事務以外的其他領域均享有高度自治權、行政、立法、及獨立司法終審權，法律制度彼此獨立。內地與香港的法律關係中，內地在主權上是中央機關，但兩地又屬於平行和獨立的法域，目前區域合作中並沒有一個凌駕兩個法域的中央機關。三地各自有不同的社會制度，不同的法系法律 [2][3]。實踐中，內地與香港的區域法律衝突，與國際法律衝突幾乎沒多大差別。根據 2013 年 1 月 7 日起施行的最高人民法院 1 月 6 日《關於適用〈中華人民共和國涉外民事關係法律適用法〉若干問題的解釋（一）》第 19 條：「涉及香港特別行政區、澳門特別行政區的民事關係的法律適用問題，參照適用本規定。」也即是說，在內地地區的涉香港居民及企業的案件，繼續沿用參照涉外關係的相關規定處理。

隨着粵港區域經濟的快速融合發展，區內更緊密合作的概念已經提出多時，但至今尚未完全落實。香港回歸至今，先有 2003

年開始之 CEPA 及其後的多份補充協議，以至近年前海深港現代服務業合作區，都體現了粵港更緊密合作的部分實踐。此外，1998 年《最高人民法院關於內地與香港特別行政區法院相互委托送達民商司法文書的安排》、1999 年《關於內地與香港特別行政區相互執行仲裁裁決的安排》、2008 年《最高人民法院關於內地與香港特別行政區法院相互認可和執行當事人協議管轄的民商事案件判決的安排》等這些安排（下稱《安排》）都為三地法院在司法協助運作方面有限度地解決了一些困難。

　　CEPA 是中華人民共和國首個國內區域間的自由貿易協定，其形式與其他國際區域貿易協定相似。CEPA 同樣規定了有關反傾銷、反補貼以及臨時措施中的保障措施作為解決貨物貿易中的救濟手段。各方研究都顯示爭端解決機制是保障區域貿易正常運行不可或缺的核心手段 [4]，但現有 CEPA 主要是解決成員（政府）間通過協商處理的貿易爭端，包括反補貼、反傾銷與保護措施 [5]，而非民間的商事糾紛。至今，除上文提到的適用範圍較狹窄之有關互認與執行的《安排》等司法協助外，內地與香港間的各民間商事主體間之活動，包括公司、合同、經濟與知識產權等相關糾紛，以至跨境居民與政府間的活動，仍然只能依靠各法域自身的司法制度去處理。

目前粵港的司法協助與法律衝突情況

　　回歸初期，內地與香港之間的判決在承認與執行上，要麼不承認，要麼需要重新起訴 [6]，而類似情況至今也並不罕見。通過一些個別法院判決的內容，偶也滲透出香港法院及社會對異地判決的抗拒性思維。例如拜爾聚合物有限公司訴中國工商銀行（*Bayer Polymers Co. Ltd v. Industrial and Commercial Bank of China* (1999)）一案中 [7]，法官認可原告提出的「案件在內地審理得不到實質正義的風險是存在的」而駁回被告的申請，其後在互相承認與執行判決的安排上，兩地對有關「終審」定義的不同理解，也引發了不少討論以至實踐上的困難。

　　2003 年至 2008 年間內地與港澳間的數份《安排》是區域司法協助與合作的一個標誌，但是《安排》出台後在日常個案具體落實時也並不無爭議，而且顯露其不足，其中有關內地與香港《安

排》適用範圍的限制，就只限於商業合同的金錢判決，還要求有雙方書面協定管轄為前提。在 2011 年《最高人民法院關於北泰汽車工業控股有限公司申請認可香港特別行政區法院命令案的請示的覆函》中 [8]，內地法院更認為香港特區高等法院作出的清盤命令沒有法律依據，故對涉案清盤命令不予認可，這實際上進一步縮窄了相關安排的適用範圍。同時，由法律衝突引起的問題也並未因為《安排》的簽訂而得到解決。這幾份內地與香港相關《安排》更像一個過渡性質的文件，其後更新《安排》相關內容的進度也緩慢，離實現兩地全面的承認與執行還有很遠的路。另一方面，內地與香港相關《安排》相對於內地與澳門相關《安排》限制較多，雙方對有關協議的互動商談需時更長時間。

根據中華人民共和國 2010 年《涉外民事關係法律適用法》第 41 條：「當事人可以協議選擇合同適用的法律。當事人沒有選擇的，適用履行義務最能體現該合同特徵的一方當事人經常居所地法律或者其他與該合同有最密切聯繫的法律。」另按照《涉外合同法律適用司法解釋》[9]「人民法院根據最密切聯繫原則確定合同爭議應適用的法律時，應根據合同的特殊性質，以及某一方當事人履行的義務最能體現合同的本質特性等因素，確定與合同有最密切聯繫的國家或者地區的法律作為合同的准據法……如果上述合同明顯與另一國家或者地區有更密切聯繫的，適用該另一國家或者地區的法律。」這些規定都給當事人就同一糾紛對「最密切聯繫」有較寬的演繹空間，最終可引起適用於不同地方的法律的爭議。

由於內地與香港在實體與程序法律上均存在不少差異，例如一份沒有註明管轄地及適用法律的中港合作合同，按照內地法院的訴訟時效一般為兩年，而香港法院的訴訟時效則為六年，而就訴訟時效本身是屬於程序法或實體法範圍兩地法律也持不同觀點。此外，內地法院對該份合同糾紛的判決，一般並不支持支付律師費的請求，但香港法院一般則傾向由敗訴一方支付相關法律費用。再加上諸如在證據認定、審判方式等不同規則上的差異，均導致同一案件在各地法院得出完全不同的判決，而引起當事人有選擇在不同地方起訴的誘因。

根據中華人民共和國《民事訴訟法》，因合同糾紛或者其他財產權益糾紛，對在中華人民共和國領域內沒有住所的被告提起的訴訟，如果合同在中華人民共和國領域內簽訂或者履行，或者

訴訟標的物在中華人民共和國領域內，或者被告在中華人民共和國領域內有可供扣押的財產，或者被告在中華人民共和國領域內設有代表機構，可以由合同簽訂地、合同履行地、訴訟標的物所在地、可供扣押財產所在地、侵權行為地或者代表機構住所地人民法院管轄。而香港法院對涉港案件也採取類似適用多個合同聯繫點享有管轄權的原則。因此，日常的中港商事糾紛經常都會有兩地法院同時擁有管轄權的情況發生，積極衝突變得在所難免。管轄權重疊導致當事人變得有可能挑選法院（forum shopping）。由於當事方會從自己的利益出發選擇有利的爭議解決機構，管轄權重疊會繼而引起平行訴訟。

平行訴訟是當事人向兩個以上有管轄權的爭議解決機構，對同一爭議事項提請裁決的情形，按照解決爭議的申請是否具有同時性，將平行訴訟分為兩類：一是在不同爭端機構同時提請裁決申請，例如當事方分別向香港和深圳的法院提出申請；二是當事人在一爭端機構裁決之後，再向其他爭端機構提出裁決申請以期改變已有的裁決。平行訴訟對爭端雙方的不利影響表現在訴訟成本上，在幾個不同的爭端解決機構進行訴訟，無論是主動提起申請或是被動應訴的爭端方，均面臨重複的時間與費用負擔。由於管轄權的重疊和當事人啓動程序的自主權會促使爭端方在選擇爭端解決機構時傾向於有利於己方的裁決機構，平行訴訟可能帶來不同的裁決結果，影響原本裁決的確定性和可預見性，削弱裁決穩定性和一致性帶來的法律效力。而最大的問題，是平行訴訟的出現在內地與香港之間造成執行的困難，不利於實現促進區內貿易發展與經濟一體化的目標。所以如果有相關的區域統一法律，不單可解決當事人選擇法院與平行訴訟問題，也有機會把跨法域判決的承認與執行效率提高起來。

有關區域的司法衝突解決途徑的爭論

為解決平行訴訟相關的管轄衝突，早期曾有包括謝石松教授在內的學者建議提出統一區際衝突法[10]，解決區內就法院管轄權、平行訴訟、承認及執行等問題。但目前除非修改憲法與基本法，不可能要求一個超級立法機關就區域問題進行立法，而在各自獨立的法域下，要求各地法院自覺壓制管轄權擴大化的做法並

不容易（例如，自覺適用的域外一事不再理，或不方便法院原則等處理案件）。其中原因之一，源於香港特區基本法的平等協商原則。香港《基本法》第 95 條規定：「香港特別行政區可與全國其他地區的司法機關通過協商依法進行司法方面的聯繫和相互提供協助。」其二，香港《基本法》第 18 條第 2 款亦表明除附件三有關國防與外交類全國性法律可以在特區內適用外，其他全國性法律均不適用於特區。再加上香港與中國內地同為 WTO 組織成員，有關加強區域合作必須在平等協商前提下進行而且不得與 WTO 有關協議相違背 [11]。因此筆者認為，制定統一的區際衝突法規範、統一的區際衝突法典，由各方共同協商起草，分別立法和批准是理想的目標，但有關立法中需要各法域即時放棄自身部分的管轄權予對方法域，要落實並不容易。

由於歷史原因，香港一直參照英國模式的衝突法，對國際衝突與區域衝突不加區分；內地沒有專門調整區域法律衝突的法律；國際上，則有一些其他國家有實行類似全國統一區際衝突法的例子，其中包括美國。美國各州有自己的衝突法，但內容基本一致，其中憲法中的「充分信任條款」（full faith and credit clause）等統一的區際法律通用原則，讓跨區（州）的判決承認和執行變得可行，這顯示統一區際衝突法的優勢。按照美國《衝突法重述》，衝突規則適用州際也同時適用與外國國家案件，縱使在實踐中兩者並不完全等同。其中，美國憲法的特權與豁免條款（privileges and immunities clause）中，要求各州承認其他州公民享有各州公民一切特權與豁免。此外，聯邦憲法有關商業條款（interstate commerce clause）規定，州法如果包含對當地居民或商業行為保護的歧視規定，視為無效。從美國的例子可以透視，要達至類似以上的區域統一管轄權衝突規則，各法域是否能賦予其他法域的民事主體和域內主體同等的法律地位，和各法域有否在一定程度上承認對方法律在自己法域內的域外效力是重點之一。然而目前的內地與香港地區的區域法律環境並不具備這些要素。

其中目前中港兩地分別實行社會主義與資本主義的不同制度，在缺乏利益驅動、誠意信任的合作精神下，再加上一些非法律因素，如政治問題或激進政治黨派與團體的對抗，導致香港回歸 20 年至今尚未有一套統一衝突法或法律適用法得到落實。縱使統一的區際衝突法是化解區域法律問題的方法，但是要制定統一區際衝突法，或以示範法方式各自立法，由於以上的種種因素，

要協商達至統一區域衝突法的安排，將需要用很長時間去克服困難。筆者因此認為，既然多年來一直未能就統一衝突法達成共識，大家可考慮其他方面的探索與嘗試，包括本文提出的自貿區商事爭議解決機制的區域協定。

建構自貿區商事爭議解決機制的思路

粵港在制定自貿區商事爭議解決機制時，其他國際上區域貿易協定中對成員國之間的爭議解決機制未必能直接適用，但亦具有重要參考價值。如《北美自由貿易協定》（North American Free Trade Agreement, NAFTA）的規定，對於某項爭議多個爭端解決機構均有管轄權時，當事方可自主選擇管轄機構，但一旦選擇確定了解決爭議的機構，對於該爭議就不能再向其他的機構提出申請。即選用哪個爭端解決機構的權利在提起爭端解決的一方，但旦行使這種選擇權，就不能再選在其他的爭端解決機構進行，目的是避免了平行訴訟的產生。從另一方面來講，這也是區域貿易協定約束了自己的管轄權，同時也避免了管轄權重疊或管轄權衝突。在 NAFTA 的區域協定安排下，成員各方都需要放棄部分的重疊管轄權，將之讓予另一方。但觀察前期粵港的安排實踐情況，直接要求一方（法院）把部分管轄權讓與另一方（法院），難度較高。所以筆者在這提出變通方案：如果一方成員是通過區域貿易協定方式把管轄權讓與由各方認可和共同組成的自貿區的商事爭端解決機構，並分階段式的按部就班推進，而不是直接制定需要即時自願放棄管轄權予對方的司法機關的統一區域衝突法，則有機會成為解決目前法律衝突問題的突破口。

有關自貿區商事爭議解決機制的概念，來自於目前涉及跨法域的商事爭議解決的兩大處理方式：訴訟和仲裁。仲裁受理前提是需要雙方先達成管轄協議（如仲裁條款），而法院程序則可以由單方啟動。因此，法院管轄的保護範圍較仲裁要更為全面。相對訴訟，仲裁的一大優勢就是可以按照 1999 年《關於內地與香港特別行政區相互執行仲裁裁決的安排》及國際間的《承認及執行外國仲裁裁決公約》（又稱《紐約公約》）更易於得到跨法域的執行。這是由於仲裁裁決是基於當事人自治的原因產生，而不是源自另一個法域的司法強制力，不存在管轄權衝突問題。因此，筆者在思考建立廣東自貿區商事爭議解決機制的概念時，主線是研

圖 26.1　自由貿易區協定組織

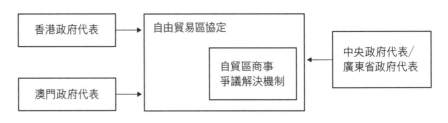

究如何讓該解決機制結合仲裁與訴訟的優點，在跨法域環境下發揮比仲裁和訴訟更有效的角色。

　　內地與香港區際法律建設主要問題之一，是缺乏上位立法和獨立機構加以協調，但偏偏由於對「一國兩制」的實踐及其他各種原因不宜設立上位機構。筆者認為，藉着國家發展和改革委員會《綱要》的契機，基於《綱要》支持粵港在中央有關部門指導下，擴大就合作事宜進行自主協商的範圍，按照科學發展，先行先試的思維 [12]，在研究建立廣東自貿區的同時，探討設計自貿區的獨立爭議解決機構，是解決區際法律衝突與管轄問題的良好機會。粵港在堅持「一國兩制」原則下，加強法律互動合作，有利堅守國家統一，同時符合各法域彼此獨立和平等的設計。從2003 年起，商務部與香港特別行政區財政司代表共同協商簽署CEPA，其後十年來增加了多份補充協議。本類的區域貿易協定在過去十年間證明三方能在一種平等關係下簽訂與落實區域協定。其實區際協議關係，既可以包括互認和協助安排，亦無排除自貿區可以有自己地區法制、機關與爭端解決機制的可能性。自貿區日後更可以制定自己法律法規，其將是三地法域法律求同存異的協商結果。在維持各法域彼此獨立，不分中央與地區，不分高低下，制定和協調內地與香港（及澳門）地區法律，各方拋出善意的橄欖枝，參照國際條約模式進行互動交流。

自貿區商事爭議解決機制應有特質

　　目前法院扮演了專業審理裁判涉外、涉港澳台案件的角色，對爭議各方當事人提供最大範圍的保護，其中任何一方當事人都可以單獨向有管轄權法院提起訴訟。但交由法院處理的案件卻無

法單獨解決平行訴訟和判決一般無法取得跨境承認與執行的法律問題。另一方面，通過仲裁委員會處理的裁決，按照內地與香港有關對仲裁裁決承認和執行的《安排》，能有效解決平行訴訟和取得跨法域的承認與執行。但仲裁機構受理案件的前提要求是要爭議雙方自願選擇一致的仲裁機構，而現實中一大部分的爭議雙方都沒有有關的仲裁協議。就目前經由法院和仲裁機構處理案件的不同情況，筆者提出一個自貿區商事爭議解決機制的概念，結合法院的全面覆蓋性，與仲裁機構的跨法域執行力的特質。

首先，自貿區商事爭議解決機制必須有廣泛認受性，所以不宜採用從上而下的中央地方模式，而應以各法域代表以參與自貿區區域法律協定模式進行磋商，鼓勵多方共同參與、共同運作，維持自貿區爭議解決機構的權威性。自貿區爭議解決機構初期應為擁有仲裁委員會形式的民間性質，以便兩地對其裁決的承認與執行，同時有關自貿區商事爭議解決機構的構建，應得到由各方政府代表領導參與、承認和支持。自貿區商事爭議解決機構主幹成員可以包羅各法域之司法機關領導、退休法官、法律專家以至行業專才等，組建適合自貿區的相關爭議解決相關程序規則，受理自然人或法人之間之糾紛，甚至區內民間與政府間（包括CEPA）之訴求並作出裁決。自貿區商事爭議解決機構功能上的權限由各方政府以區域法律協議方式約定。由於其協議與組成機制方式包括各法域代表，並得到各參與方政府的支持與認可，在這安排下，要求各方先向共同建立和運作的非官方自貿區解決爭議解決機制，並循序漸進地自願放棄部分自身管轄權，這比向其他法域司法機構要求放棄自身管轄權要較為容易一些。

自貿區商事爭議解決機制三部曲

自貿區商事爭議解決機制制定初期可以先提供一些非正式的諮詢類和調解類的服務，如專家委員會——提供諮詢意見，同時還能充任民商事糾紛之磋商、調解之中間人的角色；繼而以類似商事仲裁機構方式全面運作，並最終以區域商事法院的方式推行。自貿區設有獨立工作機構和自身的商事爭議解決機制，由當事人選擇法律適用，甚至適用自貿區有關法律或《安排》審理案件。

建立自貿區商事爭議解決機制的第一個目標，可以先是自願性質，通過由爭議雙方自願性的協議管轄開始，由自貿區的「仲裁形」機構，處理區內的相關法律問題。其中，筆者認為類似以香港國際仲裁中心與深圳國際仲裁院以聯營方式共同成為自貿區商事爭議解決機制骨幹亦未嘗不可。此與現有的仲裁機構（如前海區內的深圳國際仲裁院，或南沙的國際仲裁中心）性質亦不盡相同，作為自貿區商事爭議解決機制的下屬機構，即使是自願性協議管轄，也是得到三地政府與有關司法機構的共同支持和推動的，有其唯一性，執行區域協議（或安排）的一部分。但由於是自願參加，首階段沒有任何一方區域貿易協定成員的司法機構需要放棄其自身的管轄權範圍，因此應較容易達成協議。各方更可以以不同方法鼓勵自然人或法人自願參與。例如要求在自貿區內登記戶口或成立公司時，須先簽訂《自貿區爭議解決機構的仲裁協議》，或利誘作為授予誠信企業稱譽或享受相關自貿區政策的條件，以符合日後其自願參與仲裁的前置要求，有利各方對其裁決的承認與執行。

而第二階段則是制定普遍和排他性的管轄規則，即所有交自貿區司法機構審理的案件，按「最先受理法院原則」（或「一事不再理」）決定是否受理。同樣，作為自貿區商事爭議解決機制的下屬機構，與現有本地司法機構（如前海區內的前海法院）的性質亦有差異，該機構是得到三地司法部門和代表共同參與和運作的，再加上在第一階段實踐中，自貿區商事爭議解決機制的公平公正和有效裁決已經在區域內開始建立權威性。因此，自貿區商事爭議解決機構已受理案件，不可以在其他地方另行起訴或進行平行訴訟的安排，將更容易得到各區域的配合和有效執行。如自貿區爭議解決機構為先受訴，則擁有排他的管轄權，這將可能解決部分管轄衝突問題。

第三階段是制定專屬性的管轄規則，所有區內相關專屬法律爭議，必須交區內爭議解決機構審理，達至全面解決平行訴訟與管轄衝突引起的問題。又或者以當事人反向一致原則的管轄權異議有效，即除非爭議各方共同指定其他爭議解決機構，和其他地方法院對自貿區爭議解決機構有關專屬管轄的情況，否則可按照區際協議規定實行案件移送。然而即使到第三階段，自貿區內的刑事、普通民事案件還是由地方法院管轄，自貿區商事爭議解決機制僅解決自貿區協議內的特定商事糾紛。

自貿區應常設爭議解決機構負責區內法制建設，例如跟進區內法律適用法的統一事宜 [13]，以及自由貿易區商事爭端解決機制的運作。自由貿易區商事爭端解決機制除了審理糾紛、作出最終裁定外，還可以接受各類禁止令的申請，而且在全區內有效。其中可包括禁訴令（或對成員地區以頒發禁訴令的承認與執行），也可能成為解決內地與香港的管轄權衝突問題的另一新途徑。此外，自貿區的常設爭議解決機構還可以有其他功能，包括更新現有 CEPA 甚至制定區內法律法規或示範法，這些都有待各方進一步共同探討。

結論

廣東自貿區概念的出現，為解決內地與香港自從回歸以來的一些區域法律問題帶來新契機。在內地「十三五」規劃期間，內地將更加重視對外開放，很多省份都積極申請和申報自貿園區。若廣東自貿區的商事爭議解決機制能解決或紓緩積累多年的區域管轄權衝突和跨法域平行訴訟等問題，將可根據自貿區政策複製內地各地，進一步解決內地與香港的區域法律問題，對內地與香港地區合作交流進一步開放、創新起到助推和引領作用。

筆者通過研究內地與香港現行法律關係，提出了對建構自貿區商事爭議解決機制的一些構想，以新思維新角度去解決積累已久的司法難題。各法域在平等與漸進的前提下，加強溝通協調，共同建立有利經濟發展與穩定區域法制系統。通過自貿區內商事爭端解決機制，即使最終未能爭取制定全套的統一區域法律，但也可以在一些具體法律問題上，減少平行訴訟爭議與管轄權重疊，提高司法效率，更大程度地彰顯公平。

本自貿區商事爭議解決機制的提出僅在概念階段，希望引起各方更多的討論與研究。作為區內的法律工作者，特別關心個案的公平公正處理與日常的司法執行的效率，希望有關自貿區商事爭議解決機制的構想是其中一種可行的方式。

注釋

1 顏慧欣:〈中國上海自貿區之內容與展望〉,《台灣思想坦克》,第 22 期,(台北:2014 年 4 月),頁 24–28。葉基仁:〈自貿區帶動中國大陸進一步國際化〉,載於財團法人國家政策研究基金會,2014 年 12 月。

2 黃進主編:《區際司法協助的理論與實踐》,(湖北:武漢大學出版社,1994 年 3 月),頁 34–40。

3 沈涓:《中國區際衝突法研究》,(北京:中國政法大學出版社,1999 年 5 月),頁 10–50。

4 史偉:〈區域貿易協定爭端解決機制研究〉,中國政法大學研究生院博士論文,2012 年,頁 53–65。

5 世界貿易組織及參考國際主要區域貿易安排包括北美自由貿易區、歐盟、經濟合作與發展組織、亞太經濟合作組織、東南亞國家聯盟、中國東盟自由貿易區等。北美自由貿易區,歐盟,中國東盟自由貿易區紛紛推出自己的爭端解決機制來處理和解決可能產生的爭議,以保持穩定運行。

6 于志宏:〈解決內地與香港相互承認與執行民商事判決問題的思考〉,《美中法律評論》,總第 3 卷第 3 期,(湖北:美國大衛出版公司,2006 年 3 月),頁 22–26。

7 *Bayer Polymers Co. LTD* v. *The Industrial And Commercial Bank of China, Hong Kong Branch* [1999] HKCFI 92;[2000] 1 HKC 805; HCCL 307/1998 (1999).

8 北京最高人民法院:《最高人民法院關於北泰汽車工業控股有限公司申請認可香港特別行政區法院命令案的請示的覆函》,民四他字第 19 號,2011 年 9 月 28 日。

9 《最高人民法院關於審理涉外民事或商事合同糾紛案件法律適用若干問題的規定》,(2007 年 6 月 11 日最高人民法院審判委員會第 1429 次會議通過),法釋〔2007〕14 號。

10 謝石鬆:〈論港澳內地之間的區際法律衝突及其協調〉,《美中法律評論》,總第 2 卷第 9 期(湖北:美國大衛出版公司,2005 年 9 月),第 17–28 頁。

11 王煦棋教授、林清汶教授:〈東協經貿合作與爭端解決法制之探討〉,現代國際法與超國界法學術研討會暨中華民國國際法學會 101 年年會(研討會(三)區際合作),頁 1–30。

12 國務院批覆同意實施《珠三角洲地區改革發展規劃綱要 2008–2020》。

13 〈推進司法保障 把脈法律適用 —— 中國(上海)自由貿易試驗區制度建設與司法保障研討會綜述〉,《人民法院報》,2014 年 5 月 14 日 7 版。〈上海自貿區法律適用問題初探 —— 以自貿區的三資企業法律適用為中心〉,中國(上海)自由貿易試驗區法庭網,2014 年 6 月 7 日。

第二十七章

論「一國」之下的香港與廣東及內地刑事司法合作

顧敏康

香港城市大學法學院教授

引言

中國改革開放伊始,粵港合作就邁開步伐;回歸之後,更是一步一個台階地不斷向高層次發展。無可置疑,粵港合作以至內地各地與香港的合作主要在經濟領域,但是不可避免也涉及到刑事司法方面的合作。本文嘗試對香港與廣東及內地刑事司法合作方面做出研究,總結經驗,找出問題,提出解決方法。

一般認為,內地與香港兩地間的刑事司法合作屬於區際刑事司法合作範疇。事實上,「區際(區域)」只是一個寬泛的地域概念。因此,區際關係既可以指某區域內國家之間的關係,也可以指一國之下不同法域之間的關係。本文所採用的區際概念顯然是後者,指一國之下內地與香港的關係,尤其是兩地的司法合作。本文認識到,在「合作」與「協助」這個兩個關鍵字之間可能存在質的區別,但本文不打算做明確區分,故會交替使用。在此基礎上,本文採納了以下概念,即區際司法合作是指「一國內部具有獨立法律制度的不同法域之間,相互接受委託,代為進行與訴訟有關的活動的司法合作行為」[1]。而區際司法合作可進一步細分為區際民商事司法合作、區際刑事司法合作和區際行政司法合作[2]。相對而言,區際刑事司法合作是指一國之下不同法域的司法機關在處理跨境犯罪時,「依據區際刑事司法協助的原則、程序等規範或者事先達成的默契,相互提供刑事情報、調查取證、扣押財產、追繳贓款贓物、緝捕和移交案犯等方面的支持、便利和幫助的司法行為」[3]。

按照《基本法》第 95 條規定:「香港特別行政區可與全國其他地區的司法機關通過協商依法進行司法方面的聯繫和相互提供協助」。此條文也被視為兩地間開展刑事司法合作的法律基礎。在這裏,內地「司法機關」應該作廣義理解,不僅限於審判機關和檢察機關,還包括公安機關、司法行政機關和海關等執法機關。而香港區際刑事司法合作的主體,主要指廉政公署、檢察院、律政司、警察局或保安局等[4]。此外,《基本法》第 96 條規定:「在中央人民政府協助或授權下,香港特別行政區政府可與外國就司法互助關係作出適當安排」。根據此條款,香港政府自1999 年以來,已經與澳洲等 29 個國家簽署了刑事司法協助協定[5]。為了執行這些協議,香港制定了《逃犯條例》(第 503 章)。毫無疑問,該條例是專門針對與外國的逃犯移交合作,不適用與內地的逃犯移交[6]。

然而，香港回歸將近 20 年，兩地刑事司法合作的話題也談了將近 20 年，學者的論文著作出版了不少，可具體實踐卻令人失望。如果說兩地在民商法司法合作方面有些進展的話，在刑事司法合作領域則至今無實質進展。內地司法機關與香港政府之間開展司法合作，主要通過協商並簽署相關文件的方式進行，但也不排除依據雙方執法機關之間的「默契」形成的「個案協查」的模式，以及通過國際刑警管道開展合作等方式開展合作 [7]。為此，有學者一針見血地指出：由於內地與香港尚沒有簽訂刑事司法合作協定對區際的刑事司法合作做全面安排規範，更多地依靠「個案協查」方式，使相關合作更容易受到外界因素、特別是辦案人員因素的影響，進而影響區際刑事司法合作的有效開展 [8]。

　　一國之下兩地刑事司法合作出現如此困境，既令人無法接受，也迫切需要兩地政府的領導人好好反思，如何切實解決比國與國之間合作還難的兩地刑事司法合作！

　　目前，內地與香港之間的司法合作，僅在民商事互相委託送達司法文書和調取證據等少數領域的合作安排上訂有協定，如最高人民法院與香港司法機關之間分別簽署了《關於內地與香港特別行政區法院相互委託民商事司法文書送達的安排》、《關於內地與香港特別行政區相互執行仲裁裁決的安排》、《關於內地與香港特別行政區法院相互認可和執行當事人協議管轄的民商事案件判決的安排》等，由於內地司法機關與香港政府或執法機關之間未就刑事司法互助問題達成相關協議安排，因此在協助調查取證、送達文書，尤其是追贓等方面的合作困難重重，逃犯的移交更是無從談起 [9]。

　　據學者介紹，香港廉政公署與內地檢察機關自 1983 年就開始接觸，1988 年為便利粵港兩地案件協查工作，廣東省人民檢察院與香港廉政公署設立了「個案協查計劃」，安排雙方人員互訪會見在貪污案件中自願提供協助的證人。1997 年香港回歸後，雙方聯絡機構分別改名為「廣東省公安廳港澳警務聯絡科」和「香港警務處聯絡事務科」。每年五月，公安部都要與香港警方進行工作會晤；每年六月，舉行粵港警方工作會晤。聯絡工作包括：交流情報、線索協查、送達文書、轉換證據、安排證人出庭、協調移交通緝犯、追繳贓款贓物以及協助警務人員到對方地區調查取證。2000 年起，為了加快資訊傳遞，粵港警方逐步建立刑偵對口部門的直接聯絡機制。針對近年來跨境販毒活動突出的嚴峻形

勢，設立了「緝毒聯絡官」制度，並建立了特情轉接制度和互派緝毒官員向歸案的犯罪嫌疑人搜集緝毒情報資訊制度。2007 年 4 月，為進一步加強內地與港澳的合作，公安部禁毒局與香港禁毒執法部門分別舉行會晤，共同研究聯合打擊毒品犯罪問題。2008 年至 2009 年，廣東海關在泛珠區域海關、香港海關和澳門海關間交換《泛珠三角區域海關監管現場查緝毒品通報表》三百多份，實現區域間緝毒資訊共用 [10]。從所介紹的情況看，兩地在具體事項的合作一直沒有間斷，但在罪犯移交方面一直是空白。

不久前，香港行政長官梁振英率領有關官員去北京協商兩地通報機制。據梁特首向媒體透露，兩地在通報時間、內容及管道等多方面取得共識和階段性成果。其中最為矚目的就是雙方同意在少於 14 日內進行通報，並且通報內容亦應有案情摘要，同時亦同意通報管道涵蓋所有單位 [11]。應該說，港府如此高調去北京協商通報機制，似乎是受到了林榮基事件 [12] 的壓力。毫無疑問，兩地建立有效的通報機制是十分必要的，無論是港人在內地被採取強制措施、抑或是內地人在香港被採取強制措施，均涉及有關人士的人身自由受到限制。這些人士的家屬顯然有權在第一時間知道有關情況。因此，兩地通報機制可以令兩地政府及時掌握有關資訊，並轉告被限制人身自由人士的家屬。據官方公佈的消息，從 2000 年至 2015 年，內地公安機關向香港警方通報在內地被採取強制措施的香港居民 6,172 人，香港警方向內地公安機關通報在港被採取強制措施的內地居民 6,934 人 [13]。由此可見，在新的通報機制下，特別是在內地同意將通報管道涵蓋所有執法部門的情況下，兩地通報將會更加暢通，效率將大大提高。

但本文認為，兩地刑事司法合作的關鍵是罪犯移交機制的建立。港府不僅應該積極主動與內地有關部門磋商有效通報機制，更應該積極主動與內地有關部門磋商罪犯移交機制。通報機制只是解決了雙方當局及時知道內地人在香港、或者香港人在內地因違法犯罪被採取刑事強制措施情況。這只能被視為兩地司法協助的粗淺方面。兩地更應該關注司法協助的深層次合作，切實解決港人在內地違法犯罪後逃回香港，或內地人在內地違法犯罪後逃到香港，或內地人、港人在香港作出危害國家安全行為的情況。令人遺憾的是，回歸將近 20 年，兩地間依然無法達成並簽訂罪犯移交協議，令香港有可能成為在內地違法犯罪的內地人或港人的「避難所」或「避風港」。這種說法絕非空穴來風。據《環球時報》

披露，內地警方這些年共向香港移交了約 170 名嫌疑犯，而香港方面向內地移交的嫌犯則是 0 名 [14]。這組數字充分說明，由於內地與香港沒有罪犯移交協議，而與北美、歐洲等諸多國家有引渡合作。因此，現在內地犯罪的嫌疑犯一旦逃到香港，比他們逃到有些西方國家更難被歸案追究刑事責任。香港作為母國的一個特別行政區，居然可以不移交在母國犯罪後逃亡香港的嫌疑犯，這是多麼具有諷刺意義的現狀啊！

無法達成罪犯移交協定的成因分析

本文認為，內地與香港無法達成罪犯移交協定的主要原因有兩個：一是雙方法律界（尤其是司法機構）之間缺少充分的互信，香港法律界過分強調香港法治優於內地；二是在重大法律問題上存在爭議，香港方面認為兩地協議要採納國際間認可的原則和標準 [15]。在某種程度上，香港法治的確有優越性和可取之處。但是，香港法治也有不少值得改進的地方。比如，香港「有法不依」的情況就比較嚴重，最為典型的就是違法「佔領中環」事件已經過去兩年多，律政司仍未對任何一名組織者提出檢控，而其藉口竟然是「證據太多需要研究」。香港允許外籍法官的存在，這對香港延續普通法制度可能是有幫助的。然而，外籍法官同樣會存在不可克服的缺點，那就是在具體案件（尤其是人權案件）中缺乏對中華人民共和國國家利益的兼顧，因此被認為「是香港法治的一個顯著漏洞」[16]。最關鍵的是，即便香港法治再優越，香港也不能因此成為兩地刑事司法合作的主導，並將所謂的國際標準或原則凌駕於兩地刑事司法合作談判。

本文認為，應該避免將國際刑事司法合作原則或國際慣例不合理地適用於兩地罪犯移交合作。香港方面堅持適用國際刑事司法合作的原則和標準，可能是基於香港與其他國家的談判經驗。也可能是基於香港《逃犯條例》規定的以下原則：（1）雙重犯罪原則 [17]；（2）死刑犯不移交原則 [18]；（3）政治犯不移交原則 [19]；（4）不公正審訊不移交原則等等。香港政府據此認為，由於《逃犯條例》已經採納國際認可的原則和標準，香港作為一個國際城市，應該採用國際認可的準則並適用於兩地之間的刑事司法協助 [20]。

毫無疑問，在區際刑事司法合作上片面照抄國際刑事司法合作的原則是不切合實際的。道理很簡單，香港政府在中央政府授權下與 29 個國家簽署刑事司法協助協議時涉及其他國家的主權，而在「一國」的前提下，區際刑事司法合作的主體（尤其是香港和澳門）不是獨立的政治實體，因而這些所謂的國際原則就不應該自動適用於兩地間的刑事司法合作。以下討論為甚麼這些國際原則不能適用以及反對理由是否具有合理性。

雙重犯罪原則

該原則通常是指被申請移交者的行為必須被申請方和被申請方的法律都認為是犯罪的行為。毫無疑問，在國際層面強調「雙重犯罪原則」是出於對國與國之間法律差異性的考慮，一國強調雙重犯罪原則實際上就是為了維護本國的法律制度和國家主權[21]，這在國際法層面上是完全說得過去的。在「一國兩制」之下，香港原有法律予以保留[22]。內地與香港由於法律制度的不同，也會出現對同一行為是否構成犯罪作出不同的規定。如何解決這種法律的不一致性呢？一種比較有代表性的觀點建議兩地通過協商確定一份犯罪清單，列明所有經兩地認可的可以展開移交合作的犯罪行為[23]。毫無疑問，由於兩地法律存在差異，要確定一份清單不是一件容易的事情。相反，本文比較贊同另外一種觀點，即認定兩地間不同的法律規定不能對抗同一國家主權。在此基礎上，為了體現「兩制」的區別，可以要求提出協助方就有關犯罪的法律事實和法律規定向被請求協助方作出詳細說明，以解除被請求協助方的疑惑[24]。

政治犯不移交原則

所謂「政治犯」，主要是指侵害國家政治權力和制度的犯罪。在內地，政治犯一般被歸入危害國家安全的犯罪[25]。本文認為政治犯不移交原則不能適用兩地罪犯移交，是因為在「一國」之下，國家安全高於區域安全。「兩地在懲治危害國家安全的犯罪方面有着共同的責任和利益」[26]。毫無疑問，內地刑法在如何完善危害國家安全罪上存在空間，但這不能成為接受合作的前提。如果香港方面過分強調政治犯不移交原則而拒絕有關罪犯移交，無疑是

將香港的政治地位等同於中國人民共和國的政治地位，必然違背
「一國」原則。

死刑犯不移交原則

當今世界，關於死刑的存廢問題並無定論，支持與反對者各
持己見，至今無統一意見。儘管如此，嚴格控制死刑已經成為一
種大趨勢。在內地，國務院於 2016 年 9 月 12 日發表了《中國司
法領域人權保障的新進展》白皮書，明確指出：「嚴格控制和慎
用死刑，確保死刑只適用於極少數罪行極其嚴重的犯罪分子。繼
2011 年刑法修正案（八）取消 13 個經濟性非暴力犯罪的死刑後，
2015 年通過的刑法修正案（九）再次減少適用死刑的罪名，取消
走私武器、彈藥罪、走私核材料罪、走私假幣罪、偽造貨幣罪、
集資詐騙罪、組織賣淫罪、強迫賣淫罪、阻礙執行軍事職務罪，
及戰時造謠惑眾罪九個罪的死刑，並進一步提高對判處死刑緩期
執行的罪犯執行死刑的門檻。在死刑案件中充分保障被告人的辯
護權和其他合法權益，實行死刑第二審案件全部開庭審理。最高
人民法院覆核死刑案件注重依法訊問被告人，聽取辯護律師的意
見」[27]。在「兩制」之下，雖然香港不實行死刑，但不等於香港
可以將內地存在死刑作為拒絕有關罪犯移交的理由。當然，內地
在請求有關罪犯移交前，應當對有關罪行是否涉及死刑作出認真
評估。也有跡象表明，內地對這一原則表現出一定程度上的接
受。比如，賴昌星引渡案就是典型一例[28]。

不公正審訊不移交原則

不可否認，兩地之間在刑事審訊中對公平審訊的保障存在
差異。內地刑事訴訟法也經歷了一個逐步發展和完善的過程。從
1979 年制定，到 1996 年和 2012 年的幾次修正，將「尊重和保障
人權」寫入刑事訴訟法；完善非法證據排除制度；完善逮捕、監
視居住的條件、程序和採取強制措施後通知家屬的規定；完善辯
護人在刑事訴訟中法律地位和作用等的規定[29]，標誌着內地刑事
訴訟法在不斷進步，也為兩地移交罪犯安排奠定了扎實的基礎。
本文十分期待內地在與香港商討刑事司法協助過程中，能夠對一
些公平審訊的原則作出更加具體的規定，這樣也有助促進內地刑
事司法審訊程序。

此外，還有一些原則如：「軍事犯不移交原則」、「本地居民不移交原則」和「公共秩序保留原則」等，也可能時而被引用作為兩地刑事司法合作的原則，不妨在此一併作出解釋。「軍事犯不移交原則」應該容易處理，因為香港本身並無軍隊，如果軍人在香港犯罪，也不應該成為移交之障礙。《中華人民共和國香港特別行政區駐軍法》第 20 條明確規定：「香港駐軍人員犯罪的案件由軍事司法機關管轄；但是，香港駐軍人員非執行職務的行為，侵犯香港居民、香港駐軍以外的其他人的人身權，財產權以及其他違反香港特別行政區法律構成犯罪的案件，由香港特別行政區法院以及有關的執法機關管轄。軍事司法機關和香港特別行政區法院以及有關的執法機關對各自管轄的香港駐軍人員犯罪的案件，如果認為由對方管轄更為適宜，經雙方協商一致後，可以移交對方管轄」。「本地居民不移交原則」源於「本國公民不引渡原則」，是基於國家對其公民享有的域外保護和屬人管轄權 [30]。然而，本地居民在一般意義上也是中國公民，所以，不應把居民概念與國民概念相提並論，成為拒絕合作的藉口。最後是「公共秩序保留原則」。應該承認，「一國」之下不同的法域區可能導致出現不同的「公共秩序」概念。但由於「公共秩序」是一個非常抽象的概念，必須加以具體化才能執行。本文建議兩地在協商中應該將此概念具體化。

兩地在刑事司法合作上必須更換思路

「一國兩制」是中國對世界和平的貢獻，也是新生事物，沒有先例可以參照。因此在實踐中就出現只講「兩制」和突出「兩制」的情況。難怪有人因此認為，在「一國兩制」下，香港政治制度和經濟制度均保持不變，香港原有的法律制度保持不變，這種法律差異使得內地與香港之間的司法合作變得紛繁複雜 [31]。仔細分析這種思路，其實是對「一國兩制」缺乏全面認識，尤其是沒能跳出「兩制」的框框。其根本原因就是我們從一開始就進入了一個思想怪圈：既要完全尊重香港的「高度自治」權，又要切實體現「一國兩制、法域平等」的基本原則 [32]。相反，「一國」主權就被放在一邊。應該看到，「法域平等」之說只能用於指香港原有法律制度的保留，而兩地法律上的差異性是不能用來對抗「一國」的主權原則的。不然就會出現「一國兩制」本末倒置的情況。

最近的人大常委會對《基本法》第 104 條的解釋就是一個正確理解香港司法獨立或香港高度自治的實例。2016 年 11 月 7 日第十二屆全國人民代表大會常務委員會第二十四次會議通過了全國人民代表大會常務委員會關於《基本法》第 104 條的解釋。該解釋對相關公職人員「就職時必須依法宣誓」的具體含義作出具體解釋。那麼，香港高等法院上訴庭是如何看這個解釋的呢？法院在判詞中明確指出，釋法對香港法院具有約束力；釋法是解釋《基本法》條文真正意思，故生效日期為 1997 年 7 月 1 日。至於釋法內容有否修改《基本法》，《基本法》並無賦予法院司法管轄權處理「釋法是否企圖修改《基本法》故並無約束力」[33]。不妨假設一下，按照「法域平等」的基本原則，是否就不應該出現人大常委會的釋法呢？這樣的理解顯然是不符合《基本法》第 158 條之規定的。

保安局在 1998 年 12 月 3 日向立法會保安事務委員會會議提交的一份文件中，表明港府與內地制定移交逃犯安排時，會以下列五項原則為依歸：「（1）我們採用的辦法必須符合《基本法》第 95 條的規定。該規定訂明，香港特別行政區可與全國其他地區通過協商和依法進行司法方面的聯繫和相互提供協助。（2）任何移交安排必須以香港特區的法例作為依據。（3）任何移交安排必獲得香港特區和內地接受。（4）任何移交安排都要顧及「一國兩制」的原則和兩地法律及司法制度上的差異。移交安排既要防止罪犯逍遙法外，又要保障個人權利，須在兩者之間取得平衡。我們與其他司法管轄區簽署的移交逃犯協議內所載的慣常保障，包括雙重犯罪、指定罪行、不得再移交第三個國家的保障、死刑以及一般豁免涉及政治罪行和政治迫害的保障，會是有用的參考資料。（5）任何移交安排必須符合《基本法》第 19 條的規定。該規定賦予香港特區法院審判權，審理所有在香港特區內干犯的罪行。但我們也要承認，在某些情況下會出現兩個地區都同時具有司法管轄權的問題。我們的移交安排亦應訂定一些原則去處理這種情況下的移交，以及如何決定移管跨境罪案。」[34] 這段話看似公允，其實以香港為主，缺乏對「一國」的大視野。

毫無疑問，「一國兩制」的大框架是「一國」，在國際法上只有一個主體，那就是中華人民共和國。因此，一般適用於處理國家之間關係的原則不應該被自動套用。基於這樣的前提，本文並不認為「內地與港澳台之間的區際刑事司法協助一般都要遵循國

際上通行的國際法規則，符合一般國際刑事司法協助和區際刑事司法協助的基本規律」[35]。相反，本文認為，內地與香港的刑事司法合作必須遵循「一國兩制」的基本原則，創造性地解決罪犯移交問題。在此前提下，探討如何完善內地的刑事法律才更加有意義。

應該剔除「政治犯」等概念

從「一國」角度出發，內地與香港之間商討區際刑事司法協助時，必須剔除「政治犯」等概念。儘管內地與香港屬於不同法域和實行不同的社會制度，但香港是中華人民共和國的地方行政區域，維護中華人民共和國的國家安全是內地與香港共同承擔的責任和義務。正因為如此，《基本法》第 23 條要求香港自行立法禁止危害國家安全的行為。令人遺憾的是，香港政府至今未完成這項憲制義務。從宏觀角度看，香港法律規定的危害國家安全行為與內地的危害國家安全行為可能存在細微差別，但其實質應該是危害中華人民共和國國家主權和安全的刑事犯罪，而不是簡單地用「政治犯」作為標籤[36]。事實上，大多數香港居民既是香港居民，也是中華人民共和國公民，在涉及國家安全的問題上，「一國」是最根本底線[37]。可以說，用「政治犯不移交」作為理由拒絕移交此類刑事犯罪分子，等於將「兩制」凌駕於「一國」之上。同樣的道路，那些涉及國家主權的原則都不能適用。相反，那些涉及兩地具體制度差異的原則可以通過規定具體說明等辦法予以解決。

建立兩地合作的法律基礎

同樣是更換思路，卻需要符合「兩制」的現實性。有人建議內地可以先從憲法入手，解決兩地司法合作的法律基礎。具體是在《憲法》第 31 條之後增設新的條款，並原則性地做以下規定：「不同法域之間法律層面的合作應當確立『自由、安全和正義』的理念。在合作上應當以相互承認司法決定的原則為基礎，並包括使各法域的有關領域的域內法律和法規趨於一致。」[38] 本文認為這個觀點存在兩個問題：第一是該觀點受制於歐盟主權國家間刑事司法合作的模式，將兩地自動對等起來；第二是該觀點主張的法律和法規趨於一致，在「兩制」之下似乎存在困難。再者，在

《憲法》第 31 條之後增設新條款也是沒有必要的，因為《基本法》第 95 條已經提供了法律基礎，只需要兩地經商討具體化就行了。

先易後難、逐步完善

刑事司法協助的重點是罪犯移交的問題，但還應該包括其他重要問題。除了通報機制的建立，兩地應該本着先易後難的步驟，可以考慮先解決這些「其他問題」，並優先達成協議，涉及內容包括：（1）送到刑事司法文書；（2）傳喚證人和鑒定人出庭作證；（3）代為詢問證人、檢查、鑒定、搜查和扣押；（4）移送物證、書證及其他有關物品；（5）協助入境調查。沒有協議，就沒有義務，就會出現兩地執法的差異。倘若我們能夠跳出罪犯移交的分歧，採取「先易後難」的方法，就可以逐步突破。

千萬別小看這些所謂的「其他事項」，因為這些事項已經關乎兩地法院對疑犯的刑事審理，以及對刑事被告人的權益保護。這裏可以先舉一例說明其重要性。一名香港永久性居民，因為在內地涉嫌走私大量毒品而可能面臨死刑。疑犯通過某公司出口味精去菲律賓，將毒品混入集裝箱。貨船途經香港時，香港警方根據線索查獲了集裝箱中 191.22 公斤的白色物體，其後被香港政府化驗所（法證事務部）鑒定為含甲基安非他明鹽酸鹽（即冰毒）的結晶體。化驗所為此開出《政府化驗師證明書》，由香港警務處聯絡事務科轉交內地公安局，並成為檢察機關起訴該疑犯的關鍵證據。問題的焦點就在於：兩地在缺乏刑事司法協助協議的前提下，香港政府化驗所提供的證據是否符合內地法律的規定？如果不符合，法院應否採納這份證據？如果不應採納，對疑犯的量刑應否有不同（此案中疑犯還有其他犯罪事實）？

由於兩地沒有這方面的刑事司法協助協議，因此也不存在所謂「移交證據」的法律依據。兩地雖有初步情報交流、通報機制等程序，但不代表透過這些途徑提交的證據就理所當然可獲內地法院採納。根據內地的刑事訴訟法及相關法律規定，鑒定及檢驗人員應有兩名並簽名蓋章（而本案證明書上只有一名鑒定人且只有簽名）、應該提供鑒定結論的原件（而本案的證明書是影印件）等。除了形式條件不符合外，在沒有刑事司法協助協議的前提下，該香港政府鑒定人也無法參與法庭質證過程。如果被告人根據刑事訴訟法的規定申請重新鑒定，會是十分艱難的事。

因此，在兩地缺乏刑事司法協助協議的背景下，內地法院只有遵循既有的遊戲規則，將這種因缺乏協助協議而帶出的法律利益歸予被告人，認定香港政府所提供的證據不符合內地的法律規定。這樣的做法，可能會放縱疑犯，但在目前的情況下，這可能是維持法律現狀的最佳選擇，令人深感合作的必要。

令人欣慰的是，2016 年 12 月 29 日，最高人民法院常務副院長沈德詠和香港特別行政區政府律政司司長袁國強分別代表兩地在深圳簽署《關於內地與香港特別行政區法院就民商事案件相互委託提取證據的安排》[39]。第 6 條規定內地法院委託香港法院提取證據的範圍：（1）訊問證人；（2）取得文件；（3）檢查、拍攝、保存、保管或扣留財產；（4）取得財產樣品或對財產進行試驗；（5）對人進行身體檢驗。同時也規定了香港法院委託內地法院提取證據的範圍：（1）取得當事人的陳述及證人證言；（2）提供書證、物證、視聽資料及電子資料；（3）勘驗、鑒定。這個兩地委託提取證據的民商事安排是否可以成為委託提取刑事證據的契機呢？本文十分期待。

分類罪行的刑事司法合作

此外，兩地之間也可以考慮分類罪行方面司法合作。例如，有學者建議，為了更及時有效地打擊區際毒品犯罪，內地和香港可借鑒歐盟經驗推行區際統一逮捕令，可以設定：如果行為人被指控的罪行的刑期達到一年以上，兩地中任何一方的司法機關便可以向另外一方簽發逮捕令，被請求方在收到逮捕令後應盡快予以逮捕或移交，同時規定一定數量的嚴重的犯罪的行為，可以不拘泥於「禁止雙重歸罪」原則，而直接應用統一的逮捕令協助請求方及時有效打擊毒品犯罪[40]。本文認為，這個建議有其合理的基礎，也得到許多學者的呼應。因為全世界對毒品犯罪有比較共同的認識，對毒品犯罪的認定也基本相同，只是在刑罰方面可能有些差異。如果能夠在充分協商的基礎上實施區際逮捕令制度，將在處理某類犯罪上避開罪犯移交的困境。誠如有學者指出：區際逮捕令制度的優點就是簡化審查和執行程序，及時和快速懲治毒品犯罪[41]。

結語

內地與香港之間的刑事司法合作能否成功關乎兩地是否能夠有效打擊罪犯，令人遺憾的是香港回歸將近 20 年，兩地的刑事司法合作幾乎還在原地踏步。由於兩地未能就罪犯移交等問題達成共識，香港事實上已經淪為內地罪犯的「避風港」，並主要表現在三個方面：一是內地罪犯途徑或中轉香港逃亡其他國家；二是內地罪犯直接逃亡香港以規避法律制裁；三是內地罪犯將贓款贓物非法轉移到香港，或通過香港轉往其他國家[42]。這是令人無法接受的現狀。兩地未能達成刑事司法合作的關鍵是對「一國兩制」方針的理解出現偏差，將兩地不同的法域關係片面上升為平等的「主體」關係，將適用於國家之間刑事司法合作的一些原則生吞活剝地適用於兩地之間的刑事司法合作。在這一方面，香港政府可能考慮更多有關對等的事宜而忽略了對國家利益的考慮。因此，重新進行反思是必要的，那就是要全面、完整地理解「一國兩制」方針，要樹立國家觀念。本文站在前人研究成果的基礎上，再次呼籲兩地刑事司法合作要多從「一國」的視角出發，重新平衡「兩制」的差異，盡快達成全面的刑事司法合作協定。為此目的，本文提出三項建議：一是要捨棄「政治犯不引渡」等原則；二是要先易後難逐步完善；三是對一些常規犯罪可以跳開罪犯移交的思路，考慮採用逮捕令制度。

注釋

1 呂岩峰和李海瀅：《中國區際刑事司法協助初論》（吉林：吉林人民出版社，2007 年版），頁 9。

2 同上注。

3 李娟：〈內地與港澳打擊毒品犯罪區際司法合作問題〉，《廣東社會科學》2011 年第 4 期（廣東：廣東省社會科學院，2011 年 8 月），頁 252。

4 陳雷：〈我國區際刑事司法合作的實踐與發展〉，《國家檢察官學院學報》（北京：國家檢察官學院 2013 年 9 月），頁 137。

5 詳情可參見香港律政司網頁：刑事司法協助的協定列表，http://www.doj.gov.hk/chi/laws/table3ti.html。

6 《逃犯條例》第 2 條的〈移交逃犯安排〉（Arrangements for the Surrender of Fugitive Offenders）指符合以下規定的安排：(a) 適用於 (i) 香港政府及香港以外地方的政府（中央人民政府或中華人民共和國的任何其他部分的政府除外）；或 (ii) 香港及香港以外地方（中華人民共和國的任何其他部分除外）（由 1999 年第 71 號第 3 條修訂）。

7 林蘇敏：〈論中國區際刑事司法合作機制的構建〉，《法制博覽》（山西：共青團山西省委、山西省青少年犯罪研究會，2016 年 5 月）2016 年第 5 期（上），頁 234。

8 同上注。

9 陳雷：〈我國區際刑事司法合作的實踐與發展〉，《國家檢察官學院學報》（北京：國家檢察官學院 2013 年 9 月），頁 137。

10 李娟，〈內地與港澳打擊毒品犯罪區際司法合作問題〉，《廣東社會科學》，2011 年第 4 期，頁 254。

11 〈兩地商通報機制見成果，梁振英指通報時限將少於 14 日〉，《星島日報》，2016 年 7 月 10 日。

12 2015 年 10 月 24 日，林榮基在羅湖過關後失去聯絡。其妻於 11 月 5 日到香港警署報案丈夫失蹤，數小時後即收到林致電報平安。2016 年 6 月 14 日，林榮基從內地返港，向警方要求銷案。6 月 16 日，林榮基在香港立法會議員何俊仁陪同下開記者招待會，交代在內地被拘留的細節。

13 〈內地與香港就完善相互通報機制進行首輪磋商〉，《新華每日電訊》，2016 年 7 月 6 日。

14 〈陸港互遣嫌犯 170:0 是正常正義嗎？〉，《環球時報》，2016 年 6 月 28 日。

15 高銘暄和馬正楠：〈論香港與內地移交逃犯的先例模式〉，《法學家》2011 年第 1 期（北京：中國人民大學，2011 年 1 月），頁 20–21。

16 田飛龍：〈人大釋法與香港新法治〉，載於中道網：http://www.zhongdaonet.com/NewsInfo.aspx?id=14761 。

17 《逃犯條例》第 2（2）條。

18 《逃犯條例》第 13 條。

19 《逃犯條例》第 5 條。

20 紀慧玲：〈香港和內地移交逃犯的安排路向〉，載於 http://www.info.gov.hk/gia/general/199909/06/0906212.htm 。

21 徐京輝：〈「一國兩制」框架下的我國區域刑事法律及刑事司法協助〉，載趙國強主編：《澳門刑事法研究（實體法篇）》，（澳門基金會，2005 年版），頁 245。

22 《基本法》第 8 條。

23 黃風：〈關於我國內地與香港之間移交逃犯合作的若干問題探討〉，載高銘暄和趙秉志：《中國區際刑法與刑事司法協助研究》（北京：法律出版社和中國方正出版社，2000 年版），頁 110。

24 徐京輝：〈「一國兩制」框架下的我國區域刑事法律及刑事司法協助〉，載趙國強主編：《澳門刑事法研究（實體法篇）》，（澳門基金會，2005 年版），頁 245–246。

25 同上注，頁 246。

26 黃風：〈關於我國內地與香港之間移交逃犯合作的若干問題探討〉，載高銘暄和趙秉志：《中國區際刑法與刑事司法協助研究》（北京：法律出版社和中國方正出版社，2000 年版），頁 113。

27 《中國司法領域人權保障的新進展》白皮書，中華人民共和國國務院新聞辦公室（中國，2016 年），載於 http://www.scio.gov.cn/zxbd/wz/Document/1490888/1490888.htm。

28 中國和加拿大兩國自 2001 年就開始通過外交等途徑談判討論賴昌星遣返回中國審判的「可能性」問題，其中就包括由司法機關作出不適用死刑的承諾。見〈中西死刑犯不引渡條約對賴昌星遣返有正面影響〉，新華網，2016 年 6 月 12 日，載於：http://news.xinhuanet.com/legal/2006-06/12/content_4682782.htm。

29 王兆國：〈關於《中華人民共和國刑事訴訟法修正案（草案）》的說明〉，中國人大網，2012 年 3 月 9 日，http://www.npc.gov.cn/huiyi/lfzt/xsssfxg/2012-03/09/content_1707027.htm

30 同上注，頁 248–249。

31 趙家琪、付志剛：〈「泛珠三角」區域合作框架下內地與港澳司法合作研究〉，《法學雜誌》，2008 年第 5 期（北京：北京市法學會，2008 年 5 月），頁 60。

32 同上注，頁 62。

33 〈梁遊上訴，官引釋法內容駁回，指釋法成港法律一部分 97 年生效〉，《明報》，2016 年 12 月 1 日，載於 http://m.mingpao.com/pns/dailynews/web_tc/article/20161201/s00001/1480528916643。

34 參見立法會 CB（2）748/98–99（02）號文件，頁 3。

35 陳曉宇等：〈「一國兩制」框架下的中國毒品犯罪的懲治與防範〉，《遼寧大學學報（哲學社會科學版）》，2011 年第 5 期（遼寧：遼寧大學，2011 年 9 月），頁 125。

36 趙國強：〈論「一國兩制」下的移交逃犯機制〉，《行政》，第 20 卷第 4 期（澳門：行政公職局，2007 年 12 月），頁 1050–1051。

37 張璁：〈內地警方向香港通報林榮基案情況 —— 香港亟待與內地簽訂刑事司法協助協議〉，《人民日報》，2016 年 7 月 6 日。

38 王帥：〈我國區際刑事司法合作中憲法淵源的完善 —— 以歐盟刑事司法合作的開展為借鑒〉，《海峽法學》，2015 年第 4 期（福建：福建省台灣法律研究所，2015 年 12 月），頁 100。

39 該文件可在香港政府律政司網頁獲得：http://www.doj.gov.hk/chi/topical/pdf/mainlandmutual4c.pdf

40 王帥：〈我國區際刑事司法合作中憲法淵源的完善 —— 以歐盟刑事司法合作的開展為借鑒〉，《海峽法學》，2015 年第 4 期（福建：福建省台灣法律研究所，2015 年 12 月），頁 126。

41 陳雷：〈我國區際刑事司法合作的實踐與發展〉，《國家檢察官學院學報》（北京：國家檢察官學院 2013 年 9 月），頁 144–145。

42 同上注，頁 140。